Nicolas Ier et Napoléon III; les préliminaires de la guerre de Crimée, 1852-1854

M. Thouvenel

BIBLIOLIFE

L. THOUVENEL

NICOLAS IER

ET

NAPOLÉON III

LES PRÉLIMINAIRES DE LA GUERRE DE CRIMÉE

1852-1854

D'APRÈS LES PAPIERS INÉDITS

DE

M. THOUVENEL

PARIS

CALMANN LÉVY, ÉDITEUR

ANCIENNE MAISON MICHEL LÉVY FRERES

3, RUE AUBER, 3

1891

AVANT-PROPOS

Le public politique a ses engouements comme
le public artistique ou mondain. Ses préférences
s'affirment, on ne sait trop pourquoi, selon les
impressions du moment, tantôt pour une époque,
tantôt pour un personnage, tantôt pour un ordre
de faits. De nos jours, la Russie est à la mode;
on lit ses livres, on écoute sa musique; on fait
grand accueil à ses enfants; on cultive soigneusement le terrain sur lequel l'heureuse rencontre
a eu lieu. Tout cela est de bon augure pour l'ave-

nir, mais l'avenir ne peut effacer le passé, et le
passé mérite qu'on l'étudie, ne fût-ce qu'à titre
d'enseignement. C'est donc des rapports de la
Russie et de la France à la veille de la guerre
de Crimée qu'il va être question dans ce livre,
et l'histoire de ces rapports va être retracée à
l'aide d'une série de documents entièrement
nouveaux et inédits. Mais nous n'hésitons pas
à reconnaître qu'en touchant à ce grave sujet,
nous allons nous heurter à un obstacle redoutable, c'est-à-dire aux sympathies qui semblent
unir aujourd'hui les deux nations ennemies il y
a quarante ans! Et pourtant, nous nous sentons
presque à l'aise pour parler des origines du conflit franco-russe, puisqu'il est avéré maintenant
que la guerre de 1854, déclarée par nous sans
amertume, se poursuivit sans haine de race, et
se termina à la satisfaction non dissimulée des
deux adversaires. Toutefois, cette incontestable
vérité une fois établie, il est de première nécessité, pour comprendre les événements relatés
dans le présent volume, de ne pas perdre de vue
que nous sommes en 1852. Quatorze ans nous
séparent de Sadowa! Dix-huit ans, de Sedan! Si

l'on néglige un seul instant, dans l'étude des événements d'alors, les inflexibles lois de la chronologie; si, surtout, l'on veut juger les hommes et les choses d'il y a quarante ans, avec les passions et les idées en faveur de nos jours, tout devient bizarre et incompréhensible. Il est donc indispensable que le lecteur, comme le critique, s'isole, pour ainsi dire, du milieu dans lequel vit le Français et surtout, disons-le, le Parisien de l'année 1891, et nous les engageons à fermer brusquement ce livre s'ils ne se sentent pas la liberté d'esprit nécessaire pour suivre notre conseil. D'ailleurs, en matière d amitié internationale, le raisonnement ne doit jamais perdre tout à fait ses droits, et, en admettant, ce qu'à Dieu plaise, que l'alliance de la France et de la Russie devienne une réalité indiscutable, il ne faut pas se dissimuler que cette alliance renfermerait dans ses flancs un certain nombre de points douteux que la lecture attentive de ce travail nous dispensera de signaler plus spécialement, et dont notre diplomatie serait obligée de tenir un grand compte, à moins cependant que l'irrésistible élan de nos sympathies actuelles ne nous décidât à

sacrifier, d'un trait, à l'amitié de la Russie, une
bonne partie du patrimoine historique de la
France. Or, il est bien rare que l'on ne se re-
pente pas, à un moment donné, du trop grand
sacrifice que l'on a pu faire à une passion.
D'ailleurs, quelque *pratiques*, pour nous servir
ici d'un mot en vogue, que nous soyons devenus
dans les questions extérieures, quelque mépris
que l'on affiche pour la politique dédaigneuse-
ment appelee *des idées*, il faut pourtant recon-
naitre qu'il est difficile, même en diplomatie,
de faire quelque chose sans idées, et que *l'idée*
de conserver à la France le bénéfice de huit
siècles de sacrifices continus en Orient valait, et
vaudra toujours la peine qu'un véritable homme
d'État s'y arrète quelques instants. Nous en ap-
pelons, sur ce point, à tout Français impartial
et patriote, qui, une fois seulement dans sa vie,
a doublé le cap Matapan. Or, parmi les points
douteux — nous ne voulons pas aller jusqu'à dire
les points noirs — qui peuvent jalonner la route
si séduisante de l'alliance franco-russe, il est impossible de ne pas citer, en première ligne, les
Lieux Saints de Palestine. C'est de cet œuf couvé

par la discorde, qu'est sorti le grand conflit
de 1854.

La question des Lieux Saints ennuie les
uns, irrite les autres et est inconnue de presque
tous. Sans vouloir lui faire trop de réclame,
nous pouvons assurer au lecteur timoré qu'elle
est beaucoup moins ennuyeuse qu'elle n'en a
l'air, et que, si on en parle si peu, c'est bien
plus parce qu'elle fait peur à tout le monde que
parce qu'elle n'est plus à la mode. Or, la mode
est changeante, et ses manifestations diverses,
souvent inattendues, nous prouvent que le vieux
a de grandes chances de redevenir quelquefois
du neuf. La question des Lieux Saints échap-
pera, moins qu'une autre peut-être, à cette loi
de l'éternel renouvellement. Il y a plusieurs raisons pour cela. Chez les croyants, et ils sont
encore nombreux, elle a d'indestructibles racines
dans les immortelles traditions de la religion
même; pour les diplomates, elle touche de près,
de trop près, à des intérêts politiques dont le
temps n'a pas affaibli la valeur; pour le grand
public, elle a presque l'attrait de l'inconnu, car,
si on en a beaucoup parlé, bien rares sont ceux

qui en ont parlé sciemment! Enfin, pour tous
les bons Français, à quelque parti qu'ils appar-
tiennent, elle incarne en elle huit cents ans de
traditions historiques ininterrompues ; elle fait
partie des parchemins de la France comme ces
vieilles chartes dont s'enorgueillissent, à bon
droit, les descendants des Croisés. La question
des Lieux Saints apparaît donc avec la triple
noblesse de l'antiquité, de la religion et du
patriotisme.

Ajoutons, pour ceux qui veulent simplement
rester dans leur temps, que, vers le milieu du siècle
qui va finir, elle fut le prétexte, sinon la cause
déterminante, d'une lutte de géants, au cours de
laquelle le plus pur sang français teignit glorieusement une terre lointaine. Voilà, on nous l'accordera, bien des raisons pour ne pas être oubliée et
même pour exciter un peu de curiosité. N'hésitons pas à le dire, la question des Lieux Saints,
quelle que soit la profondeur de l'ombre où elle
semble reléguée de nos jours, constitue l'un des
points douteux dont nous parlions tout à l'heure,
et, dussions-nous passer pour un trouble-fête,
nous ajouterons que, sur le terrain de Jérusa-

lem, il n'y a guère d'entente possible entre les
deux pays, à moins que l'un ne veuille céder à
l'autre sur toute la ligne Il faudrait, pour que
la Russie modérât son ardeur en Palestine, que
l'ère de l'indifférence religieuse ou politique fût
inaugurée pour elle. Or, tout nous prouve le contraire. D'autre part, en Orient, qui dit religion
dit politique, et les intérêts soi-disant religieux
de la France dans le Levant ne sont, au fond,
on ne saurait le dire assez haut, que des intérêts
d'ordre très temporels. Tout nous porte donc à
croire que c'est intentionnellement qu'on laisse
sommeiller la question des Lieux Saints. Ne
haussons pas trop la voix, de peur de la réveiller
en sursaut, ce qui, vu son âge, pourrait la mener à mal; mais ne craignons pas de l'aborder,
surtout dans un passé de quarante ans, et rajeu-
nie, espérons-le du moins, par des aperçus, des
anecdotes, des documents absolument inédits.
Au reste, plus l'on creuse cet éternel débat, plus
on forme sincèrement le vœu, étrange peut-être
dans la bouche d'un Latin, nous le reconnaissons,
de voir la Turquie conserver longtemps la pléni-
tude de son rôle à Jérusalem. Si cette partie

de l'héritage des sultans, en admettant que cet héritage soit jamais ouvert, devait tomber un jour entre nos mains comme un fruit mûr, nous nous garderions bien d'émettre un vœu aussi hérétique. Mais, si le territoire sacré, objet de tant de convoitises depuis Constantin le Grand, se séparait enfin du reste de l'empire turc, tout porte à croire que nous serions devancés en Palestine par les Russes, qui ne cessent d'y gagner du terrain et qui font, dans ce but, des sacrifices considérables. Aujourd'hui que les circonstances semblent nous rapprocher du grand empire du Nord, il vaut mieux ne pas trop insister sur une semblable hypothèse, quelque grave qu'elle soit !

Par une singulière coïncidence, qui contribuera peut-être à nous attirer également la mauvaise humeur d'une autre catégorie de lecteurs, l'alliance de la France et de l'Angleterre, qui fut la base de la politique de 1854, n'apparaît pas non plus, d'après les documents que nous mettons au jour, comme le dernier mot de la félicité politique pour notre pays. Le prince de Talleyrand, devenu, vers la fin de sa longue carrière, grand partisan de l'alliance britannique, la définissait ainsi : « l'alliance de l'homme et du cheval, » mais, ajoutait-il, « il ne faut pas être le cheval ». Cette restriction devrait s'appliquer à toute alliance, quelle qu'elle fût, et le rôle de « cheval », qui pourtant doit être rempli par l'un de deux amis, ne tente plus personne. Là est la difficulté. Reconnaissons-le, du reste, la grande puissance qui, sur la face du globe, renferme la somme d'intérêts la plus opposée aux intérêts français, c'est l'Angleterre. Il y avait donc bien des sous-entendus dans l'accord anglo-français de 1854. C'est ce qui explique la réserve avec laquelle nous verrons certains diplomates de cette époque s'exprimer sur le compte de l'alliance anglaise. Il perce çà et là, au milieu des colères officielles de la France de 1853 contre l'empereur Nicolas, comme un sentiment à peine dissimulé du regret de n'avoir pu amener le czar sur un terrain d'entente réciproque. Ce but n'ayant pu être atteint, malgré nos efforts, force était bien de se retourner vers l'Angleterre. Toutefois, l'alliance franco-anglaise de 1854, contractée sans conviction, poursuivie par patience, semble avoir été rompue avec soulagement par

les deux parties. Cette constatation va sans doute
nous faire trouver grâce devant les partisans à
outrance de l'alliance russe! Nos prétentions, au
reste, ne s'élèvent pas si haut. Ce n'est pas une
œuvre de parti que nous faisons, en livrant aux
amis de l'histoire les documents inédits que nous
possédons. Notre seul but, aujourd'hui comme
hier, comme demain peut-être, est d'éclairer
d'une lumière nouvelle, si faire se peut, quelques-uns des grands événements contemporains.
Il nous semble, d'ailleurs, que le plein jour ne
sera pas une épreuve désobligeante pour la diplomatie française de la période qui nous occupe.
Elle se montra, en effet, constamment à la hauteur de sa lourde tâche, et, si l'opinion publique, si mobile dans ses jugements, a pu se
montrer sévère pour nos hommes d'État dans la
suite, sans toujours cependant tenir un compte
assez exact des énormes difficultés auxquelles ils
se heurtèrent plus tard en Europe, difficultés
que n'avaient connues ni Talleyrand ni Metternich, pour ne citer que les illustres, il serait
d'une injustice suprême de ne pas rendre hommage à la correction patriotique du rôle que

jouèrent, dans la crise de 1853, les personnages
chargés du périlleux honneur de sauvegarder
la dignité de la France devant le monde. Ces
hommes, disons-le hautement, ont droit à leur
place au soleil de l'histoire. Ils s'appellent, chez
nous, Drouyn de Lhuys, Walewski, Thouvenel,
La Valette, Bourqueney, Castelbajac, Moustier.
Tous, avec les nuances différentes de leur caractère, de leur éducation, de leurs sympathies,
de leurs antécédents, de leur talent, tous eurent,
au plus haut degré, le sentiment net et profond
de la solennité de l'heure qui sonnait à l'hor-
loge des temps. Leurs efforts, leurs idées, les
illusions de quelques-uns d'entre eux, avaient
leurs racines dans les entrailles mêmes de l'honneur de la France! Quand on aborde un semblable terrain, il n'y a plus de partis politiques,
il n'y a plus de divisions intestines, il n'y a plus
que la patrie. Ils ne connurent qu'elle, et ce sera
là leur éternel honneur aux yeux de tous les
juges impartiaux. Nous verrons successivement
chacun de ces personnages prendre la parole
dans le grand débat alors ouvert, exposer et défendre leurs idées, souvent avec chaleur, et cela,

non pas dans les dépêches officielles qui restent
soigneusement en dehors de cette publication,
mais dans des lettres intimes, plus favorables,
par conséquent, aux confidences et aux épanchements.

Les détails piquants, les anecdotes sur les
hommes du jour, viennent souvent animer la
série de ces documents entièrement inédits, si l'on
en excepte trois ou quatre passages saillants des
lettres du général marquis de Castelbajac, ministre
de France à Saint-Pétersbourg, et du marquis de
Moustier, ministre de France à Berlin, que nous
nous sommes décidé à communiquer à M Rothan,
sur sa demande expresse, et peu de temps avant
la mort du regretté diplomate. Quant aux lettres
confidentielles de M. Thouvenel, si importantes
dans leur concision, par suite du rôle joué à cette
époque par ce diplomate, soit comme directeur
des affaires politiques, soit comme ministre inté-
rimaire des affaires étrangères, pendant le séjour
de M. Drouyn de Lhuys aux conférences de
Vienne, elles n'ont jamais été connues de personne, et nous en devons la communication à la
courtoisie du marquis de Castelbajac, fils de notre

ancien ministre auprès du czar Nicolas, de ce militaire diplomate que nous verrons si souvent prendre la plume dans le courant de cet ouvrage, pour notre plus grand intérêt comme pour notre plus grand charme.

Ce qui constitue à nos yeux le prix des lettres particulières est précisément, nous le savons, ce qui en diminue la valeur aux yeux des puritains de la carrière diplomatique, des amis exclusifs de la *forme*, dont nous avons déjà eu à subir les dures récriminations, et qui se voilent volontiers la face, en présence. de ce qu'ils appellent une indiscrétion Fort heureusement pour les hommes politiques dont nous nous sommes permis de nous occuper dans nos travaux, ici et ailleurs, nous estimons que le déshabillé ne leur sied pas plus mal que l'uniforme chamarré de cordons qu'ils surent aussi dignement porter. Et d'ailleurs, peut-on bien être *indiscret*, après les publications du prince de Bismarck, du général Le Flô, du duc de Gramont, de M. d'Arnim, du général Govone, du général de la Marmora, du comte de Beust, et de tant d'autres personnages qui, au lendemain des plus graves événements, et non quarante ans après, n'hésitèrent pas à entr'ouvrir leurs portefeuilles, d'où s'envolèrent aux quatre coins du monde les affirmations les plus importantes? Avouons donc plutôt que certaines publications, par leur caractère irréfutable d'authenticité, gênent quelquefois des acteurs plus roués qu'habiles, qui avaient sans doute déjà, dans le silence du cabinet, arrangé leur rôle pour la postérité. C'est là le secret de bien des mauvaises humeurs qui ne doivent, au demeurant, décourager ni les travailleurs, ni même les curieux.

Commençant avec le mois de janvier 1852, nous avons terminé le volume qu'on va lire au mois de juin 1854, c'est-à-dire trois mois avant la victoire de l'Alma. A cette date, les diplomates s'effacent devant les généraux alliés. Nous ne désespérons pas de pouvoir compléter notre travail en retraçant, grâce à des documents absolument nouveaux, la période qui suivit de près la guerre de Crimée, lorsque les généraux, à leur tour, rendirent la parole aux diplomates. Sur ce majestueux fond de scène qu'on appelle le Bosphore, sillonné alors en tous sens par les navires aux

pavillons alliés, qui portaient en Crimée leurs
héroïques contingents, ou en revenaient avec
leur cargaison de gloire, nous verrons se
jouer une pièce patriotique dont les péripéties
diverses ne peuvent que flatter tous les cœurs
français

I. T.

NOTE HISTORIQUE

Quelque aride que puisse paraitre un aperçu général sur la question des Lieux Saints, dont traite une partie de ce volume, il nous semble indispensable, pour l'intelligence des événements relatés dans cette étude, de rappeler en quelques lignes les antécédents historiques du débat rouvert en 1850. Notre seul but est d'initier le lecteur, peu familiarisé avec cette confuse discussion, aux grands faits qui en constituent l'enchaînement à travers les âges, et aux dates servant de point de repère dans le dédale séculaire des prétentions et des droits rivaux à Jérusalem[1].

---

1 Pour éviter toute confusion, il nous semble indispensable de définir ici, une fois pour toutes, certains termes qui peuvent prêter a l'ambiguité · 1° la religion qualifiée *d'orthodoxe* par les grecs, se trouve être *schismatique* pour les catholiques ou *latins*, pour employer le terme consacré Par conséquent, pour un catholique ou *latin*, un grec *orthodoxe* est un grec *schismatique*; 2° le mot *Franc* a longtemps servi à désigner, dans l'empire ottoman, tout

C'est vers l'an 44 après Jésus-Christ, à Antioche, que l'on
signale les premiers vestiges du christianisme, dans les
régions de Syrie et de Palestine. Pendant les deux siècles
suivants. Jérusalem et le pays environnant sont le théâtre
de persécutions de tous genres. L'an 130 de l'ère chrétienne,
l'empereur romain Adrien bâtit, à Jérusalem, un temple
dédié à Jupiter Capitolin. L'an 326, l'impératrice Hélène,
depuis sainte Hélène, femme de l'empereur Constance
Chlore, visite la Terre Sainte et y érige plusieurs sanctuaires, notamment celui du Saint Sépulcre, dans les fondations duquel fut découverte la vraie croix. L'impératrice
Hélène, à qui revient, sans contestation, l'honneur du premier établissement chrétien à Jérusalem, professait la religion *romaine*. Cette princesse mourut en 328, et légua l'ensemble de ses fondations à l'Église *romaine*, autrement dit
latine. Malgré les prétentions postérieurement élevées par
l'Église *grecque* ou *orthodoxe*, sur l'héritage religieux de
l'impératrice Hélène, cette princesse n'a pas pu disposer
des sanctuaires établis par elle, en faveur de l'Église grecque,
par la raison que cette Église n'existait pas encore. En
effet, les premiers dissentiments entre le clergé d'Occident

---

chrétien, à quelque nationalité qu'il appartint, *non sujet* du sultan.
Ainsi, dans le langage oriental, un Italien, un Espagnol, un Anglais
étaient des *Francs* aussi bien que les Français. Par contre, étaient
appelés *raias* tous les *sujets* du sultan professant une religion
autre que la religion musulmane ainsi un Bulgare, un Serbe, un
Grec, un Moldave, un Valaque étaient des *raias*. Si maintenant
nous quittons le terrain civil pour nous transporter sur le terrain
religieux, le mot *Franc* a une tout autre signification Il ne dé-
signe plus que les membres du clergé *latin*, par opposition au clergé
grec. Par conséquent, religieux *franc* veut dire religieux *latin*,
et lorsque, dans les firmans du sultan relatifs aux sanctuaires de
Terre Sainte, l'on rencontre le mot *Francs*, il signifie toujours les
latins, par opposition aux *grecs*.

et le clergé d'Orient ont pris naissance seulement au
vi^e siècle, c'est-à-dire deux cents ans après la mort de
l'impératrice Hélène. Quant au schisme de Photius, à partir duquel le divorce fut consommé entre les deux Églises,
il n'eut lieu qu'en 862, c'est-à-dire plus de cinq cents ans
après la mort de sainte Hélène. Le point de départ de
l'obscure question des Lieux Saints se trouve donc ainsi
absolument fixé, par un simple rapprochement de dates,
en faveur des *latins*

L'empereur Constantin le Grand, fils de l'impératrice
Hélène, maintint en Terre Sainte les pieuses fondations de
sa mère; mais l'invasion des Persans en 614, celle des
Arabes avec Omar en 636, jetèrent le trouble le plus profond dans les établissements chrétiens à Jérusalem. Il importe cependant de remarquer que le calife Omar, entré
dans Jérusalem par une capitulation de la ville et non de
vive force, laissa, selon la loi de Mahomet, aux habitants,
leurs anciennes églises, avec la permission de les *entretenir*,
d'y célébrer leur culte, mais non de *bâtir* de nouveaux
sanctuaires. De plus, l'Église grecque orthodoxe prétendit,
bien des années plus tard, avoir reçu du calife Omar un
firman qu'elle désignait sous le nom de *firman d'Omar*, et
qui l'investissait de privilèges étendus en Terre Sainte. Or,
il fut reconnu, ainsi qu'on le verra plus loin, que cette
pièce était apocryphe et n'avait, par conséquent, aucune
valeur.

En l'an 800 de l'ère chrétienne, le calife Haroun al Ras-
chid envoya à Charlemagne les clefs du Saint Sépulcre,
comme gage solennel d'alliance et d'amitié.

En 957, se produisit un fait dont les conséquences de-
vaient être incalculables. La grande-princesse de Russie,
Olga, embrassa la religion chrétienne. En 988, Wladimir le
Grand, grand-prince de Russie, reçut le baptême et établit

à Kiew le siege de la nouvelle Eglise qui relevait nominalement du patriarche grec de Constantinople. En 1099, les Croisés entrent à Jérusalem et y fondent un royaume qui dure jusqu'en 1187, époque où le sultan d'Egypte, Saladin, s'empare de Jérusalem En 1212, un acte reconnaît les droits des latins en Terre Sainte. En 1217, les Turcs s'emparent, à leur tour, de Jérusalem. En 1229 cette ville est cédée à l'empereur d'Allemagne Frédéric II. Les Turcs la reprennent en 1241, et, en 1277, le sultan Akmet Acheref reconnaît les droits des religieux latins En 1342, ces mêmes droits sont encore une fois reconnus. Les Mameluks s'emparent de Jérusalem en 1382. Peu après, en 1439, l'Eglise gréco-russe, dont nous avons parlé plus haut, se réunit à l'Église latine ou romaine, après le concile de Florence. En 1453, l'empire byzantin, qui avait duré onze cents ans, tombe sous les coups victorieux portés par Mahomet II à l'héroïque Constantin Dracosès, le dernier empereur de Constantinople, qui fut tué sur les remparts de sa capitale. En 1514 l'Eglise gréco-russe, qui s'était, on l'a vu, rattachée un instant à l'Eglise romaine, se sépare et se rattache de nouveau a l'Eglise d'Orient Enfin, en 1517, les Turcs reprennent une dernière fois Jérusalem, et la possèdent encore aujourd'hui

L'année 1525 voit se nouer, entre le roi François 1er et Soliman le Grand, les premières relations officielles de la France et de la Turquie. Depuis l'entrée des Turcs à Constantinople, jusqu'à la date à laquelle nous sommes arrivés, les Vénitiens, à peu près seuls, de tous les peuples d'Occident, avaient entretenu des rapports avec les sultans, et encore ces rapports etaient-ils exclusivement commerciaux Par les actes connus sous le nom de Capitulations, les sultans consentent à octroyer à diverses nationalités européennes, mais particulièrement aux Français un certain nombre de pri-

vilèges leur permettant d'entrer librement dans les pays
mahométans et de s'y livrer paisiblement à leurs affaires.
Mais ces capitulations n'ont pas le caractère de traités, et
sont essentiellement révocables. En 1564, les clefs de la
grande église de Bethléem, située *au-dessus* de la grotte de
la nativité du Christ, sont officiellement reconnues comme
appartenant aux latins. En 1595, l'Église gréco-russe se
détache de nouveau de l'Église d'Orient, pour se rattacher
encore une fois à l'Église romaine. En l'année 1600, le
patriarche gréco-russe de Kiew est déclaré indépendant par
le czar Boris Godunoff, et l'Église gréco-russe ne relève plus
que d'elle-même. En 1604, les sultans reconnaissent que la
possession du Saint Sépulcre appartient aux latins. En 1620,
un hatti-chérif du sultan Osman II reconnaît aux latins
la possession exclusive de la grande église de Bethléem et
du tombeau de la Vierge à Gethsémani. Cet acte, d'une
haute portée, reconnaît également que les religieux latins
ont *accordé* de leur plein gré, aux autres communions
chrétiennes, certains emplacements dans la grande église
de Bethléem ou église supérieure. Et il est bon de faire observer ici que les déplorables empiétements de l'Église grecque, qui aboutiront, en 1852, à la dépossession à peu près
complète de l'Église latine, ont eu précisément pour origine
la tolérance et la générosité de cette même l'glise latine qui
n'eut, à aucune époque, la pensée d'interdire aux autres
con'essions l'accès des sanctuaires qui lui étaient reconnus
en propre. De là des abus qui amenèrent peu à peu la
ruine des droits séculaires des latins. En 1623, est publié
un nouveau firman en faveur des latins. En 1632, l'Église
grecque, profitant de la vénalité des dignitaires ottomans,
paya vingt mille écus un firman qui lui reconnaissait la
grande église de Bethléem, la grotte de la nativité du
Christ située au-dessous, et la pierre de l'Onction à Jérusa

lem. Ce firman fut d'ailleurs révoqué peu après, et, en 1635, l'ambassadeur français de Harlay-Césy obtint un nouveau firman reintégrant les latins dans tous leurs droits. En 1637, toujours par corruption, l'Église grecque obtient un firman en sa faveur. En 1639, encore par les mêmes moyens, les usurpations du clergé grec s'accentuent. Il met alors la main sur la grande église de Bethléem, la grotte de la nativité du Christ, et, a Jérusalem, il s'approprie la grande et la petite coupole du Saint Sépulcre, la pierre de l'Onction et les sept arceaux de la Vierge. En 1666, l'ambassadeur français, de la Haye, obtient, en revanche, un firman favorable à l Église latine. Enfin, en 1673 et en 1675, l'ambassadeur de France, marquis de Nointel, obtient du sultan un firman de la plus haute importance, qui assure aux religieux latins « la libre possession des lieux qui sont entre leurs mains, en dedans et en dehors de Jérusalem » Et pourtant, en 1676, la vénalité des pachas turcs accorde à l'Église grecque un bérat favorable à leurs prétentions ! En 1690. un jugement du Divan rend aux religieux latins « tout ce qui leur a été pris depuis 1635 » Ce même jugement du Divan qualifie de « dénué de fondement, faux et controuvé » le prétendu firman d'Omar, que les Grecs invoquaient sans cesse à l'appui de leurs revendications sur les sanctuaires de Terre Sainte. D ailleurs, ici encore, un simple rapprochement de dates suffisait pour infirmer le dire du clergé grec. Le calife Omar mourut en 644, et le schisme consommé par Photius n'eut son effet qu'en 862 c'est-à-dire plus de deux cents ans après la mort d'Om r ! Il est vrai, ainsi que nous l'avons remarqué plus haut, que des querelles s élevèrent. des le vi⁽ᵉ⁾ siècle, entre les Églises d'Occident et d Orient ; mais la séparation n'avait pas encore eu lieu du vivant d'Omar.

En 1701, Pierre le Grand rattache purement et simplement

à la couronne des czars de Russie la souveraineté spirituelle
exercée jusqu'alors par les patriarches grecs, et il ne consent
qu'à l'adjonction d'un synode consultatif, dont le chef fut
le métropolitain de Novogorod. Dorénavant, les prétentions
de l'Église grecque auront le czar pour défenseur direct.
L'année 1730 marque une date importante pour les droits
des latins. Le marquis de Villeneuve, ambassadeur du roi
Louis XV à Constantinople, ayant fait coordonner les capitulations octroyées par les sultans, à diverses époques, notamment en 1535 en 1604 et en 1673, forma le recueil des
célèbres « Capitulations de 1740 », dont l'article premier est
ainsi rédigé :

« L'on n'inquiétera pas les Français qui n'ont et viendront
pour visiter Jérusalem, de même que les religieux qui sont
dans l'église du Saint-Sépulcre, dite *Kamama* » (Ce mot,
injurieux pour les chrétiens, signifie *ordure*.) »

L'article 33 dit que les religieux latins établis à Jérusalem, au dehors et dans le Saint Sépulcre, ne seront pas
inquiétés, et qu'ils garderont les lieux de visitation qu'ils
habitent.

L'article 82 permet aux religieux latins de réparer
les sanctuaires dont ils ont la possession et la jouissance.
Enfin *l'article 83* établit bien nettement l'antériorité de
l'amitié qui unit la France à la Turquie.

Comme complément explicatif du recueil des Capitulations
de 1740, le comte de Vergennes, ambassadeur du roi
Louis XV à Constantinople, obtint du sultan en 1757, un
firman qui énumérait les sanctuaires des Lieux Saints
exclusivement réservés aux latins.

Nous croyons intéressant d'en reproduire ici la liste :

A Jérusalem :

Le Saint Sépulcre;
Les deux coupoles, la grande et la petite;
La pierre de l'Onction,
Les sept arceaux de la Vierge,
La prison de Jésus-Christ,
Les tombeaux de Godefroy et de Baudouin, ou rois latins;
La chapelle de l'apparition de Jésus à Madeleine,
La chapelle de l'apparition de Jésus à la Vierge;
La chapelle de la Vierge in Golgotha,
La chapelle du Stabat Mater
L'arceau Impérial;
La moitié du Calvaire,
L'église de la Flagellation

A Gethsemani ou Jardin des Oliviers ·

La chapelle souterraine du tombeau de la Vierge;
La grotte de l'Agonie.

A Bethléem

La grande église de Bethléem ou église Supérieure,
La grotte de la Nativité de Jésus-Christ, située au-dessous
de la grande église,
L'étoile d'argent indiquant dans la grotte le lieu de la
Nativité,
Les *trois* clefs, *une* de la grande porte de la grande église
de Bethléem; *deux* des portes menant à la grotte de la
Nativité.

A Nazareth

L'église et la grotte de l'Annonciation

A Tibériade :

L'église de Saint-Pierre.

A Béthanie :

Le tombeau de Lazare.

Au mont Thabor

L'église de la Transfiguration.

Dans les montagnes de Judée.

L'eglise de Saint-Jean-Baptiste.

Enfin, les divers couvents de religieux latins établis çà et là en Terre Sainte.

Voici maintenant, en regard de cette imposante nomenclature des sanctuaires réservés aux latins, quels étaient les sanctuaires réservés aux grecs, d'après ce même firman de 1757.

A Jérusalem

La jouissance du chœur et du sanctuaire dans l'église du Saint-Sépulcre,

La chapelle d'Adam;

La moitié de la chapelle de l'Invention de la Croix;

La moitié du Calvaire.

A Bethléem

Une chapelle située en dehors de l'eglise,

Un autel dans la grande nef de l'église Supérieure.

Une table de marbre servant d'autel dans l'église Inférieure ou grotte de la Nativité de Jésus-Christ, mais en commun avec les arméniens.

A Gethsemani

Un autel dans le transept oriental de l'église du Tombeau de la Vierge.

A Cana :

L'église du Premier Miracle.

Notons, en outre, comme complément, les sanctuaires reconnus aux autres confessions :

Les arméniens, dont l'Église est née vers le milieu du Vᵉ siècle du schisme d'Eutichès, mais dont la religion n'a jamais été reconnue religion d'État, possédaient :

La chapelle de la Division des vêtements dans l'église du Saint-Sépulcre,

La chapelle de Sainte-Hélène ;

Le lieu où se tenaient les amis du Christ pendant le crucifiement ;

Un autel à Gethsémani.

Aux abyssins, chrétiens de la secte d'Eutichès, il était réservé .

La chapelle de Saint-Longin dans l'église du Saint-Sépulcre.

La chapelle de l'Impropere ;

Le lieu où se tenaient les saintes femmes pendant l'ensevelissement du Christ.

Aux syriens :

La chapelle du Sépulcre de Joseph d'Arimathie ;

Une chapelle de l'abside occidentale de l'église du Saint-Sépulcre;

Un autel à Gethsémani.

Aux coptes, chrétiens de la secte d'Eutichès :

Un autel adossé à l'église du Saint-Sépulcre.

Enfin il faut signaler encore, pour mémoire, un certain nombre de sanctuaires en ruines, et plusieurs autres occupés par les Turcs, comme l'église de la Présentation, à Jérusalem, bâtie par Justinien dans l'enceinte même de l'ancien Temple de Jérusalem.

Toute modification apportée aux dispositions que nous venons de faire connaître constituait donc une dérogation formelle aux droits établis de l'Église latine. Malheureusement, la vénalité des dignitaires ottomans avait permis, ainsi qu'on l'a vu plus haut, à l'Église grecque, d'obtenir des firmans impériaux qui se trouvaient en contradiction avec les privilèges reconnus aux latins, et, dans le courant de cette même année 1757, où le comte de Vergennes avait obtenu du sultan l'énumération des sanctuaires de Terre Sainte reconnus aux latins, de graves scènes de désordre et de pillage, provoquées par le mécontentement des grecs contre les latins qui avaient obtenu le droit de réparer l'église du Tombeau de la Vierge, eurent lieu à Gethsémani. L'attentat resta impuni, malgré les protestations présentées par M. de Vergennes aux ministres ottomans, et le prestige de l'Église latine, à Jérusalem et dans les environs, subit une grave atteinte.

En 1774, le traité de Kainardji, imposé à la Turquie par les Russes victorieux, autorise les ministres du czar à Constantinople à faire des observations relatives « à la religion *chrétienne* dans l'Empire turc » (art. 7), et l'article 8 permet aux sujets russes de visiter librement Jérusalem. Un autre article du même traité autorise la Russie à édifier une église gréco-russe à Galata, l'un des quartiers de Constantinople.

La Révolution française agit, dans la question des Lieux Saints, comme avait agi la monarchie, comprenant l'intérêt politique majeur qui se cachait derrière ces querelles de

moines, dans un pays où, de tout temps, et alors comme
aujourd'hui, la politique et ses passions ambitieuses se dis-
simulent mal derrière un masque religieux Par malheur,
le déplorable système de bascule et de contradictions adopte
par les Turcs dans les affaires relatives aux Lieux Saints,
l'avidité des hauts fonctionnaires musulmans, la fréquence
de nos bouleversements intérieurs, si nuisible à l'action
continue de notre politique traditionnelle dans le Levant,
favorisèrent merveilleusement les prétentions rivales qui ne
désarmèrent pas un instant. Enregistrons toutefois quelques
succès partiels comme celui que remporta, en 1804, le
maréchal Brune pendant sa mission extraordinaire à Constantinople lorsqu'il obtint du sultan un firman réintégrant
les latins dans la possession de la grotte de Gethsémani

L'année 1808 inaugure, pour les latins et par conséquent pour la France, une ère désastreuse en Terre Sainte.
Par suite de l'incendie qui, dans la nuit du 11 au 12 octobre, détruisit l'église du Saint-Sépulcre dont la grande
coupole s'effondra incendie dont les premiers vestiges furent
constatés dans la chapelle occupée par les arméniens, mais
qui fut ensuite attribué à la malveillance des grecs,
ces derniers obtinrent de la Sublime Porte la permission de
réparer la grande coupole, qui avait été construite, en 1558,
aux frais de Charles-Quint et de Philippe II, puis restaurée,
en 1669 et 1719, par les subsides de la France. De plus,
profitant du désordre jeté par le sinistre, les religieux
grecs avaient pénétré dans le tombeau des rois latins, et
avaient jeté au vent les restes des rois de Jérusalem Godefroy et Baudouin ainsi que le cœur de Philippe de Bour-
gogne et les cendres de Philippe Ier d'Espagne Par suite des
empiétements de l'Église grecque, l'Église latine perdit, à
cette époque :
    La possession du Saint-Sépulcre,

La grande coupole ;

La pierre de l'Onction ;

Les sept arceaux de la Vierge ;

Les tombes des rois latins.

Précédemment, par suite des usurpations non interrompues du clergé grec, et malgré les protestations de nos ambassadeurs et les firmans de la Porte, l'Église latine avait déjà perdu ·

La petite coupole du Saint Sépulcre ;

La grande église de Bethléem ou église Supérieure ,

Le droit de passer par la grande porte de ladite église Supérieure, pour descendre dans la grotte de la Nativité du Christ, située au-dessous,

La chapelle souterraine et le tombeau de la Vierge à Gethsémani.

Pour combattre ces usurpations, la Porte rendit, il est vrai, le firman de 1811, déclarant que les droits de l'Église grecque ne sauraient infirmer en rien *les droits antérieurs* de l'Église latine. Mais ce firman ne reçut aucune application, et, en 1812, un autre firman arraché à la Porte à prix d'or confirma l'Église grecque dans la possession des sanctuaires usurpés. En 1816, les grecs obtiennent un nouveau firman en leur faveur. En 1829, le clergé arménien paye quinze cent mille piastres un firman avantageux pour ses prétentions. Le 23 juillet 1833, le royaume de Grèce étant constitué, le roi du nouvel Etat est placé à la tête de l'Eglise du royaume, avec l'assistance d'un synode. Cette scission dans l'Eglise grecque fut regardée d'un mauvais œil par la Russie qui ne put cependant qu'enregistrer le fait accompli. Vers 1835, l'amiral baron Roussin, ambassadeur du roi Louis-Philippe à Constantinople, obtint, en faveur des latins, le droit de célébrer le culte dans l'ancienne église de l'Ascension, usurpée par les Turcs, mais l'Église

grecque, grâce à sa patience habileté, n'en continue pas
moins sa marche envahissante. En 1847, l'étoile placée
dans la grotte de Bethléem est enlevée. Cette étoile se com-
posait d'une plaque de marbre blanc au centre de laquelle
se trouvait une feuille de jaspe entourée d'un cercle d'argent en forme de soleil, avec cette inscription latine : *Hic
de Virgine Maria Jesus Christus natus est.* Les grecs furent
accusés de cette disparition [1].

Ainsi qu'on a pu le voir par ce rapide exposé, malgré
la solennité des promesses et des actes diplomatiques, les
grecs et les arméniens, grâce au constant appui de la
Russie, avaient procédé à des usurpations successives dans
les principaux sanctuaires, et le gouvernement ottoman,
par faiblesse ou par machiavélisme, avait consenti à sanctionner ces empiétements par des firmans contradictoires.
A chaque atteinte portée à ses droits, la France avait protesté, il est vrai, mais la multiplicité de ses bouleversements
intérieurs, l'indécision du gouvernement du roi Louis-Philippe dans les questions orientales, enfin les déplorables
effets du traité de Londres conclu contre nous, et sans nous,

---

1. Rappelons enfin ici une importante acquisition pour l'Église
latine, à Jérusalem, sur laquelle nous reviendrons en temps et
lieu, mais qui trouve sa place à la suite de cet exposé. En 1856,
sur les pressantes instances de M. Thouvenel, alors ambassadeur
de France à Constantinople, le sultan Abd ul Medjid fit don à la
France de la célèbre basilique de Sainte-Anne, élevée à Jérusalem
sur le lieu même, dit la tradition, où naquit la Vierge. Cette an-
tique église, aujourd'hui restaurée, est un des joyaux de la couronne latine de Jérusalem. M. Thouvenel ayant conduit toute la
négociation qui aboutit à la cession gracieuse de l'église Sainte-Anne,
ce n'est que justice, croyons-nous, de rappeler ce fait, qui, en
somme, constitue à peu près le *seul* avantage matériel encore existant de nos jours de la guerre de Crimée, ou plutôt des suites
morales de cette grande guerre.

en 1840, avaient encouragé toutes les prétentions de la
Russie si constamment hostile à la monarchie de Juillet.
La révolution de 1848 détourna la France du soin de ses
intérêts en Orient, par la gravité du mouvement qu'elle
provoqua à l'intérieur ; l'avènement, à la présidence de la
République française, du prince Louis Napoléon, inaugura
une phase nouvelle pour les intérêts des latins en Orient.
Nous arrêtons ici ce court résumé, notre étude et les documents inédits qui s'y trouvent réunis commençant avec
l'année 1852.

L. T.

NICOLAS IER

ET

NAPOLÉON III

I

LA MISSION DU MARQUIS DE LA VALETTE
A CONSTANTINOPLE.

Mai 1851-février 1853.

Le 9 décembre 1851, au lendemain du coup
d'État qui venait de remettre les destinées de la
France entre les mains du prince Louis Napoléon,
M. Thouvenel, alors ministre de France à Munich,
écrivait à M. Cintrat, directeur des archives au Département des affaires étrangères, les lignes suivantes :

« Que signifie donc cette querelle que nous
avons élevée à Constantinople au sujet des Lieux
Saints ? J'espère qu'elle est moins grave que les

1

journaux allemands ne la représentent! Je connais l'Orient et je puis vous affirmer que la Russie
ne cédera pas. C'est, pour elle, une question de vie
ou de mort, et il est à désirer qu'on le sache bien
à Paris si l'on veut pousser l'affaire jusqu'au bout.»

Au milieu des graves événements qui s'étaient
déroulés en France depuis l'année 1848, l'attention publique s'attachait presque exclusivement
aux affaires intérieures, et, de toutes les questions extérieures demeurées en suspens, celle des
Lieux Saints était alors considérée comme la
moins importante. C'était, du reste, la moins connue du public, et l'obscurité qui l'environnait,
semblait devoir la reléguer dans l'enceinte dis-
crète des chancelleries, ou même, avec plus de
raison, dans le silence des cloîtres de Jérusalem.
Seuls, quelques diplomates, appelés par les hasards de leur carrière dans les pays du Levant,
se trouvaient en mesure de donner les éclaircissements nécessaires sur la plus épineuse de ces
questions orientales, alors, comme aujourd'hui,
si généralement ignorées de quiconque ne les a
pas étudiées sur place. D'ailleurs, au lendemain
de l'entreprise hardiment menée qui venait de
placer dans la main du prince président de la

République française un pouvoir sans contrôle, entre les regrets des vaincus, la joie des vainqueurs, les espérances du plus grand nombre, il était difficile d'envisager comme gros d'orages un débat qui paraissait ne mettre en cause que la jouissance restreinte de quelques sanctuaires délabrés Et pourtant, un avenir prochain allait donner raison aux plus pessimistes. On se trouvait, presque sans s'en douter, en face de l'un des plus sérieux problèmes qu'il ait été donné à la diplomatie de résoudre. Toutefois, les raisons qui déterminèrent l'attitude adoptée par le gouvernement de la République française, semblent, il faut bien le reconnaître, avoir été inspirées plutôt par des considérations de politique intérieure et parlementaire, que par le souci jaloux du maintien de nos traditions séculaires en Orient.

Lorsque, en 1850, le prince Louis Napoléon, président de la République française, prescrivit au général Aupick, ministre de France à Constantinople, de rappeler énergiquement au sultan Abd ul Medjid l'imprescriptibilité des privilèges antiques des Latins à Jérusalem, il ne soupçonnait nullement les conséquences qu'une semblable revendication pouvait entraîner. L'éventualité d'un conflit avec la Russie, surtout, ne s'était

présentée ni à l'esprit du prince président, ni à
celui d'aucun de ses conseillers habituels, tous
peu familiarisés par leurs antécédents avec cette
obscure question. La vérité est, que l'appui du
parti dit clérical était nécessaire à la politique
intérieure du prince Louis Napoléon, et que ce
fut, en grande partie, dans l'espoir de s'attirer
définitivement les sympathies du groupe à la tète
duquel se distinguaient MM. de Montalembert et
de Falloux, que le chef de l'État résolut de faire
revivre l'exercice sensiblement ralenti de nos
droits en Terre sainte, après avoir, dès 1849,
fait à l'opinion religieuse une concession solennelle, en protégeant par des troupes françaises la
rentrée et la présence du pape Pie IX dans
Rome.

Il nous sera donc permis de dire que ce furent
des considérations parlementaires, habilement
combinées avec le souci de la protection de nos
intérêts traditionnels en Orient, qui dictèrent au
prince président sa conduite dans les débuts de
l'affaire des Lieux Saints. Or, par une de ces
contradictions comme en renferme si souvent
l'histoire, dans les deux grandes questions à l'aide
desquelles l'héritier de Napoléon espérait se concilier la bienveillance du parti clérical, son attente

fut cruellement déçue. Les affaires de Rome, malgré ses bonnes intentions, malgré les sacrifices consentis, devaient le brouiller irrévocablement avec les catholiques. La question des Lieux Saints, sans lui ramener les sympathies qu'il cherchait à rallier, fit naître l'une des grandes guerres du siècle. D'autre part, après les événements de 1848, l'empereur Nicolas, confiant dans la suprême influence dont il jouissait en Europe, crut le moment favorable pour franchir, d'un seul bond, sur le terrain de l'Église grecque orthodoxe, la distance qui le séparait du but. Au lendemain d'une révolution, avec un pouvoir mal affermi, de quel poids semblait peser la France, en face d'une puissante monarchie traditionnelle, dont le chef, autocrate, autant de caractère que de pouvoir, était considéré comme le représentant le plus auguste du parti monarchique dans le monde? Et pourtant, malgré l'état précaire de sa situation intérieure, la France devait, dès le début même du litige, prendre l'attitude qui, seule, convenait à une grande puissance sûre de son bon droit.

Mis par le général Aupick, un peu trop catégoriquement, il est vrai, en demeure de se prononcer, le gouvernement ottoman, fidèle au

système de tergiversations qu'il avait adopté, de
tout temps, dans les questions relatives aux
Lieux Saints, répondit qu'il ne contestait pas la
valeur des capitulations de 1740, base même des
droits de l'Église latine dans les temps modernes,
mais qu'il entendait faire respecter également
ses décisions postérieures. Sanctionner une semblable jurisprudence, c'était méconnaître le fondement sur lequel était bâti tout l'édifice latin en
Orient, car ces décisions postérieures dont parlait
la Turquie, avaient eu pour conséquence la ruine
de notre influence. Aussi le gouvernement de
la République française refusa-t-il péremptoirement de s'associer à cette manière de voir.

Grâce à la pression exercée par le général Aupick, la Sublime Porte se décida, malgré les
efforts contraires de la Russie, à nommer une
commission chargée d'examiner l'état des choses
à Jérusalem. C'était, pour gagner du temps, selon
l'habitude séculaire des Turcs, inaugurer l'ère
des comités d'enquête, des commissions mixtes,
des tribunaux exceptionnels, des inquisitions
russes et musulmanes, qui contribuèrent à exas-
pérer les vieilles haines entre Latins et Orthodoxes Rappelé en 1851, le général Aupick fut
remplacé par le marquis de La Valette qui se

rendit à Constantinople avec le titre de ministre
Homme d'esprit brillant, très répandu dans tous
les mondes, fort appuyé auprès du prince président, tout en ayant gardé ses relations avec
de nombreux membres du parti orléaniste, ami
personnel, d'ailleurs, de M. Armand Bertin,
dont il avait été le collaborateur au *Journal des
Débats*, le marquis de La Valette préluda au rôle
important qu'il devait jouer sous le second
empire, en donnant un nouvel essor à la discussion entamée. Sans se douter peut-être, du
point où pouvait le conduire un zèle patriotique,
louable d'ailleurs, le marquis de La Valette trans-
porta hardiment sur le terrain diplomatique un
différend qu'il eût sans doute été préférable de
circonscrire soigneusement, à Jérusalem, entre
religieux latins et orthodoxes. Muni d'ailleurs
d'instructions énergiques, qu'il était de son devoir
d'exécuter, ce diplomate soutint, pendant l'année
1851, une lutte des plus vives contre les ministres turcs, effrayés des menaces de la Russie dans
la question des Lieux Saints.

Dès le 18 mai de cette année 1851, peu de
jours après son arrivée à Constantinople, le marquis de La Valette, dans l'audience que lui accorda le sultan, remit à Abd ul Medjid une lettre

autographe du prince Louis Napoléon, conçue
dans des termes énergiques et où le président de
la République française parlait « de la revendication des droits de la chrétienté catholique sur
le Saint Sépulcre, contre la chrétienté grecque ».
Cette pièce était accompagnée d'une lettre du pape
Pie IX réclamant l'exercice de ces mêmes droits
pour les Latins, et cette double démarche, d'un
caractère solennel, avait été conseillée et dirigée
par le marquis de La Valette qui, avant de partir
pour le Levant, s'était arrêté quelques jours à
Rome afin de conférer avec le Saint-Père.

Instruit des négociations entamées par le
ministre de France, M. de Titoff, ministre de
Russie à Constantinople, s'empressa de remettre
à la Sublime Porte un mémorandum qui avait
tous les caractères d'une protestation. Le diplomate russe rappelait, qu'à un demi-siècle de
date, à propos d'une querelle qui avait éclaté, à
Jérusalem entre les Grecs et les Arméniens, une
commission composée de trois ulémas, de deux
évêques grecs et de deux évêques arméniens, avait
clos le différend, en déclarant que le Saint Sépulcre appartenait aux Grecs, et que cette décision, au dire de M. de Titoff, n'avait alors soulevé
aucune protestation, ni de la part de l'ambassa-

deur de France, ni de celle des évêques catholiques d'Orient, ni même du légat du pape à
Constantinople. Le ministre de Russie ajoutait,
qu'après l'incendie qui avait détruit la plus
grande partie de l'église du Saint-Sépulcre, en
1808, de nombreuses collectes ayant été faites
parmi les Grecs et les Russes, le Temple avait
été reconstruit avec cet argent, et qu'aucune
puissance catholique, toujours selon la version
de M. de Titoff, n'avait protesté, ou prétendu
que les Orthodoxes eussent alors bâti sur un
terrain qui ne leur appartenait pas. Enfin, le
représentant du czar terminait en disant que, si
le Saint Sépulcre était, pour les Latins, une conquête des Croisés sur les infidèles, incorporée par
des traités à la chrétienté catholique, le Saint
Sépulcre avait appartenu aux Grecs orthodoxes
bien avant la conquête de Jérusalem par les Musulmans.

La lecture de la note historique, placée en tête
de cette étude, répond, croyons-nous, aux arguments ainsi résumés du mémorandum de M. de
Titoff. Si toutefois le lecteur veut bien considérer que, par le mot de *Grecs*, la Russie entendait désigner toute la collectivité d'êtres humains,
à quelque nationalité qu'ils appartinssent, professant

la religion orthodoxe, il sera facile de se rendre compte de la portée des réclamations émises. Les ministres du sultan, avec leur clairvoyance habituelle, sentirent parfaitement le péril, et se montrèrent d'abord favorables aux prétentions, beaucoup moins dangereuses pour eux, de la France. Le 5 juillet 1851, dans une note adressée au marquis de La Valette, le Divan se montrait disposé à prendre pour base de négociation, dans l'affaire des Lieux Saints, les traités passés, à diverses époques, entre la Turquie et la France. C'était là un excellent terrain, sur lequel le marquis de La Valette se plaça sans hésitation, invoquant, avant tous autres, les traités de 1640 et de 1740, qui établissaient si clairement les droits des Latins. Mais la constatation officielle et légale de la situation de l'Église latine en Terre sainte était précisément l'obstacle que la Russie voulait tourner à notre détriment. Aussi, M. de Titoff, désireux de s'appuyer, à son tour, sur un texte de traité, invoqua-t-il, pour justifier ses prétentions, le traité de Kaïnardji, signé en 1774 entre les Russes et les Turcs.

M. de La Valette, voulant donner une preuve de modération, consentit, tout en se maintenant avec autant d'adresse que de fermeté sur le ter-

rain des traités, à admettre l'interprétation de
gré à gré des clauses du traité de 1740 qui pourraient présenter quelque obscurité. C'était une
porte largement ouverte à la conciliation, et la
Turquie se hâta de nommer une commission
chargée d'examiner de près les articles sujets à
ambiguïté. Le marquis de La Valette allait réussir; l'accord entre le réis effendi (ministre des
affaires étrangères) et lui était complet, lorsque,
le 25 octobre 1851, arriva soudainement à Constantinople le prince Gagarine, porteur d'une lettre
autographe du czar au sultan, dans laquelle
l'empereur Nicolas, « au nom de sa famille et
de sa religion », demandait à Abd ul Medjid de
ne pas aller plus loin, et de s'opposer aux réclamations de la France en faveur de l'Église latine
La gravité inusitée de cette démarche suspendit
brusquement les négociations, malgré les vives
remontrances du marquis de La Valette qui s'était
cru sûr du succès D'un autre côté, en France, le
prince président de la République avait, dans
son message du 3 novembre 1851, prononcé ces
paroles caractéristiques : « A Constantinople, il
a fallu s'occuper d'une transaction qui mette un
terme aux déplorables querelles, nées, trop souvent, de la possession des Lieux Saints. »

Enfin, le 29 novembre, toujours à l'instigation de la Russie, les primats de la nation
grecque, sous la présidence du patriarche œcu-
ménique, rédigèrent une note par laquelle ils
réclamaient une solution, favorable à la religion
orthodoxe, de la question des Lieux Saints. Cette
note ou lettre, appuyée et même annotée par le
ministre de Russie à Constantinople, fut remise
par M de Titoff à la Sublime Porte, et le
Divan, sous le coup des démarches répétées de
la Russie, se montra, cette fois, par une de ces
contradictions qui ont fait longtemps sa force.
disposé à adopter une solution favorable aux
prétentions des Grecs orthodoxes, que nous pouvons, dorénavant, appeler les prétentions russes
dans la question des Lieux Saints. Quoi qu'il
en fût, le marquis de La Valette n'était pas
homme à se résigner facilement à une défaite, surtout après avoir touché d'aussi près au triomphe,
et, grâce à une action constante qui mérite-
rait d'être plus connue, et à une dextérité peu
commune, il arracha, de haute lutte, aux ministres du sultan, absolument désorientés par ces
compétitions rivales, le firman connu sous le
nom de firman du 8 février 1852.

Ce sont les péripéties, jusqu'alors soigneusement tenues dans l'ombre, qui signalèrent la dernière phase de cette curieuse négociation, que nous allons retracer au début de ce travail. Les hésitations et, disons-le, la mauvaise foi du gouvernement ottoman, pris, c'est là son excuse, entre les justes revendications de la France combattant pour les Latins, et les brutales exigences de la Russie soutenant les Orthodoxes, vont être éclairées, nous l'espérons du moins, d'un jour peut-être un peu cru, mais certainement nouveau. Le rôle joué à Constantinople par la France et par ses représentants se trouve mis, pour la première fois, croyons-nous, en pleine lumière, grâce aux documents inédits qui sont en notre possession. Si l'on veut se faire une idée de l'ardeur apportée par le marquis de La Valette à la lutte patriotique qui devait avoir pour résultat le firman du 8 février 1852, que nous analyserons plus loin, il est nécessaire de lire la lettre suivante, la première en date de celles qui sont entre nos mains. Elle est adressée, par notre ministre à Constantinople, à M. Armand Lefebvre, prédécesseur de M. Thouvenel à la direction politique du Département des affaires étrangères.

Cette lettre donne, mieux que tout autre com-

mentaire, une idée exacte de l'atmosphère politique dans laquelle vivait le marquis de La
Valette, et des difficultés, sans cesse renaissantes,
en face desquelles notre représentant se trouva,
au cours de cette laborieuse négociation. La
diplomatie a aussi ses champs de bataille. On
n'en a pas assez relevé les plans.

« Péra, le 5 janvier 1852

» Mon cher ami, je viens de passer une dure
semaine ! Quand je me suis vu battu par la décision du Grand Conseil, rendue contre moi à la
majorité de quinze contre quatre (cela a dû coûter
cher aux Grecs et à M. de Titoff), je me suis
rendu chez le grand vizir Rechid Pacha, où j'ai
fait appeler Ali Pacha, ministre des affaires étrangères. Je leur ai déclaré nettement qu'il m'était
impossible de supporter de sang-froid un pareil
déni de justice; que c'était pousser trop loin la
légèreté vis-à-vis de la France; que le temps était
passé où l'on pouvait faire étrangler les gens par
des muets entre deux portes, et que je priais
officiellement le grand vizir de demander à Sa
Majesté une audience, dans laquelle je lui expo-

serais respectueusement, mais avec la dernière
énergie, les griefs de son plus ancien allié. Rechid Pacha, frappé de la véhémence de mon langage, car, jusqu'à ce jour, j'avais été tout sucre
et tout miel, m'a fait observer que, peut-être, à
Paris, on n'approuverait ni ma démarche ni
mon langage. « En ce cas, lui ai-je répondu, si
» Sa Majesté le sultan est mécontente de l'une
» ou de l'autre, Elle a, à Paris, M. Callimaki (le
» ministre de Turquie) pour s'en plaindre. » Je
sentais que je brûlais mes vaisseaux ; mais, croyez-
moi, l'affront était trop vif ! Il se peut qu'à Paris,
étourdis par les grands et mémorables événements[1] qui s'accomplissent autour de vous, vous
puissiez vous faire illusion sur les déplorables
conséquences de notre défaite absolue, mais il
était de mon devoir, à moi qui en voyais les
suites fatales, de ne rien négliger pour les prévenir, en m'exposant moi-même. Mon espoir
était que le sultan et ses ministres reculeraient
devant une entrevue qui n'avait guère de précédent, et que, cependant, ils ne pouvaient
décemment éviter qu'en cédant. C'est ce qui est

---

1. Le coup d'État du 2 décembre 1851 venait d'avoir lieu à
Paris.

arrivé. Je n'ai pas bougé depuis mercredi dernier, et, ce matin seulement, jour du départ du paquebot, je me suis rendu, à huit heures, chez Ali Pacha — avec lequel, par, parenthèse, je suis toujours resté dans les termes les plus affectueux — à qui j'ai toujours témoigné une confiance absolue, en apparence du moins, et que j'ai toujours affecté de séparer de nos adversaires. Je crois que. de tous, il est le mieux disposé pour nous, mais c'est aussi celui qui connaît le mieux l'affaire. Il a commencé par me donner lecture d'une excellente dépêche qu'il a rédigée lui-même, et qu'il adresse à Callimaki, sur les derniers événements. Vous y verrez que le sultan y parle de son « admiration » pour le prince président. Puis il m'a dit : « Vous désirez savoir des nouvelles de votre au-» dience. J'ai l'espoir, presque la certitude, » qu'elle ne sera pas nécessaire, et que, lorsque » la nouvelle officielle du vote[1] de la nation fran-» çaise vous sera parvenue, vous aurez à voir Sa » Majesté dans un but plus agréable. J'attends » le grand vizir qui est au Palais. » Dans la

1. Le vote plébiscitaire du 20 décembre 1851, qui eut lieu dix-huit jours après le coup d'État du 2, et donna sept millions de suffrages au prince Louis Napoléon.

journée, j'appris que le sultan avait renvoyé l'affaire en demandant qu'elle fût revisée par le conseil, dans le sens indiqué par Ali Pacha. C'est ainsi que les choses se passent ici. Ce n'est donc plus qu'une affaire de forme.

» Maintenant, au prochain courrier d'autres détails. Je suis tellement malade, que c'est à grand'peine que je pouvais me hisser sur mon cheval pour me rendre à la Porte, mais j'étais bien décidé à me battre à mort. A propos, ne vous imaginez pas que j'aie des fonds secrets à vous réclamer pour cette négociation. J'ai fait allusion seulement à certaines croix que je serai obligé de vous demander, pas à autre chose. »

Quelques jours après, le 25 janvier 1852, le marquis de La Valette adressait sa première lettre privée à M. Thouvenel qui venait de remplacer M. Armand Lefebvre à la direction politique :

« Mon cher Thouvenel, je suis heureux que ma première lettre particulière vous porte de bonnes nouvelles. Ma dernière conversation avec Ali Pacha ne me laisse aucun doute sur la conclusion de l'affaire (le firman dont on lira le résumé plus loin), et, à moins que le ciel ne

2

tombe, le courrier prochain vous portera la
lettre officielle de la Porte et la protestation,
conçue en termes fermes, mais mesurés, par
laquelle je dois clore la négociation pour *réserver*
tous nos droits. Il est convenu qu'Ali Pacha
m'accusera réception de cette pièce et n'y ré-
pondra pas. Je crois avoir fait tout ce qu'il est
humainement possible de faire, pour sortir honorablement de cette périlleuse et délicate négociation ; ma grande difficulté a été le bruit mécham-
ment répandu et que j'ai dû relever énergiquement,
que l'affaire était arrangée, à Paris, entre Kisseleff
(le ministre de Russie à Paris) et vous autres. »

A peine cette lettre optimiste était-elle partie,
qu'une complication imprévue venait tout remettre
en suspens. Le firman qui devait régler la question des sanctuaires de Jérusalem allait paraître.
Le parti russe fit en sorte de retarder la solution,
et, grâce à une intrigue de palais, le grand vizir
Rechid Pacha fut renversé le 26 janvier, et remplacé par Reouf Pacha, vieillard de quatre-vingt-
quatorze ans qui avait déjà rempli plusieurs fois
les suprêmes fonctions de premier conseiller du
sultan.
    Voici en quels termes le marquis de La Valette

fait part, dans la journée du 26 janvier 1852, de ses impressions à M. Thouvenel. Le contraste avec le billet de la veille est complet :

« Mon cher Thouvenel, je n'ai que quelques minutes avant le départ de *la Vedette*, pour vous donner avis de la chute de Rechid Pacha. Vous avouerez que nous jouons de malheur. Dans la journée même, Ali Pacha m'avait autorisé à écrire officiellement à Paris que l'affaire était complètement terminée, et nous avions échangé des félicitations sur l'heureuse fin de nos ennuis communs. Dans la nuit, le grand vizir a été destitué ! Il me revient, de tous les côtés, que le ministère tombe devant une intrigue de palais sur l'affaire de Jérusalem. Il m'est impossible de vous dire aujourd'hui avec quelque certitude, quelle valeur et quel fondement ces bruits peuvent avoir. Il me paraîtrait cependant de la dernière gravité que les arrangements convenus par les ministres qui succombent, ne fussent pas tenus par leurs successeurs. D'autant plus qu'Ali Pacha m'avait annoncé que le Grand Conseil avait ratifié la note amendée.

» M. Cor (premier drogman de l'ambassade de France) arrive de la Porte. Il reste, il me

semble, peu de doutes sur le motif de la chute
du ministère! Veuillez, je vous prie, me donner,
sans perdre de temps, des instructions par retour
du courrier. D'ici là, si, comme je le crains, notre
tapisserie de Pénélope est de nouveau défilée, je
chercherai à gagner du temps, ce qui, cependant,
me sera bien difficile, car, si des les premiers
mots du nouveau réis effendi je trouve un parti
pris de ne pas reconnaître les engagements de
son prédécesseur, il me paraît absolument contraire à la dignité de la France de continuer
les négociations désormais inutiles. Je vous disais
hier que tout était fini, à moins que le ciel
ne tombât. Le ciel est tombé. Je n'ai pas besoin
de vous demander, si vous approuvez ma conduite, de me soutenir énergiquement dans les
circonstances difficiles où je suis placé. Je crois
avoir fait mon devoir en honnête homme. J'ai
besoin, pour plus d'une raison, que vous me le
disiez tout haut. Il me reste encore l'espoir
que les nouveaux ministres ratifieront l'engagement pris, en laissant, vis-à-vis de la Russie, la
responsabilité à ceux qu'ils viennent de renverser. Mais je n'ai pas le temps de vous dire
tout ce qui me passe par la tête dans le premier
moment. »

La chute du grand vizir Rechid Pacha, déter-
minée par les menées russes, devait retarder,
mais non pas cependant empêcher, le demi-succès
que la France allait obtenir par le firman impérial du 8 février 1852. La meilleure preuve
que la chute de Rechid Pacha n'était due qu'à
une intrigue, c'est que trois jours après sa prétendue disgrâce, le sultan l'appelait de nouveau
au gouvernement, en lui confiant la présidence
du conseil d'État. Aimant d'un amour effréné ce
pouvoir qu'il avait déjà, et devait encore exercer
plusieurs fois, Rechid Pacha n'était pas facile à
remplacer Imbu, dans la mesure où un homme
d'État turc de cette époque pouvait l'être, de la
nécessité des concessions à faire aux idées européennes, doué d'ailleurs d'une intelligence rare,
Rechid Pacha, entièrement acquis à l'Angleterre,
ne fut jamais un ami de l'influence française ;
mais son esprit naturel et la longue pratique
qu'il avait des affaires, donnait à sa présence dans
le Conseil une signification plutôt favorable aux
intérêts que défendait avec tant d'ardeur le marquis de La Valette.

Le 8 février 1852, le firman fut enfin communiqué à l'ambassade de France. Il y était dit, en
substance, que la grande coupole de l'église du

Saint-Sépulcre appartenant au Temple tout entier, les réclamations *exclusives* des Latins, tant pour la grande coupole que pour la petite, le lieu de la descente de croix du Golgotha, les arcades de la Vierge, la grande église de Bethléem et la grotte de la naissance du Christ, *n'étaient pas justes*. Le sultan décidait que pour tous les saints lieux qui viennent d'être énumérés, les choses resteraient « dans leur état actuel ». D'autre part, le firman disait que, « comme une des clefs des portes du nord et du midi de la grande église de Bethléem et des portes de la grotte de la Nativité du Christ, située au-dessous, avait été donnée antérieurement aux Grecs, ainsi qu'aux Latins et aux Arméniens, et que cette concession avait été confirmée par un haut firman publié en l'an 1160 de l'Hégire (année 1744), les Grecs devaient se contenter de cet avantage et laisser aux Latins les clefs dont ils jouissaient. Le *statu quo* était également décrété pour les deux jardins de Bethléem. Quant au tombeau de la Vierge, le firman spécifiait que les réclamations *exclusives* des Latins sur ce sanctuaire n'étaient pas justes, mais qu'il n'y avait pas lieu, non plus, de les en exclure, puisque les Grecs, les Arméniens, les Syriens et les Coptes y accomplissaient leurs cérémonies religieuses. En conséquence, les Latins étaient admis au tombeau de la Vierge, concurremment avec tous les autres rites Relativement à l'église de l'Ascension, située sur le mont des Oliviers, le sultan ordonnait, que puisque les Latins y exerçaient leur culte le jour de la fête de l'Ascension, le même avantage serait reconnu aux Grecs. Il restait convenu que l'église de l'Ascension continuerait, comme par le passé, a être gardée par un portier musulman.

Certes, si l'on compare ce firman aux actes solennels et tant de fois consacrés, qui donnaient aux Latins et, par conséquent, à la France, la possession *exclusive* de la presque totalité des sanctuaires de Palestine, il faut se voiler la face ! Mais, d'usurpation en usurpation, le magnifique et traditionnel ensemble des privilèges latins à Jérusalem étant tombé en ruine, il fallait, hélas ! être plus modeste La difficulté qu'il y avait, et qu'il y a encore aujourd'hui, à faire comprendre à la masse même intelligente du public, le grand intérêt politique dissimulé derrières ces querelles pour une clef, pour une lampe, pour un passage, pour une fenêtre ; le désir qu'avait le nouveau gouvernement, en France, de ne pas compliquer une affaire sur les difficultés de laquelle on commençait à trop épiloguer, décidèrent le marquis de La Valette à se contenter d'une satisfaction restreinte qui, après tout, bien présentée, pouvait avoir les apparences d'un succès, surtout en raison de l'ignorance du véritable état des choses où l'on se maintient si volontiers en France relativement aux affaires de Jérusalem. Aussi, à la date du 15 février 1852, le marquis de La Valette pouvait-il écrire à M. Thouvenel :

« Grâce à Dieu, nous sortons honorablement de la question délicate et si menaçante des Lieux Saints ! Pour vous, mon cher Thouvenel, qui connaissez l'Orient, vous avez depuis longtemps compris ce que les autres affectent de traiter légèrement. Il s'agissait bien plus d'une question politique que d'une affaire de moines. Ou il ne fallait pas l'engager, ou il fallait la soutenir. Certes, nous n'avons pas tout ce que le droit strict nous adjugeait, mais nous avons sauvé la question de droit et gagné, en fait, un avantage considérable (l'accès au tombeau de la Vierge). Un petit mot que je reçois à l'instant d'Ali Pacha vous fera juger de l'importance du succès par les terreurs de ces malheureux ministres turcs ! Voici, je crois, ce qui s'est passé : Ali

Pacha avait communiqué fort étourdiment, à M. de Titoff, la note contenant les dispositions du firman qu'il devait me remettre. Titoff avait exigé des changements qui la dénaturaient complètement. Il s'en est suivi une scène entre Ali Pacha et moi, quoique je ne susse pas alors d'une manière certaine que M. de Titoff eût été pour quelque chose dans ce manque de foi. Le stationnaire russe était même parti pour porter à Odessa la note *amendée*, mais l'énergie extrême que j'ai mise à ramener le cabinet ottoman à ses engagements, le terme du 9 février que j'avais fixé pour tout délai, ont contraint le cabinet à me remettre la note dont je vous envoie copie. Titoff crie à la trahison, et Ali Pacha, alarmé, me demande de tenir la note secrète encore pour quelque temps. sans me contester, en aucune façon, le droit de dire que l'affaire est terminée, précaution qui serait bien inutile, car rien ne reste secret ici vingt-quatre heures, et tout le monde sait que l'affaire est faite. Mais on ignore les détails. Je n'ai pas besoin de vous dire que je fais le modeste et que je me garde bien de tapisser sur la rue ! Je me plains, au contraire, que l'action russe ait empêché le cabinet de nous rendre pleine et entière justice. Mais les cris de nos ad-

versaires font croire à un succès beaucoup plus
complet qu'il ne l'est en réalité. »

Ces confidences du négociateur de l'arrangement intervenu restreignent à leur vraie pro-
portion le succès diplomatique de la France dans
l'affaire des Lieux Saints en 1852. Après une
aussi chaude campagne, le marquis de La Valette
avait besoin d'un repos qu'il avait bien gagné.
Il quitta Constantinople, le 15 mars, en vertu
d'un congé.

Dès que le firman fut rendu, le sultan rappela
Rechid Pacha au poste de grand vizir, qu'il reprit
le 6 mars. A Paris, l'on ne se faisait pas d'illusion sur la portée des arrangements conclus par
M. de La Valette. M. Thouvenel pouvait donc
écrire avec raison au général de Castelbajac,
ministre de France à Saint-Pétersbourg, sous la
date du 15 mars :

« Je désire vivement que la question des
Lieux Saints ne soit pas trop pénible à l'empereur Nicolas. Nous avons peut-être entamé cette
affaire un peu à la légère, mais il nous était
impossible de la laisser tomber. C'est l'attitude, à
mon avis, imprudente, de M. de Titoff, et l'éclat

qu'il a donné à la lettre de l'empereur Nicolas au sultan, qui ont grossi notre succès dont la valeur intrinsèque est assez mince. La protestation de M. de La Valette contre l'arrangement offert par la Porte n'existe que *pro formâ*, et nous n'avons aucune idée d'en faire un argument pour l'avenir. »

Le marquis de La Valette avait, en effet, pris le soin de *réserver*, en présence du firman du 8 février 1852, tous les droits historiques de la France résultant des arrangements antérieurs. Cette sage précaution laissait le fonds même de la question ouverte, pour le jour où les circonstances permettraient de la traiter plus avantageusement. Ces graves intérêts une fois réglés, et avant de quitter provisoirement Constantinople, notre représentant avait accrédité auprès de la Sublime Porte, en qualité de chargé d'affaires, le premier secrétaire de sa mission, M. Sabatier. Ancien capitaine d'état-major, entré dans la carrière diplomatique vers la fin du règne du roi Louis-Philippe, et ayant longtemps séjourné à Athènes en qualité de secrétaire de légation, M. Sabatier connaissait l'Orient. Homme d'esprit, très énergique, peu endurant de sa nature, il écrivait en toute liberté à M. Thouvenel, qu'il avait intimement connu en Grèce. M. Sabatier, ainsi qu'on en pourra juger par les extraits que nous allons donner de ses lettres particulières, voyait juste et ne se faisait aucune illusion. S'il n'éprouvait pas une grande sympathie pour le marquis de La Valette, du moins ses sentiments personnels n'influaient-ils pas d'une façon trop partiale sur l'appréciation équitable des événements. Il écrivait, le 26 mars 1852, à M. Thouvenel :

« Mon cher ami, je vois, par vos dernières dépêches et par une lettre de M. de Rayneval (ambassadeur de France près le Saint-Siège), qu'on est enchanté, à Paris comme à Rome, de la solution de notre affaire des Lieux Saints. On a raison de l'être. Ce que nous avons obtenu n'est pas énorme, mais, ce qui prouve que les concessions qu'on nous a faites ont bien leur importance, c'est que, à Athènes comme ici, les Grecs, et notamment les amis de la Russie, jettent feu et flammes. Au surplus, ce que, pour ma part, je trouve de mieux dans la solution, c'est que c'est une solution. Il fallait à tout prix sortir de l'impasse où nous étions, et nous en sommes sortis plus convenablement qu'il

n'était possible de l'espérer. Reste maintenant la
queue de l'affaire, c'est-à-dire l'exécution. Soyez sûr
que je m'emploierai de mon mieux à ce qu'il ne
survienne pas de complications nouvelles. Si nous
passons les fêtes de Pâques sans encombre à Jérusalem, tout est sauvé ! Le marquis de La Valette est
parti la tête un peu montée de son succès, et il a
peut-être raison, car vous ne pouvez pas vous faire
une idée de tout ce qu'il a mis d'esprit, de savoir
faire, d'activité, dans ces longues négociations. »

M. Sabatier avait bien raison d'écrire « qu'il
restait la queue de l'affaire, c'est-à-dire l'exécution. » Le doute discret qui se cachait derrière ce
membre de phrase prouvait qu'il voyait clair
On était fort mécontent, à Saint-Pétersbourg, du
succès de la France. Le général marquis de Cas-
telbeljac, dont les sympathies pour la Russie, ou
plutôt pour l'empereur Nicolas, étaient fort vives,
répondait à M. Thouvenel, le 31 mars :

« J'avais toujours pensé comme vous, mon cher
collègue, que, dans notre position politique, et
particulièrement vis-à-vis de la Russie, nous
aurions agi plus prudemment, en ne soulevant
pas encore l'affaire des Lieux Saints, quelque im-

portante qu'elle soit pour nos sentiments religieux et pour notre influence en Orient. Une
fois entamée, il fallait la pousser jusqu'au bout,
le mieux possible, et c'est, je crois, ce qui a été
fait, en conciliant le droit avec la modération et
la tolérance nécessaires. On a appris ici avec
plaisir que nous nous en tiendrions à ce qui a
été fait, et que notre protestation n'était que *pro
formâ*, mais, toute cette affaire a fort déplu, et a
causé un grand émoi dans l'opinion publique russe
qui, ordinairement, ne se mêle pas de grand'chose.
M. de Nesselrode, qui, pour son compte, n'y attache
pas un grand intérêt, ne m'en a jamais parlé
cependant qu'avec contrainte et embarras, et, dans
mes dernières communications à ce sujet, qui
avaient un côté qui lui a été agréable, il m'a dit
que l'empereur avait été blessé de ce qu'on
n'avait pas tenu la promesse qu'on avait faite,
dans le temps, à M. de Brunnow, à Londres,
de retarder les négociations à Constantinople
jusqu'à un temps politique plus opportun. Il
s'est plaint de l'éclat donné par le *Journal des
Débats*, dès le principe, et des menaces faites,
dit-il, à la Porte par notre ambassadeur.
Enfin, cette affaire est, je l'espère, terminée,
quoique quelques phrases peu claires de M. de

Nesselrode, puissent faire penser qu'il ne la croit
pas telle »

Pour tout observateur atttentif, il était manifeste que la Russie, battue jusqu'à un certain
point sur la question du firman, allait tout
faire pour contre-balancer le succès obtenu par
M. de La Valette. Pourtant, le 7 avril, le sultan
désignait Emin Effendi, premier drogman de la
Porte, comme président de la commission chargée
de mettre à exécution les prescriptions du firman
du 8 février. M. Sabatier écrivait le 15 avril 1852
à M. Thouvenel :

« Quant aux Lieux Saints, M. Botta (le consul
de France à Jérusalem) élève une foule de difficultés. Les lettres vizirielles lui paraissent
obscures, et il a raison ; mais il demande des
modifications qui amèneraient inévitablement une
nouvelle campagne plus difficile peut-être que la
première, et je ne crois pas que vous y soyez
disposé. Au reste, j'ai écrit à Botta pour le calmer. Il retournera prochainement à Jérusalem,
mais seul, et non pas en compagnie du consul de
Russie comme il semblait le désirer. Le commissaire de la Porte, Emin Effendi, ancien membre

de la commission des documents, va aussi recevoir l'ordre de se rendre sur les lieux. »

Tout, en effet, était hérissé de difficultés dans
cette épineuse question des Lieux Saints. Le mauvais vouloir de la Russie, surtout, était évident.
M. Thouvenel écrivait, à ce sujet, le 15 avril 1852,
ces lignes fort nettes au général de Castelbajac :

« Je pensais bien, général, que notre demi-
succès dans l'affaire des Lieux Saints exciterait la
mauvaise humeur de l'empereur Nicolas, mais
nous étions engagés d'honneur à ne pas reculer !
Si le cabinet de Saint-Pétersbourg ne le comprenait pas et voulait réagir, à Constantinople,
contre les effets plus apparents que réels de la
campagne de M. de La Valette, il nous forcerait
à donner suite à notre protestation et à réveiller
une question qu'il est plus sage de laisser dormir.
C'est la lettre de l'empereur Nicolas au sultan
qui a piqué au jeu notre représentant et changé
la nature du débat. De religieux qu'il était, il
est devenu politique, et une défaite eût entraîné
la ruine de notre influence. »

Dans cette même lettre du 15 avril, M. Thou-

venel, abandonnant pour quelques instants la
question des Lieux Saints, entretient le général
de Castelbajac d'un événement imprévu qui émut
vivement le monde politique européen. Le prince de
Schwarzenberg, premier ministre de l'empereur
d'Autriche, venait de mourir subitement, et la fin
prématurée d'un homme d'État aux vues larges et
généreuses, qui avait rendu d'ailleurs à l'Autriche
des services inappréciables, fut vivement ressentie
à Paris, où l'éventualité du rétablissement de la
forme impériale, à laquelle le prince de Schwarzenberg avait préparé l'empereur François-Joseph,
prenait chaque jour plus de consistance.

« La mort du prince de Schwarzenberg, écrit
M. Thouvenel, est un gros événement, dont on
aura pris son parti à Saint-Pétersbourg, et qui,
à notre point de vue, me semble extrêmement
regrettable. Le prince de Schwarzenberg était, à
tout prendre, le seul homme d'État européen qui
nous touchât autrement qu'avec des pincettes !
Il défendait les intérêts autrichiens, mais il
n'avait aucun des préjugés des cours absolutistes,
et, courrier par courrier, il eût reconnu l'Empire.
Ma conviction profonde, général, c'est que nous
approchons de cette dernière transformation, et

3

c'est l'attitude de l'Europe qui déterminera le
sens pacifique ou guerrier de ce grand acte. Pour
nous, il sera purement conservateur. Quand la
chose se fera-t-elle ? Je l'ignore. Ce dont je suis
sûr, c'est qu'elle aura lieu sans l'ombre d'un
coup d'État ou d'une violence. Je fais donc des
vœux ardents pour que la république ne trouve
pas à Saint-Pétersbourg ses derniers défenseurs
On ne veut, au fond, là où vous êtes, considérer
le prince Louis Napoléon que comme un en-cas
providentiel ; ici, on tient à le rendre définitif
comme peut l'être un pouvoir humain ! On le
regarde à Saint-Pétersbourg, ou je me trompe
fort, comme un chapeau gardant la place de la
couronne légitime, et je verrai la preuve de ces
dispositions dans le titre que le grand-duc
Constantin a donné, assure-t-on, au comte de
Chambord. Appeler *roi* un prince qui n'a pas
porté le sceptre, c'est faire plus qu'un acte de
courtoisie. c'est proclamer un principe contraire
à celui de notre gouvernement, c'est montrer le
bout de l'oreille L'esprit élevé de l'empereur
Nicolas devrait, ce me semble, être mieux éclairé
sur notre situation. N'est-ce pas une merveilleuse
chance, dans un pays tourmenté comme le nôtre,
que d'avoir rencontré un homme sympathique

aux masses, et capable de rendre à l'autorité le
prestige qu'à tort où à raison elle avait perdu
sous les deux branches de la maison de Bourbon?
N'est-il pas de l'intérêt de tous les souverains de
l'Europe d'encourager une œuvre dont ils seront
les premiers à recueillir les fruits? »

Après cette courte digression, que nous nous
sommes permise en raison de son intérêt, revenons
à la question spéciale des rapports de la France
et de la Russie dans l'affaire des Lieux Saints.
Pendant que M. Thouvenel traçait à Paris les
lignes qu'on vient de lire, le général de Castelbajac,
confiant dans les intentions pacifiques du chancelier de Nesselrode, beaucoup plus pénétré que
son auguste maître des nécessités diplomatiques
du moment, écrivait à M. Thouvenel sous cette
même date du 15 avril 1852 :

« Je ne crois pas, aux convoitises de la Russie
sur la Turquie. Depuis mon séjour à Saint-
Pétersbourg, je suis revenu des idées de l'occident sur l'ambition de la Russie. La politique de
Catherine n'est plus celle de l'empereur Nicolas.
Depuis 1848, plus particulièrement, ses préoccu-
pations presque exclusives sont le rétablissement

de l'ordre matériel et moral en Europe, et le développement agricole, industriel et commercial de son vaste empire, de même que son développement moral et administratif. Il trouve que ce sont là les bases de sa vraie puissance et de la prospérité de la Russie, et que la tâche est assez grande pour l'emploi de son temps pendant toute sa vie. Le grand-duc héritier a les mêmes idées, et le comte de Nesselrode, fatigué des affaires, et déjà, quoique valide et actif, âgé de soixante et onze ans, ne désire que le repos et l'aplanissement des difficultés. L'empereur Nicolas ne consentira jamais à ce qu'on lui ferme les portes du Bosphore et de la mer Baltique, et que, par conséquent, une grande puissance s'empare de Constantinople, et l'Allemagne du Sund, mais il n'a aucune envie de s'en emparer lui-même, persuadé que la possession de Constantinople entraînerait la dissolution de l'unité de l'empire moscovite et serait le signal d'une guerre générale. Tenez pour certain ce que je vous dis, et croyez qu'avant tout la Russie veut la paix, l'assimilation pacifique de la Pologne et la liberté de son action intérieure. Ces dispositions doivent finir par en faire l'alliée intéressée de la France contre les éventualités qui peuvent s'élever du côté de l'Angleterre, et c'est une alliance utile, à laquelle il faut tendre. »

Ces sages réflexions semblent écrites d'hier. Malheureusement, elles étaient le reflet des entretiens du général de Castelbajac avec le chancelier de Nesselrode, bien plus que l'écho de la pensée du czar Nicolas! Le célèbre diplomate russe, vieilli dans la longue pratique des grandes affaires du monde, ne demandait qu'à assoupir les questions irritantes, et à finir ses jours dans la douce quiétude d'un pouvoir exercé sans secousses. L'empereur de Russie, moins philosophe, malgré l'exercice prolongé de sa toute-puissance, devait être moins accommodant.

Le chargé d'affaires de France à Constantinople, M. Sabatier, on l'a vu, tout en applaudissant au résultat acquis, conservait des doutes sur l'avenir. L'événement n'allait pas tarder à justifier ses craintes. Vers la fin d'avril il apprit, à son grand étonnement, que les ministres turcs, fidèles à leur politique ambigue, avaient cherché à contrebalancer le mauvais effet produit sur la Russie par le firman octroyé aux Latins, en accordant en secret un *autre* firman aux Grecs! Cet acte contradictoire réduisait à néant les modestes

avantages attribués aux Latins le 8 février. Mais
laissons la parole à M. Sabatier, mieux en mesure
que personne de nous renseigner.

Notre chargé d'affaires à Constantinople écrit à
M Thouvenel, le 25 avril 1852 ·

« Vous voyez ce que je dis officiellement du
firman donné aux Grecs ¹ J'espère que vous ne trouverez pas que j'aie mal fait de vouloir éclaircir la
chose. Il est certain que le firman existe; qu'on
en a fait mystère à M de La Valette, et qu'il con-
tient des restrictions assez étendues ! Si, comme
Ali Pacha le prétend, M de La Valette, en rece-
vant les clefs de l'église de Bethléem, a *promis
qu'on n'en ferait aucun usage*, je ne vois pas alors ce
que nous avons obtenu, et la victoire se réduit à
des proportions ridicules ! Vous connaissez depuis
longtemps mon opinion sur cette affaire. On a
eu tort de l'entamer, ce qu'on a obtenu est dé-
risoire. Il est absurde aujourd'hui de vouloir faire
passer cela pour un triomphe. Les Grecs, eux,
s'en frottent les mains et les Russes de même. »

Nous voilà bien loin du ton de soulagement,
puis de triomphe qui avait salué l'apparition du
firman du 8 février ! Au dur contact de la réa-

lité, les illusions s'évanouissaient. Mais, que res-
tait-il alors des avantages soi-disant concédés à
la France? Bien peu de chose assurément! En
présence de tant de mauvaise foi, de dessous
ténébreux, l'humeur militante de M. Sabatier
s'exaspérait. La curieuse lettre qu'il adresse à
M. Thouvenel, le 5 mai 1852, vaut mieux que
n'importe quel commentaire.

« Mon cher ami. Jusqu'à présent, je ne vous
ai écrit que fort à la hâte. Aujourd'hui, j'ai un
peu plus de temps à ma disposition. Permettez-
moi de vous parler à cœur ouvert et de vous dire
toute ma pensée, sans passion, mais aussi sans
ménagement de personnes et sans réticences.
Pour les affaires, comme pour moi-même, il
importe que vous sachiez combien le fardeau est
lourd à porter. Dans votre dernière lettre, vous
me dites, à propos de la question des Lieux
Saints : *N'y rentrez pas sans absolue nécessité.* Soyez
sans inquiétude Mais je vous dirai la vérité tout
entière, et la vérité la voici : depuis deux mois
il n'est question, dans les journaux et partout,
que de la belle victoire obtenue par nous dans
l'affaire des Lieux Saints. A Paris comme à
Rome, on est, ou du moins, on se dit, enchanté,

et l'on va, sans doute, couvrir M. de La Valette de grands cordons! A cela, je n'ai rien à dire. Il est certain que M de La Valette a mis, au service du Saint Sépulcre, je crois vous l'avoir déjà écrit, une activité prodigieuse et un esprit toujours plein de ressources et d'expédients. Qu'on ait dit, d'un autre côté, que précisément à cause de ces expédients toujours nouveaux, la négociation s'était trouvée réduite aux proportions d'une intrigue, je ne m'en préoccuperais pas, si la solution était réellement un succès; mais ce succès n'a jamais existé. La victoire est pour la Russie et non pas pour nous. Les agents russes le disent partout, avec beaucoup plus de raison que les nôtres.

» La simple lecture du firman doit, ce me semble, faire disparaître toute incertitude à cet égard, et ce que publient nos journaux, ce que disent nos amis, nous couvre de ridicule. J'ai défendu M. de La Valette pendant les premiers jours, sans beaucoup de succès, je dois l'avouer! Maintenant, je ne puis plus que me tenir à l'écart, mais je vous avoue que je suis assez embarrassé quand on m'arrête pour me demander « s'il est vrai que M. de La Valette a été nommé grand-officier de la Légion d'honneur, et ambassadeur, pour la belle négo-

ciation des Lieux Saints? » Je souligne ces derniers mots parce qu'ils sont réellement soulignés par une certaine intonation railleuse qui plairait médiocrement à M. de La Valette, s'il pouvait les entendre. Personne, au surplus, n'ose défendre sa conduite, et, parmi ceux qui s'amusent le plus à ses dépens, je mets en première ligne Sir Stratford Canning (ambassadeur d'Angleterre) et son acolyte, M. Vogoridès (prince de Samos). Ils en font, l'un et l'autre, dans la mesure de leurs caractères et de leurs positions, bien entendu, toutes sortes de gorges chaudes en toute occasion! Au fait, nous avons obtenu uniquement la participation au tombeau de la Vierge et la clef de Bethléem. La première concession est illusoire; la seconde ridicule! Voyez la dépêche de Botta. Le tombeau de la Vierge étant à cinq minutes hors des remparts, nos religieux seront exposés à mille avanies quand ils voudront s'y rendre, et les Grecs ne se feront pas faute de leur jouer de mauvais tours. A Bethléem, nous aurons la clef, mais la porte restera fermée. D'un côté comme de l'autre, rien ne doit être changé aux dispositions précédemment existantes. De l'étoile de la grotte de la nativité du Christ, il n'est pas question, pas plus que de nos droits et de nos traités

avec la Porte! Quant aux Russes et aux Grecs,
ce qui est tout un, ils obtiennent la participation
à l'église de l'Ascension au mont des Oliviers, où
ils seront désormais sur le même pied que nous,
et, de plus, ceci est capital, le firman déclare nos
prétentions *non fondées en droit* et consacre à jamais
tout ce qui leur avait été accordé par le firman
de 1757! En un mot, pour eux seuls, on améliore
le présent et on assure l'avenir. Aussi, les Russes,
plus que nous, poussent à l'exécution, et M. Ozéroff (chargé d'affaires de Russie) me disait encore, il y a deux jours, qu'il avait donné l'ordre
à M. Basili (le consul de Russie à Jérusalem),
de s'y prêter par tous les moyens en son pouvoir,
mais sans permettre qu'il soit *rien* changé à ce
qui a été convenu. Quant à ce qui est d'une maison à Gethsémani, soyez certain que vous n'ob-
tiendrez rien, pas même une armoire dans la
chapelle! rien ne doit être changé aux dispositions intérieures. Nous avons été enchantés
de cette décision. Il faudra bien que nous en
passions par là, d'autant que M. Basili sera à
Jérusalem pour veiller, et vous savez ce que
nous sommes, sur les lieux, à côté des Russes!
Maintenant, que faire? C'est vous qui me le
direz. Moi, depuis le jour où Ali Pacha m'a

NICOLAS I ET NAPOLÉON III. 43

refusé communication du firman grec, je ne lui
ai plus dit un mot de cette affaire. Je vous
informe et j'attends.

» Le retour de Emin Effendi me permettra d'attendre les réponses de Paris. Mais, dans ma conviction intime, nous sommes battus et conteuts ;
c'est trop de moitié. Ali Pacha s'est moqué de
nous, et a été, dans toute la négociation, d'une
déloyauté parfaite. Je reviens à M. de La Valette :
il est évident que la chose, en elle-même, le
préoccupait fort peu, et qu'il n'a tenu compte que
de sa situation personnelle. Sortir de là convenablement pour ses intérêts, c'est tout ce qu'il
voulait. En secret, il a fait à Ali Pacha la concession de la clef de Bethléem. Il a été bien entendu *qu'on ne s'en servirait pas!* De tout cela,
je ne le blâme pas. A Paris, on ne voulait pas
de complications graves L'affaire était, d'ailleurs,
une mauvaise affaire, et, qui ne pouvait avoir de
solution convenable pour nous. Ce que je n'ad-
mets pas seulement, c'est qu'on chante victoire
sur tous les tons. Ce que je ne voudrais pas
surtout, c'est qu'on pût dire, que, si, dans l'exécution. cela tourne mal, la responsabilité doit
en retomber sur moi seul. Tout ce que je viens
de vous dire ne change rien à mon opinion,

que vous connaissez depuis longtemps. Nous ne
pouvions pas ne pas être battus. Nous le serons,
quoi que nous fassions ! Je suis fâché qu'on envoie les décorations demandées pour les Turcs.
L'un des élus est mort : c'est M. Séraphin, chef
de la correspondance au ministère des affaires
étrangères ottoman. On le remplace par M. Jean
Aristarchi, frère du logothète Nicolas Aristarchi.
J'aimerais autant un attaché de la légation de
Russie ! Ces décorations feront très mauvais
effet. Si elles arrivent prochainement, je les re-
tiendrai jusqu'à ce qu'il m'arrive une réponse
à ma dépêche d'aujourd'hui. J'en aurais encore
fort long à vous dire sur ce chapitre. »

Que pourrait-on ajouter à un tel tableau ?
S'il est sévère, il est impossible de ne pas le
trouver juste, en faisant simplement abstraction
de la petite dose d'irritation personnelle qui
pouvait entrer dans les appréciations de M. Sabatier. Il est difficile de ne pas reconnaître,
dans cette vive peinture, une parfaite connaissance du terrain sur lequel ce diplomate avait à
évoluer et un réel sens politique. Mais à quoi tout
cela devait-il servir ? à rien, sinon donner à deux
ou trois initiés, la véritable mesure du succès

obtenu, et à leur faire connaître l'état exact
de la question. Après trente-neuf ans écoulés, la
vérité peut sortir de son puits. Puisse-t-elle
contribuer à éclairer et surtout servir à prévoir
Le 15 mai 1852, M. Sabatier, toujours plein
de son sujet, écrivait à M. Thouvenel :

« Le firman est toujours la grande affaire du
moment. Je ne dis rien et j'attends. Mais tout le
monde, les catholiques s'entend, crie à la mystifi-
cation. On va même jusqu'à dire, à présent, que
M. de La Valette savait tout avant de quitter
Constantinople et que c'est uniquement pour cette
raison qu'il tenait tant à partir avec une apparence
de succès, laissant à son successeur le soin de se
débrouiller comme il le pourrait. Le procédé
n'était pas maladroit, mais il est au moins
singulier. En attendant mieux, la tabatière et les
châles pour la marquise partent aujourd'hui. »

En échangeant des présents et des décorations
comme pour fêter l'issue d'une négociation heureuse, la France et la Turquie, à notre avis,
agissaient politiquement. Il y avait même habileté,
de la part de la France, à vouloir absolument
considérer le firman du 8 février comme un succès.

Grâce aux confidences de M. Sabatier, nous savons
maintenant à quoi nous en tenir; mais le marquis
de La Valette n'en garde pas moins le mérite,
fort grand à nos yeux, d'avoir, par son adresse
personnelle, terminé une *mauvaise affaire*. Si la
question se compliqua peu après, au lieu de se
simplifier, ce n'est certainement pas à lui qu'on
le dut. M. Sabatier, qui, pour sa part, ne sentait
que les épines de la rose de Jérusalem, continuait à faire ses confidences attristées à M. Thouvenel. Ainsi, il écrivait, le 25 mai 1852 :

« Quant au firman, l'impression devient tous les
jours plus mauvaise. Je sais qu'Ali Pacha est très
inquiet de mon attitude. C'est son affaire. Comme
je ne suis pas payé pour lui être agréable, je
ne changerai de conduite qu'à bon escient.
Sir Stratford Canning est venu me faire une
grande tartine sur ses *sympathies* pour la France
et sur la nécessité d'une entente J'ai abondé
dans son sens, tout naturellement, et j'ai adoré les
Anglais pendant une grande heure, mais je ne crois
pas le premier mot de tout ce qu'il m'a dit. Son
départ n'est pas encore fixé. Il est bien capable de
rester tout l'été pour faire pièce au colonel Rose.
Vous savez qu'ils sont comme chien et chat. »

Une question tenait surtout au cœur de M. Sabatier. Il ne pouvait se résigner à faire passer
aux Turcs les décorations françaises qu'on avait
cru bon de distribuer à la suite de la négociation
du firman ! Sans doute, en sa qualité d'ancien
officier, sachant ce qu'une croix militaire suppose
de services, il ne pouvait admettre la prodigalité
un peu futile, il est vrai, qui préside, sur le
terrain diplomatique, à cet inoffensif échange d'insignes. Sous la même date, il disait à M. Thouvenel :

« Les lettres d'avis sont arrivées pour les décorations que nous donnons, mais je n'ai remis
que celles du marquis de Souza (ministre d'Espagne à Constantinople) et d'Alléon (notable
banquier de Constantinople). Les autres sont
dans mon secrétaire, et elles y resteront jusqu'à
ce que la position s'éclaircisse. Décorer les Turcs
parce qu'ils se sont moqués de nous, c'est un
peu fort vous en conviendrez ! Aussi, j'espère
que vous ne me saurez pas mauvais gré de ce
petit coup d'État. Il m'est impossible d'avoir,
pour messieurs de la Sublime Porte, une autre
opinion que celle que j'ai exprimée. Ils sont
tombés au dernier degré de la déconsidération,
et, les embarras financiers aidant, je prévois des

événements graves dans un prochain avenir, s'il
n'y a pas un changement radical. La plainte
s'adresse même au sultan, et il m'est revenu
qu'on ne le traitait pas mieux, en paroles, que
ses ministres ! Je ne sais pas pourquoi on s'obs-
tine à croire que Rechid Pacha est de nos amis !
Il ne l'a jamais été et ne le sera jamais, parce
qu'il ne peut pas être à la fois l'homme de sir
Stratford Canning et le nôtre. J'aimerais cent fois
mieux Riza Pacha. On aurait au moins un gouvernement, et je ne vois pas ce que nous perdrions
à son avènement. »

La juste mauvaise humeur de M. Sabatier et la
perception très nette de l'exiguité du succès obtenu,
avaient leur contre-coup à Paris. Des instructions
énergiques étaient expédiées à Constantinople.
Il fallait prouver aux Turcs, que, s'ils avaient
trompé la France sur le fond des choses, du
moins la France s'en apercevait. Cette attitude
mettait un peu de baume sur les plaies d'amour-
propre de M. Sabatier, qui écrivait à M. Thouvenel, le 5 juin 1852 :

« Que je vous remercie d'abord, mon cher
ami, de votre lettre et de vos deux dépêches !

Elles ont fait merveille. Ali Pacha savait tout, mais il était, je crois, loin de s'attendre à une correction aussi nette! Quand j'ai terminé la lecture du numéro 14, le malheureux ministre était atterré! Il n'a pu que balbutier quelques paroles incompréhensibles; promesses et protestations m'ont trouvé également dur, et je lui ai débité mon chapelet jusqu'au dernier grain, sans lui faire grâce d'un seul. Jusqu'à présent tout va bien. On parle bien encore des engagements secrets contractés par M. de La Valette, et peut-être vous le fera-t-on dire par M. Callimaki, mais, je déclare ici que cela n'est pas, que cela ne peut pas être. Je ne connais que ce qui a été stipulé et promis au grand jour. »

Cependant la Russie ne désarmait pas. Fidèles à leurs contradictions et à leur duplicité, les ministres turcs avaient donné au gouvernement russe connaissance des dispositions du firman, et l'empereur Nicolas, qui faisait de la question des Lieux Saints une affaire personnelle, dans laquelle il agissait seul, sans même y mêler le chancelier de Nesselrode, ne dédaigna pas de renvoyer à Constantinople le firman amendé, dans un sens naturellement très défavorable

aux Latins. Les modifications dont on parlait, bien qu'on ne les connût pas, la question
étant directement traitée par le czar, ne pouvaient que jeter de nouveau le trouble sur
un terrain que l'on croyait déblayé. A Paris,
on était très perplexe. M. Thouvenel écrivait,
le 15 juin 1852, au général de Castelbajac :

« L'affaire des Lieux Saints préoccupe assez
vivement. Nous taire, c'est accepter un notable
amoindrissement d'influence. Nous fâcher, c'est
tout ébranler. La Russie s'est bien et trop vengée
de notre mesquin succès. Je présume que c'est à
l'irritation assez naturelle que le firman accordé
aux Grecs, au mépris des promesses que nous
avions reçues à Constantinople, a causée au prince
Louis Napoléon, qu'il faut attribuer la vivacité
avec laquelle il a pris le refus d'un firman de
passage à travers les Dardanelles pour le vaisseau
de guerre français *le Charlemagne*. La Porte, sans
songer au traité de 1841, nous avait, en quelque
sorte invités, pendant la présence de l'amiral
Romain-Desfossés à Constantinople, à lui demander ce firman, et il n'est pas douteux pour moi,
que, sans l'intervention active de sir Stratford
Canning et de M. d'Ozéroff, elle ne serait pas

revenue, par écrit, sur ses avances verbales. Cette impertinence de commande, bien que justifiée au point de vue du droit, par le texte même de la convention du 13 juillet, a extrêmement blessé le prince Louis Napoléon, et notre chargé d'affaires à Constantinople a dû annoncer au Divan, que, si le *Charlemagne* ne passait pas les Dardanelles, notre représentant serait officiellement rappelé. On aurait tort de nous accuser de violer les traités. Notre signature au bas du protocole relatif à Neuchâtel nous met, pour les gens de bonne foi, à l'abri d'un pareil reproche. Il ne s'agit absolument que d'une question de dignité, et c'est ainsi qu'il sera bon de la défendre, si l'empereur Nicolas ou ses ministres vous en parlent. Le cabinet de Londres est beaucoup moins vif que son agent à Constantinople, et j'ai lieu de croire qu'il a suggéré au Divan l'idée de nous accorder le firman de passage, pour le moment où notre ambassadeur retournera à son poste. Cette affaire est encore, comme vous le voyez, à l'état de germe, et nous ne pouvions vous en entretenir en dépêche, mais j'ai pensé qu'il était bon que vous la connussiez. »

Ce langage tenu à notre représentant auprès

du czar était fort net. Celui que M. Thouvenel
tenait à notre représentant à Constantinople
devait être bien plus net encore, car les lettres
de M. Sabatier relatives à la question du *Charlemagne* respirent une véritable allégresse. Ce diplomate avait enfin une occasion de parler haut et
ferme aux ministres turcs, et il cherchait, dans
le firman du *Charlemagne*, à prendre une revanche
sur le firman du 8 février. A la duplicité des
Turcs, à l'hostilité patente des Russes, venaient encore se joindre, sur ce terrain de Constantinople,
semé de fondrières, les intrigues perpétuelles de
sir Stratford Canning, qui donnait le singulier
spectacle d'un ambassadeur d'un grand pays,
n'agissant qu'à sa guise, et ne tenant compte
des instructions du cabinet britannique, que dans
la mesure où ces instructions cadraient avec ses
plans personnels, ses rancunes, ou ses ambitions.
Les ministres anglais tenaient en haute estime
l'expérience, le patriotisme et la grande situation acquise de sir Stratford Canning, qui devint,
vers cette époque, pair d'Angleterre et vicomte
de Redcliffe. Mais, s'il leur était facile, connaissant les défauts comme les qualités de ce diplomate, de séparer, dans ses rapports, l'ivraie du
bon grain, les représentants des grandes puis-

sances à Constantinople, et notamment les représentants de la France de 1850 à 1858, eurent à
subir, de la part du noble lord, des assauts ré-
pétés, que l'alliance anglo-française n'empêcha
pas, et sur lesquels nous reviendrons plus tard.
M. Sabatier, qui avait eu sa part des boutades de
sir Stratford Canning, ne perdait pas une occasion
de s'épancher avec M. Thouvenel Il lui écrivait,
à la date du 25 juin 1852 :

« Sir Stratford Canning, cet homme loyal et
désintéressé, n'a rien voulu accepter pour lui-
même, mais la sultane Validé, qui a *rencontré* lady
Canning aux Eaux-Douces, lui a donné un bijou
de cent mille piastres, et on prépare en ce moment, à la Monnaie, une rivière et des boucles
d'oreilles qui vaudront plus de cent cinquante
mille francs ! Il est impossible réellement de pousser la réclame plus loin que ne l'a fait sir Stratford Canning dans ces derniers temps. »

Tout le côté brillamment vaniteux et pompeusement honorifique de la mise en scène diplomatique encore usitée à cette époque, surtout en
Orient, portait visiblement sur les nerfs de
M. Sabatier. Les tabatières et les châles offerts à

la marquise de La Valette, les décorations données aux ministres turcs, les boucles d'oreilles envoyées par le sultan à lady Canning, et tout cela, à propos d'une négociation terminée par un échec qu'on s'obstinait à considérer comme un succès, il y avait certainement là de quoi exciter la bile d'un ancien capitaine d'état-major, apportant dans la gestion des intérêts français en Orient, à côté d'un esprit très délié, une certaine rondeur militaire qui ne pouvait que s'étonner de tant de bruit pour rien.

Ce n'était pas seulement à Constantinople et à Paris que les choses tournaient à l'aigre. Notre ministre à Saint-Pétersbourg, ancien soldat comme M. Sabatier, mais d'un grade supérieur, ne pouvait se dissimuler le malaise que causait autour de lui cette question des Lieux Saints. On a vu la lettre que M. Thouvenel lui avait adressée le 15 juin, à propos du firman du *Charlemagne*. Voici la réponse du général de Castelbajac qui porte la date du 2 juillet :

« Mon cher collègue, il y a deux chapitres sur lesquels l'empereur Nicolas ne transigera jamais : les révoltés polonais et les affaires de la religion grecque. Sur tous les autres sujets, il cède et

cédera avec plus ou moins de facilité ou de
bonne grâce, aux nécessités politiques et à la
raison, avec esprit de justice et une grande élévation de pensée. Il est juste aussi de reconnaître que, quoique exerçant un pouvoir despo-
tique, souvent avec rigueur, il a soin de traiter
avec beaucoup de ménagements tout ce qui tient
à l'esprit religieux et national de son peuple,
car il comprend très bien que c'est de là que
vient sa force, par l'influence que ce sentiment,
national et religieux à la fois, lui donne sur le
peuple et sur l'armée. En Russie, l'empereur
Nicolas est du parti du peuple qui l'appelle
son père, et qui compte toujours, très souvent
avec raison, sur l'appui du souverain contre le
despotisme des seigneurs. Ce sentiment religieux,
très peu éclairé du reste, fort large pour la mora-
lité, est très fort dans le peuple, l'armée et les
marchands. L'empereur, tout despote qu'il est,
doit compter avec lui, surtout pour les choses extérieures et dont la connaissance est très répandue.
Voilà pourquoi j'étais fâché, surtout au milieu
des complications politiques du moment, qu'on
eût soulevé l'affaire des Lieux Saints, et, une fois
entamée, qu'on ne l'ait pas traitée en silence, au
lieu de l'éclat que lui ont donné les journaux,

surtout le *Journal des Débats*, dès le départ de
M. de La Valette, et dès son passage à Rome.
Enfin c'est fait, et il faut s'en tirer le plus honorablement possible. L'empereur Nicolas ne m'a
jamais parlé directement de cette question et ne
m'a pas ouvert la bouche, non plus, de l'affaire
du *Charlemagne*, qu'il sait cependant, car M. de
Seniavine (l'un des hauts fonctionnaires du ministère des affaires étrangères de Russie) m'en
avait parlé, en me demandant si j'avais quelques
explications à lui donner pour l'éclairer sur une
affaire qu'il ne connaissait qu'imparfaitement.
Votre lettre est donc venue très à propos, et votre
prévoyance m'a été fort utile, mais je me suis
contenté de lui donner verbalement les explications que vous m'avez vous-même données. Il a
très bien compris que c'était en quelque sorte un
événement fortuit qui était devenu pour nous,
quoique malgré nous, une affaire de dignité.
Mais il ne devait voir l'empereur Nicolas que
dans quelques jours, après les grandes manœuvres
de trois jours auxquelles je viens d'assister, et,
moins encore que le chancelier de Nesselrode,
M. de Seniavine n'émet une opinion, avant d'avoir
recueilli celle du Maître ».

Comme le fait remarquer le général de Castelbajac, l'empereur Nicolas ne *parlait pas* avec le
ministre de France à Saint-Pétersbourg de l'affaire des Lieux Saints. Chose étrange, il n'en parlait guère non plus avec son chancelier, M. de
Nesselrode. Ce grand personnage, luthérien et
allemand de race, n'était pas assez *orthodoxe*, pour
comprendre à cet égard toute la pensée de l'empereur Nicolas, qui considérait la question des
Lieux Saints comme faisant partie, pour ainsi
dire, de sa conscience religieuse de czar. C'était
précisément dans ce silence auguste que résidait
tout le danger.

Les petits faits d'ailleurs, comme les grands,
par une inexplicable fatalité, contribuaient à envenimer la blessure faite à l'orgueil de l'empereur
de Russie. A une revue que le prince Louis
Napoléon venait de passer à Paris, le 10 mai,
on avait vu, dans l'état-major cosmopolite qui
accompagnait le président, des uniformes d'officiers polonais; la France exigeait de la Turquie un firman de passage pour le bâtiment de
guerre *le Charlemagne*, à travers les Dardanelles;
enfin, le marquis de La Valette, l'auteur de la
campagne active menée contre les Grecs orthodoxes, recevait l'ordre de retourner à Constanti-

nople, avec cette fois, le titre d'ambassadeur.
Tout cet ensemble de faits prouvait, de la part
de la France, une grande indépendance d'allures
et un souci fort jaloux de sa dignité politique.
Or, le czar Nicolas n'aimait l'indépendance chez
personne, surtout chez une nation qu'il considérait comme en proie à la révolution, et, gâté par
de longs succès, il comprenait sa dignité politique de telle manière, qu'il n'en restait plus
pour les autres! La France pourtant, s'attachait à
apporter, dans l'exercice de ses droits, une grande
modération Voici ce que M. Thouvenel écrivait,
le 1ᵉʳ août 1852, au général de Castelbajac

« Les fanfares dont certains journaux accom-
pagnent le retour de M. de La Valette à Constantinople, ont dû retentir désagréablement autour de
vous. Pour ma part, je les trouve fort ridicules.
Nous n'avons nullement l'intention de conquérir
Jérusalem, et nous ne voulons pas davantage
nous faire une querelle avec la Russie; mais,
ce que nous voulons, c'est l'exécution *complète* et
loyale des promesses que la Porte nous a faites.
Pour ceux qui connaissent la question, nos exigences comme notre succès se réduisent à bien
peu de chose. On le sait assurément à Saint-

Pétersbourg, et j'espère qu'on ne s'y méprendra pas plus sur nos intentions que sur la valeur des articles publiées par nos journaux catholiques. »

Ce langage plein de sagesse, et qui résumait en quelques mots la situation, aurait dû être dans toutes les bouches. Il n'en fut malheureusement pas ainsi. On a vu la preuve de la rancune particulière que l'empereur Nicolas gardait contre les articles du *Journal des Débats* sur l'affaire des Lieux Saints. Or, les relations qui existaient entre M. Armand Bertin, directeur de cette feuille importante, et le marquis de La Valette, donnaient une importance toute particulière à ces articles, et l'empereur Nicolas ne s'y trompa pas un instant. Si l'on peut adresser un reproche au marquis de La Valette, dans cette partie de sa carrière diplomatique, ce n'est certainement pas celui d'avoir compliqué la question des Lieux Saints, qu'il s'était au contraire appliqué à simplifier grâce aux concessions les plus larges, mais bien celui d'avoir peut-être trop autorisé les nombreux amis qu'il avait dans la presse et dans le monde, à célébrer le succès de sa négociation.

Réduit, on l'a vu, à fort peu de chose dans le domaine pratique des faits, ce succès en était un en tant que solution. Il aurait fallu en rester là. On agit malheureusement dans un sens tout opposé, et le ministre de Russie à Paris, M. de Kisseleff, connaissait trop bien son terrain pour ne pas renseigner le czar sur les moindres détails.

Le retour à Constantinople du marquis de La Valette fut salué par une nouvelle crise ministérielle. Le grand vizir Rechid Pacha, encore une fois renversé, fut remplacé dans ses hautes fonctions par Ali Pacha qui eut lui-même pour successeur aux affaires étrangères, Fuad Effendi. Rechid, Ali, Fuad ! Ces trois noms sont ceux de trois hommes d'État illustres qui méritent, ce n'est que justice de le reconnaître, de survivre à l'oubli, en raison de leur haute intelligence et de la grande p'ace qu'ils ont occupée dans l'histoire contemporaine de la Turquie. Leurs noms reviendront souvent dans nos études.

A peine eut-il repris la direction de l'ambassade de France que le marquis de La Valette s'attacha à hâter l'application, sur les lieux, des prescriptions du firman du 8 février. Le commissaire turc, Afif Bey, nommé depuis longtemps, n'était pas encore parti pour Jérusalem.

Le marquis écrit à M. Thouvenel, le 17 août :

« Je ne puis accepter telles quelles les instructions données à Afif Bey Elles ont été évidem-
ment rédigées par des Grecs! J'ai un rendez-vous
pour dimanche matin avec Fuad Effendi chez
Ali Pacha. Je n'ai qu'une préoccupation, c'est de
faire à la question un enterrement de première
classe, et j'espère que j'y arrivera. »

Le marquis de La Valette avait trop d'esprit
pour ne pas voir clair, et trop d'habileté pour ne
pas mettre à profit les rivalités personnelles des
ministres turcs entre eux. Rechid Pacha n'était
plus grand vizir et regrettait fort de ne plus l'être.
De plus, le sultan l'avait remplacé par Ali Pacha
qui avait été ministre des affaires étrangères sous
Rechid, et Rechid Pacha, mécontent, n'observait
pas son langage. L'ambassadeur de France eut,
par ce personnage disgracié, la confirmation de la
duplicité d'Ali Pacha dans la négociation du firman. Assez habitué au succès, et, d'ailleurs, trop
élégamment sceptique sur les hommes et les choses,
pour s'arrêter à la petite mortification que devait
subir, au fond, son amour-propre, le marquis de
La Valette écrit à M. Thouvenel, le 25 août 1852 :

« Ali Pacha, j'en ai aujourd'hui la *preuve* par

des aveux de Rechid Pacha, avait préparé le
firman grec en même temps que la note du 8 février. De son propre aveu, il a communiqué la
note aux Russes et nous a *caché* le firman grec!
Si je puis obtenir la note que j'ai demandée aux
ministres turcs, notre position sera meilleure que
si le firman grec n'avait pas été remis, et, dans
le cas contraire, nous devons, selon moi, protester avec énergie, et leur déclarer, selon les termes
des dépêches du Département des 18 et 28 novembre, qu'ils sont, envers la France, en état
d'infraction formelle à un traité, et que nos relations avec eux doivent nécessairement s'en ressentir. La conduite d'Ali Pacha doit être flétrie
dans la note. Je n'y manquerai pas. Vous serez
frappé, dans ma dépêche, comme je l'ai été, de
cette phrase de Fuad Effendi : *J'aurais compris*
que vous eussiez fait pour les Lieux Saints ce que
je ne puis comprendre que vous ayez fait pour Tri-
poli. (On venait d'envoyer une flotte française
à Tripoli pour délivrer plusieurs de nos nationaux maltraités par le pacha). Cet aveu d'un tort
grave et ce ton de provocation, m'ont vivement
blessé, et j'ai dû me contraindre pour répondre
avec la modération convenable. »

Les choses, on le voit, recommençaient à se
gâter Le marquis de La Valette, convaincu maintenant du double jeu d'Ali Pacha dans l'affaire
des Lieux Saints, ne pouvait plus traiter avec ce
personnage que sous le coup de la défiance et de
la mauvaise humeur. C'était une difficulté de plus,
et on n'en avait pas besoin. Notre ambassadeur,
toutefois, n'abandonnait pas la partie; rien ne le
décourageait L'affaire des Lieux Saints que l'on
avait considérée comme close par le firman du
8 février, revivait pour ainsi dire dans ses détails,
semblable à ces reptiles dont chaque tronçon forme
un animal nouveau. Les Latins avaient bien un
firman, mais les Grecs en avaient un autre, qui
anéantissait les maigres avantages arrachés à la
Porte par l'énergie du marquis de La Valette. Et
puis, comme l'avait si bien compris M. Sabatier,
restait l'exécution sur place des prescriptions du
firman. M. de La Valette, à la date du 15 septembre 1852, croyait, de nouveau, toucher au
but. Il écrit à M. Thouvenel cette lettre triom-
phante, qui devait être, hélas! promptement con-
tredite par de nouveaux déboires ·

« Mon cher ami, je crois avoir tenu la parole
que je vous ai donnée, de faire à la question

des Lieux Saints un enterrement de première
classe. Nous sommes en règle pour le présent et
surtout pour l'avenir, et je suis sincère en disant
que, loin de regretter le firman donné aux Grecs,
nous avons tout lieu de nous en féliciter. Le droit
est aujourd'hui établi de si bonne façon, que, si
jamais la France, en face d'usurpations nouvelles, se voyait contrainte de recommencer une
autre négociation, le terrain serait déblayé, non
seulement du dernier firman, mais de tous ceux
postérieurs au traité de 1740. Cette dernière négociation a été conduite avec tant de secret et de
rapidité, que je ne puis vous donner que mon
impression personnelle. La vôtre sera, je l'espère,
conforme à la mienne; vous êtes plus que personne en mesure d'apprécier les difficultés que
j'avais à vaincre. J'ai fait et osé, dans la limite
de vos instructions, tout ce que la prudence m'a
permis de faire. Il me fallait, avant tout, dérober
mes mouvements à un adversaire jaloux et inquiet. J'ai voulu, par la scène très vive que j'ai
faite aux deux ministres ottomans, prévenir des
demi-confidences à M. d'Ozéroff qui serait arrivé
bien vite au fond du sac. D'un autre côté, en
ayant l'air de m'ouvrir sans réserve au colonel
Rose (premier secrétaire de l'Ambassade d'An-

gleterre) dont je connais l'étroite liaison avec
M. d'Ozéroff, en lui laissant voir combien j'étais
personnellement blessé du firman grec, je lui
ai dit que je ne pensais pas prudent d'en demander une réparation quelconque, avant l'entière exécution de toutes les promesses qui venaient de nous être faites au sujet de Tripoli
et autres lieux. J'ai en main la preuve que
mes paroles au colonel Rose ont été fidèlement
rapportées à M. d'Ozéroff. Les deux longues conférences que j'ai eues avec le grand vizir et Fuad
Effendi ont été mises sur le compte des événements récents. C'est à l'abri de ces manœuvres,
que j'ai pu traverser le moment difficile qui s'est
écoulé entre la première note, que j'ai dû rejeter,
et la remise du document qui, dans mon humble
opinion, doit clore cette longue et pénible discussion, à moins que vous ne jugiez convenable
de renouveler la protestation du mois de mars.
Pour moi, je n'en vois pas la nécessité. Fuad
Effendi a été mis en demeure de s'expliquer
officiellement sur les instructions remises au commissaire à Jérusalem, Afif Bey. Nous avons ainsi
une rédaction complète et explicite, puisque nous
l'avons faite. Je l'ai immédiatement expédiée à
M. Botta. Après l'exécution des mesures concédées

par la note du 8 février, je le laisserais en Terre
sainte avec son titre de consul général. Il me paraît de bonne politique de donner au monde catholique un gage, qui ne nous coûte rien, de notre
résolution de maintenir intacts les privilèges dont
nous venons d'être les vigoureux protecteurs. Mes
vives récriminations contre Mazloun Bey, ministre
de la justice, ardent protecteur d'Emin Effendi
(commissaire envoyé à Jérusalem lors de la première enquête) ont porté leurs fruits. Il vient
d'être destitué, apparemment pour d'autres motifs, mais je me flatte de n'y avoir pas nui. »

Le marquis de La Valette avait bien obtenu du
ministre des affaires étrangères, Fuad Effendi, qu'il
donnât au commissaire ottoman à Jérusalem,
des instructions explicites et complètes. C'était
certainement quelque chose, mais comment ces
ordres seraient-ils exécutés? A la date du 25 septembre, M. de La Valette écrivait à M. Thouvenel :

« Rien de nouveau pour Jérusalem. Nous attendons maintenant l'exécution sur place. La seule
opposition vive que je redoute de la part de la
Russie, est sur la clef de Bethléem. C'est un point
sur lequel nous ne pouvons ni ne devons céder.

Il faut attendre les faits, après avoir fait tout ce
que la prudence pouvait nous suggérer pour les
faire tourner à notre avantage. »

M. de La Valette, au fond, était trop clairvoyant
pour ne pas être inquiet. Il avait tout fait pour
sauvegarder la situation. Malheureusement, la
faiblesse craintive des Turcs, en présence de l'attitude chaque jour plus menaçante de la Russie,
ne laissait guère de place à la conciliation. Que
se passait-il, en effet, à Jérusalem? Le commissaire ottoman, Afif Bey, était arrivé dans cette ville,
et, le 16 octobre, il avait convoqué, dans l'église
du Tombeau de la Vierge, les patriarches latin,
grec et arménien, ainsi que le consul de France,
M. Botta, pour donner lecture du firman impérial.

On se rappelle que le firman en question donnait aux Latins le droit de célébrer le service
divin dans cette église; mais, interprétant dans
son sens le plus restrictif la clause qui ordonnait
de ne *rien changer* à l'état des lieux, Afif Bey
s'opposa à toute modification dans le sanctuaire, de
sorte que les religieux catholiques se virent dans
la nécessité, ou d'officier sur un autel schismatique, ou de renoncer au bénéfice que le sultan
leur avait reconnu! On voit que l'application du

firman, sur les lieux, était hérissée de difficultés.
Malgré toute sa prévoyance, M. de La Valette n'avait
pu entrer dans tous ces détails de sacristie.

Le 18 octobre, une autre réunion eut lieu à
l'église de Bethléem, pour régler la question de
la clef accordée, on l'a vu, aux Latins, toujours
par le même firman. Là encore, la chicane locale
intervint. On ne voulut reconnaître aux Latins
que le droit de s'en servir quatre fois par an!
Cette mauvaise foi prouvait la terreur que les
menaces de l'empereur Nicolas inspiraient aux
Turcs. En tout cas, l'on pouvait dire que les
prescriptions du firman du 8 février n'étaient
pas observées. A quoi alors se réduisait notre
succès? En France, la proclamation de l'Empire,
coïncidant avec ces complications, fit qu'elles pas-
sèrent à peu près inaperçues du public.

La vérité tout entière était cependant beaucoup plus grave encore que ce que l'on soupçonnait. M. de La Valette, en effet, se rendant compte
de l'impression déplorable que devait produire,
sur le terrain de Jérusalem, la promulgation solennelle et publique du firman contradictoire accordé aux Grecs, en présence de ces mêmes Latins
qui avaient eu dans la ville sainte une situation
si prépondérante, avait demandé et obtenu que le

firman grec ne fût pas lu *publiquement*. Immédiatement instruits du fait, les Grecs, appuyés par la Russie, agirent en sens contraire, et, au mépris des promesses énoncées, le firman fut lu en grande pompe, selon l'usage usité en Orient. De plus, cédant à la pression des Russes, le cabinet ottoman avait donné connaissance au czar du résultat des délibérations de la commission ottomane charmée d'examiner la question des Lieux Saints. Outre qu'il y avait là une faute impardonnable, ce zèle était inutile, puisque, en vertu des traités existants, invoqués par la France et reconnus par la Turquie, la Russie n'avait aucun contrôle à exercer sur les questions soulevées par les Latins en Terre sainte. Ce zèle intempestif devait coûter cher aux Turcs. En effet, du jour où le sultan communiqua au czar le résultat de l'enquête faite à Jérusalem, la Russie se crut des droits, et sa diplomatie était trop habile pour ne pas exploiter largement cette lourde faute du cabinet ottoman. Ne sachant plus où donner de la tête, les ministres turcs aux abois, imaginèrent de prescrire, *en secret*, à Afif Bey de ne pas mettre à exécution les clauses qui pourraient froisser les Latins, tout en procédant à la lecture solennelle et publique du firman

grec. Mais la Russie veillait, et toute combinaison
aboutissant à un autre résultat qu'à l'humiliation, sur le terrain de Jérusalem, du clergé latin,
devait rencontrer son hostilité. L'empereur Nicolas
ne cachait plus qu'il voulait le maintien du *statu
quo* dans les Lieux Saints; en attendant mieux, et,
dans ce but, deux courriers spéciaux furent expé-
diés au patriarche grec de Jérusalem, lui prescri-
vant de quitter la ville si Afif Bey se conformait
aux dispositions du firman du 8 février. M. Basili,
consul de Russie à Jérusalem, avait ordre de s'opposer absolument à la mise en vigueur de cet acte.

La situation, en s'aggravant, s'éclaircissait. Il
n'y avait plus de doutes à conserver. Le marquis
de La Valette constatait les faits, et cherchait à se
consoler, en espérant que la récente proclamation
de l'Empire en France, allait lui fournir de nouvelles armes pour le combat. Il écrivait à M. Thouvenel, le 15 décembre 1852 :

« Mon cher ami, l'affaire de Jérusalem fait ici
une très vive sensation. Les uns ne veulent pas
croire que la note du 8 février soit exécutée;
d'autres s'en irritent; d'autres enfin, et c'est le
plus grand nombre, viennent à nous comme à un
pouvoir nouveau sur lequel il leur sera permis

de s'appuyer. Notre position grandit envers et contre tous, malgré la mauvaise volonté et les tracasseries qui nous sont suscitées, et qui, jusqu'à ce jour, n'ont tourné qu'à la confusion de nos adversaires. Que va faire l'empereur de Russie devant l'éclat que M. Basili a provoqué, en poussant les choses à l'extrême, et en s'opposant péremptoirement aux faibles concessions qui nous étaient faites, et qui, seules, nous permettaient de sortir honorablement d'affaire? En tout cas, nous sommes désormais sur la défensive, et, dans notre position nouvelle, c'est un rôle infiniment préférable à tout autre, pour le moment du moins. Le ministère actuel pourrait bien être la victime expiatoire abandonnée à la colère de la Russie. Je suis réservé, très réservé, avec le grand vizir Ali Pacha ; car, bien qu'il dise exécuter l'engagement pris au mois de février, je me garde bien de quitter certains airs de victime, et je ne laisse pas oublier que c'est une mesure contre laquelle nous avons protesté. On commence à compter avec nous, mais il ne me paraîtrait pas prudent de faire qu'on comptât trop sur nous. La Turquie est une fille à laquelle on peut faire la cour, mais qu'il faut bien se garder d'épouser ! La famille est trop pauvre et trop compromise. »

Avec un diplomate comme le marquis de La
Valette, l'esprit, du moins, ne perdait jamais ses
droits. Ce dernier trait est plaisant : ce qui l'é-
tait moins, c'était la façon dont Ali Pacha exécu-
tait « l'engagement pris au mois de février », ainsi
que l'écrivait notre ambassadeur. Pour un galant
homme tel que M. de La Valette, il ne pouvait y
avoir qu'une parole. L'exemple d'Ali Pacha nous
prouve qu'on peut être un grand ministre et en
avoir au moins deux ! Notre ambassadeur auprès
du sultan, qui ne connaissait pas encore, vers le
milieu de décembre, le menu détail des intrigues
russes à Jérusalem, et même à Constantinople, où
elles s'ourdissaient très secrètement, était quelque
fois en proie au doute et tenait à être armé en
guerre : « Je ne vous demande quelque chose de
dur pour Jérusalem, écrivait-il à M. Thouvenel, le
25 décembre 1852, que pour le cas où les ordres
si positifs envoyés ne seraient pas exécutés, car il
faut tout prévoir ici, même l'impossible. »

Le marquis de La Valette ne se trompait pas :
c'était l'impossible qui allait devenir la réalité,
mais le vaillant diplomate ne devait assister
que de loin aux événements qui allaient s'ac-
complir. Nous touchons, avec la fin de cette

année 1852, au terme de sa mission à Constantinople. Étudions-en les trois derniers mois. La Russie triomphait bruyamment du succès qu'elle avait remporté sur la France en obtenant la lecture *solennelle* du firman à Jérusalem. M. de La Valette écrit, à ce propos, philosophiquement à M. Thouvenel, le 6 janvier 1853 :

« La lecture publique du firman à Jérusalem a valu à d'Ozéroff et au premier drogman de la légation de Russie des témoignages de haute satisfaction. Le premier a été nommé conseiller privé et Excellence. Le second a eu la croix de de Sainte-Anne au col et six mille francs d'augmentation ! On s'est un peu pressé, mais enfin, j'ai écrit à Ozéroff pour le féliciter. Il m'a répondu de la manière la plus aimable. Je me suis bien gardé de paraître mécontent ! Si on exécute les promesses, comme je le crois, nous aurons notre tour. Vous voyez que, malgré mes ennuis et mes luttes, je suis bien avec tout le monde, et que nous gagnons du terrain. »

En beau joueur, M. de La Valette ne boudait pas un adversaire heureux. Quant à la défaite finale, notre ambassadeur ne voulait pas l'ad-

mettre. Son amour-propre ne pouvait s'y résoudre,
et la somme de talent dépensé par lui dans
la lutte ne pouvait pas, dans son esprit, demeurer
stérile. Mais M. de La Valette, et c'est là, tout à
la fois, son excuse et son côté faible, ne voyait
pas qu'il luttait contre l'empereur Nicolas personnellement. Au lieu de la Russie et des Grecs
orthodoxes qu'il croyait rencontrer à chaque pas
sur son chemin, c'était le czar et non sa diplomatie qui lui barrait la route. L'attitude énig-
matique et embarrassée de M. de Nesselrode,
organe officiel de la politique russe, le prouve
bien. C'est contre l'orgueil mystique de l'empereur Nicolas que devait se briser M. de La
Valette.

M. Drouyn de Lhuys, qui avait remplacé au
ministère des affaires étrangères le marquis
Turgot, en juillet 1852, fort préoccupé de la
tournure que prenait l'affaire des Lieux Saints,
dont il fut un des premiers à reconnaître toute
la gravité cachée, décida, dans un but de conciliation suprême, de remplacer à Constantinople
le marquis de La Valette.

Après une campagne aussi ardente, notre ambassadeur s'était, disons le mot, quelque peu
usé sur ce terrain mouvant de Constantinople,

où les diplomates, du moins ceux qui agissent,
s'usent plus vite que partout ailleurs, dans le
corps à corps perpétuel des questions multiples
qui intéressent la France. M. Thouvenel écrivait,
à ce propos, au géneral de Castelbajac :

« Il est bon que vous sachiez, pour le glisser
négligemment dans la conversation, que M. de
La Valette revient en congé, et que M. Brenier,
s'échappant des ruines du secrétariat général, a
l'heure qu'il est, bien et dûment enterré, doit
partir pour Constantinople, en qualité de ministre, vers le milieu de février. L'absence de
notre ambassadeur sera une cause d'irritation de
moins. Les articles de journaux publiés à la
louange du marquis de La Valette, nous ont autant vexés, passez-moi l'expression, que M. de
Nesselrode lui même. C'est de bien bonne foi que
nous vous le disons : nous n'avons pas l'idée
d'une lutte. Si nous n'étions pas engagés, nous
ne commencerions pas l'affaire. Mais, au point
où elle en est, il nous faut une retraite honorable, et, ce que nous demandons est bien inno-
cent. Voilà le vrai, général, sur la question des
Lieux Saints, et c'est de Saint-Pétersbourg même,
que peut partir le mot qui apaisera cette tempête

factice, ou la rendra sérieuse, car nous ne pouvons reculer davantage. »

Les amis que M. de La Valette comptait dans la presse parisienne lui avaient donc, par un zèle malentendu, causé plus de mal que de bien. Le sacrifice que l'on faisait, toutefois, en se privant momentanément des services d'un diplomate distingué, aurait dû, aux yeux de la Russie, passer pour une concession suffisante. Rien, hélas! ne pouvait plus arrêter l'empereur Nicolas, qui avait déjà décidé de lui-même l'envoi, à Constantinople, du prince Menchikoff, l'un de ses conseillers favoris. Tenu au courant de tout ce qui se passait à Paris, le marquis de La Valette n'ignorait pas que son rappel était décidé. Sans en parler à M. Thouvenel, on sent, au ton de sa lettre du 25 janvier 1853, qu'il est nerveux et triste :

« Mon cher ami. Cet *animal* de colonel Rose (chargé d'affaires d'Angleterre) est toujours contre nous! Il a exagéré d'une manière abominable toutes les affaires des Lieux Saints, et vous m'avez mis dans une bien triste position ! mais enfin, l'enfer est pavé de regrets! Je ne cherche pas moins à atténuer la victoire à Jérusalem ! Vous donne-t-on quelque chose pour l'énorme concession que vous faites en consentant à traiter cette affaire avec le czar? Vous êtes-vous assuré du consentement de Rome? J'ai le cœur bien gros, je ne vous le cache pas, et je ne veux pas vous attrister en vous disant tout ce que j'attends. »

Il était bien naturel que le marquis de La Valette, au feu, depuis un an et demi, fût attristé par la pensée d'une retraite. Pour un homme d'action, renoncer à la lutte est toujours dur, surtout quand on a eu ses heures de succès. Mais la partie était bien grosse à risquer, et la France hésitait. Si, finalement, elle la joua, ce ne fut qu'après avoir reculé jusqu'aux extrêmes limites son honneur de grande puissance offensée! A Saint-Pétersbourg, le général de Castelbajac, voyant grossir l'orage, demandait des moyens d'action nouveaux. Il écrivait à M. Thouvenel, le 1er février 1853 :

« J'espère que, malgré l'entêtement russo-grec de M. de Seniavine, basé sur une foi réelle, et de M. Labenski (haut fonctionnaire du département des affaires étrangères de Russie), qui s'efforce de paraître plus Grec que les Grecs mêmes, la loyauté

de l'empereur Nicolas et la froide raison de M. de
Nesselrode nous feront triompher des difficultés de
la question des Lieux Saints. Mais il faut frapper
le fer pendant qu'il est chaud, et je suis un for-
geron qui ai le cœur à l'œuvre, mais qui manque
d'instruments. Je vous prie donc de me les
envoyer sans retard. Je sais un peu tout en gros,
mais rien en détail, surtout pour ce qui concerne
les négociations de M. de La Valette, dont j'ai
glissé le retour en congé, ce qui a produit un
bon effet. Ainsi que je vous l'ai déjà dit, l'empereur Nicolas tient à l'affaire des Lieux Saints
par sentiment religieux personnel, et, bien plus
encore, par le sentiment religieux et fanatique
de ses peuples. C'est la *seule* question qui ait des
racines dans le sentiment national, bien plus
développé en Russie qu'on ne le croit généralement. Mais croyez aussi qu'il y a, dans ce vaste
empire, avant qu'il puisse étendre ses limites,
du travail pour trois souverains. La chute de
l'Empire ottoman pourrait seule forcer la Russie
à s'emparer de Constantinople. L'empereur Nicolas m'a dit : « *Je ne veux pas de Constantinople,*
» *mais si une autre puissance voulait s'en emparer,*
» *j'y serais avant elle.* » Il faut donc faire tout ce
que nous pourrons, avec dignité politique et reli-

gicuse, pour apaiser l'affaire des Lieux Saints, et,
par là, éviter toute complication en Orient, à moins
que nous n'ayons besoin de ce dérivatif, ce que
rien ne me fait croire nécessaire jusqu'à présent. »

De son côté, sous cette même date du 1er février 1853, M. Thouvenel, revenant sur la retraite
du marquis de La Valette, écrivait, de Paris, au
général de Castelbajac :

« Le débat avec la Russie profitera de l'absence
de M. de La Valette. C'est lui, du reste, qui a
demandé un congé, et c'est encore, d'accord avec
lui, que M. Brenier, son ami, doit le remplacer
provisoirement. Il n'y a donc ni désaveu ni concession, mais seulement une heureuse coïncidence. »

Malgré les euphémismes dont la diplomatie
française entourait le départ de Constantinople,
du marquis de La Valette, il était impossible de
ne pas considérer le retour de ce diplomate en
France, comme une concession faite aux exigences
de la Russie. Seul, l'empereur Nicolas feignit de
ne pas s'apercevoir de cette nouvelle preuve de
modération du gouvernement impérial.

A Constantinople, un événement imprévu venait
encore compliquer la situation. L'empereur

d'Autriche avait subitement envoyé en mission
extraordinaire auprès du sultan, le comte de
Leiningen, avec l'ordre d'obtenir de la Turquie,
sous la menace d'un ultimatum, le rappel des
troupes ottomanes qui bloquaient le Monténégro.
Devant le langage véhément du comte de Leiningen, le sultan céda et rappela le corps d'armée
qui menaçait déjà Cettigné. A propos de ce nouvel incident, dans lequel il était difficile de ne
pas voir un ballon d'essai lancé par l'Autriche
contre la Turquie, à l'instigation de la Russie, le
général de Castelbajac écrivait, de Saint-Pétersbourg, à M. Thouvenel :

« J'entends donner à l'affaire des Monténégrins
des explications bien diverses. Voici ce que je
crois relativement à la Russie : Cette puissance
a consenti, vis-à-vis des Monténégrins, à une
reconnaissance tacite, comme coreligionnaires, en
approuvant que le Vladika ne soit plus évêque,
mais uniquement prince temporel héréditaire,
et qu'il eût à côté de lui un évêque La Russie
fait sans doute des vœux pour que les Monténégrins puissent résister aux Turcs et conserver
l'indépendance dont ils ont joui, de fait, jusqu'à
présent. Mais elle ne peut pas les aider dans

leur agression, et exiger des Turcs qu'ils ne
répondent pas à cette agression ! Elle leur a fait
dire de se soumettre. Mais, en même temps, elle
a envoyé un homme plus important que son
agent intermédiaire ordinaire, le consul russe à
Raguse, pour veiller à ce que la Porte ne les
écrase pas *tout à fait*. Cet homme important est
le chef d'état-major de la flotte russe de la
mer Noire, vice-amiral et aide de camp général de l'empereur. Comment s'est-il rendu
à Raguse ? C'est ce que je ne sais pas positi-
vement. Dans tous les cas, ce serait avec un
seul petit vaisseau à vapeur, si ce n'est tout
seul, en simple voyageur. »

Malgré ces explications rassurantes, tout contribuait, il faut le reconnaître, à bouleverser
l'esprit naturellement timoré d'Abd ul Medjid,
et les trois années qui précédèrent la guerre de
Crimée peuvent compter au nombre des plus
mauvaises qu'ait eu à subir l'empire ottoman. La
mission inopinée du comte de Leiningen avait
empêché le marquis de La Valette de profiter
de suite de son congé, mais ce retard lui avait
permis de remettre au sultan, le 6 février, en
audience solennelle, les nouvelles lettres de

créance qui l'accréditaient auprès d'Abd ul
Medjid, en qualité d'ambassadeur de l'empereur Napoléon III. Faisant allusion à la mission,
heureuse pour l'Autriche, du comte de Leiningen,
le marquis de La Valette écrivait à M. Thouvenel,
le 15 février 1853 :

« Mon cher ami, l'orage a passé, non sans que
les malheureux Turcs laissassent quelques-unes
de leurs plumes aux buissons. Je leur ai donné
tout l'appui moral qui m'a paru compatible avec
mon vif désir de conserver la paix. Vous verrez,
par la lettre que Fuad Effendi vient de m'adresser,
qu'un des deux côtés, au moins, a été satisfait de
nous ! Quant aux Autrichiens, alarmés, d'abord de
mon attitude et de celle du colonel Rose, ils ont,
je le sais pertinemment, reconnu que mes conseils
avaient puissamment contribué à amener une solution pacifique. Maintenant, notre ami Brenier
peut arriver. Je le recevrai avec grand plaisir, et
je lui remettrai une position nette de tout embarras direct. Ceci est donc la dernière épître
que je vous adresse, mon cher et excellent ami.
Je veux vous remercier du fond du cœur pour
l'appui chaleureux, intelligent, sympathique,
que vous m'avez sans cesse accordé. Soyez sûr

que je ne l'oublierai jamais. Je pars en laissant,
au moins, toutes les apparences de la paix derrière moi. »

Le marquis de La Valette quitta Constantinople
sans avoir remis entre les mains de M. Brenier
les intérêts de la France, la nomination de ce
diplomate n'ayant pas été confirmée.

Le 25 février, le public apprit par les journaux
le départ, pour Constantinople, du prince Menchikoff, dont la mission était soupçonnée depuis
quelques jours par les grandes chancelleries.
Le voyage précipité de ce personnage considérable, et le mystère qui entourait ses instructions, jetèrent l'émoi dans tout le monde politique. Pourtant, à Saint-Pétersbourg, la surface
des choses était toujours brillante avec une
nuance marquée de politesse à l'égard de la
France. Le général de Castelbajac écrivait à
M. Thouvenel, le 15 février :

« J'ai donné une grande fête, bal et souper, à
l'occasion du mariage de notre Empereur. Le
chancelier de Nesselrode, tous les ministres,
toute la cour, tout le corps diplomatique, y sont
venus avec empressement, et le grand-duc

héritier particulièrement, ainsi que ses trois
frères, de la façon la plus aimable. Cela a produit un effet d'autant meilleur, que ces princes
n'avaient jamais mis les pieds à la légation de
France, ni sous le roi Louis-Philippe, ni sous
la République, et qu'ils n'avaient été, depuis longtemps, à aucune réception des légations étrangères, pour lesquelles, en général, on fait très
peu de frais à la cour de Russie. Quant à l'empereur et à l'impératrice, depuis leurs malheurs
de famille et la perte de leur jeunesse, ils ne
vont plus nulle part, et je n'ai pas voulu m'exposer à un refus qu'ils font à tout le monde,
mais qui, dans les circonstances actuelles, aurait
pu être mal interprété du public. Je vous prie,
autant que possible, de me préciser la mesure
dans laquelle je dois intervenir dans la question
des Lieux Saints, qu'il *faut* terminer. »

L'honorable général avait bien raison de dire
qu'il « fallait terminer » l'affaire des Lieux Saints.
Le difficile était de le pouvoir, et la présence
même des grands-ducs de Russie et du chancelier de Nesselrode dans les salons du ministre
de France, pendant une nuit de fête, quelque
exceptionnelle que fût cette faveur, ne devait

pas amener de solution. M. Thouvenel répond, le 1ᵉʳ mars 1853 :

« Général, j'ai pâli depuis trois semaines sur le volumineux dossier de la question des Lieux Saints, et je vous envoie toute ma science dans notre volumineuse expédition. La dépêche du 15 janvier, et celle d'aujourd'hui, ne sauraient, à mon sens, laisser aucun doute à un esprit impartial sur notre extrême modération. J'ajouterai que le remplacement de M. de La Valette est une bien large compensation aux désagréments que le *Journal des Débats* a pu causer à l'empereur Nicolas, et, qu'à moins de vouloir notre humiliation, on ne saurait demander davantage. L'Empereur m'a dit, en propres termes, il y a trois jours : « Je ne connais pas » les détails de l'affaire des Lieux Saints ; je re- » grette le bruit qu'on en a fait, et, plus encore, » l'importance exagérée qu'elle a prise, mais nous » ne pouvons rien rendre du peu que nous avons » obtenu. »

Si la première partie des paroles dites par Napoléon III à M. Thouvenel peut paraître étrange, car l'affaire méritait cependant que le

chef de l'État « en connût les détails », la seconde est
irréprochable, et trouvait bien sa place dans la
bouche du souverain de la France. M. Thouvenel
terminait sa lettre du 1er mars à notre ministre
en Russie, par ces mots :

« Je vous dirai que les Russes sont parfaitement traités à notre cour, et que le salon de la
princesse de Liéven est, de nouveau, fréquenté
par nos hommes d'État. On commence à parler,
trop vite peut-être, des avantages d'une alliance
avec la Russie. Si, dans les futurs contingents,
à Saint-Pétersbourg, on croyait, en effet, cette
alliance possible, le moment serait mal choisi
pour se brouiller avec nous au sujet d'une clef !
La présence des grands-ducs de Russie à votre
bal a produit ici le meilleur effet, et tout le
monde vous reporte le mérite de cette amélioration sensible dans les rapports. »

Malheureusement, les discussions courtoises et
académiques dont le salon célèbre de la princesse de Liéven était redevenu le théâtre élégant,
pas plus que les égards personnels qui entou-
raient les grands personnages russes au palais
des Tuileries, ne pouvaient rien contre la marche

pour ainsi dire fatale des événements. On s'avançait, avec grâce et politesse il est vrai, vers la
rupture, mais on y tendait comme poussé par
une volonté supérieure Ce n'est pas la moins
curieuse des remarques que suggère l'étude attentive des événements d'alors.

Nous voici arrivés, avec le mois de mars 1853,
à l'une des époques les plus critiques de l'histoire
contemporaine Jamais la diplomatie française ne
fut plus active. Jamais, n'hésitons pas à le dire,
la diplomatie française ne se conduisit avec plus
de modération, d'habileté et de clairvoyance. Les
négociations qui ont précédé la guerre de Crimée
peuvent certainement compter au nombre des
plus belles de l'histoire, et par la forme et par
le fond. Si nos idées à l'égard de la Russie ont
changé du tout au tout, par suite d'événements
plus récents, cette heureuse modification, imposée
par les circonstances, ne doit pas nous rendre
injuste pour un passé glorieux !

II

LA MISSION DU PRINCE MENCHIKOFF
A CONSTANTINOPLE

Février-mai 1853.

La mission que remplit le prince Menchikoff à
Constantinople, au commencement de l'année 1853,
a eu un tel retentissement, ses conséquences
furent si graves, qu'il nous paraît intéressant
d'entrer ici dans le détail des phases diverses qui
la signalèrent.

Il est certain que les concessions arrachées,
peu auparavant, à la Turquie, par le comte
de Leiningen, ambassadeur extraordinaire d'Autriche, qui, grâce à un ultimatum menaçant,

avait obtenu du sultan Abd ul Medjid le rappel
des troupes bloquant le Monténégro, encouragea
la Russie à élever la voix à son tour. Pourquoi,
en effet, le représentant et l'ami personnel de
l'empereur Nicolas, c'est-à-dire du souverain le
plus puissant de l'Europe, n'obtiendrait-il pas
du sultan, par l'intimidation, un résultat pro-
fitable à l'Église grecque, et, par suite, à l'influence russe dans tout l'empire ottoman, quand
l'empereur d'Autriche venait précisément, par
une démarche inusitée, et avec des moyens d'action bien inférieurs, de remporter une victoire
diplomatique très appréciable? D'ailleurs l'histoire n'était-elle pas là pour prouver que la Turquie n'avait jamais cédé qu'à la force? Et, d'autre
part, qui donc, en Europe, en cette année 1853,
pourrait utilement s'opposer aux prétentions de
la Russie? La France, à peine remise des plus
graves bouleversements intérieurs, ne paraissait
occupée qu'à réédifier le trône impérial. L'Angleterre n'entrerait certainement pas dans la lice
au nom d'un intérêt qui ne lui apparaissait encore que comme purement catholique, un « intérêt de sacristie », comme disaient alors, même
en France, les sceptiques ou les ignorants. La
Prusse, qui ne soupçonnait même pas sa gran-

deur future, gravitait modestement dans l'orbite
de la Russie. L'Autriche, qui devait son repos, et
peut-être son existence, à l'intervention du czar
dans la révolution de Hongrie, n'était pas encore
résignée à cette ingratitude qui devait un jour
étonner le monde. La Turquie, réduite à elle-
même, ne pouvait rien. Jamais, il faut le reconnaître, l'état politique de l'Europe n'avait paru
plus propice au développement des projets ambitieux de la Russie; aussi n'hésita-t-elle pas à
jouer sa partie. La désillusion devait être rapide
et cruelle. Établissons tout d'abord que la mission du prince Menchikoff, si bruyamment commencée et si pompeusement conduite à la surface, ne constitua, en somme, qu'un grave échec
pour la diplomatie russe. Un diplomate homme
d'esprit, qui avait représenté le czar Nicolas auprès du sultan, laissa échapper un jour, dans
une conversation familière, le véritable secret de
l'attitude de son gouvernement dans la question
orientale depuis deux siècles : « Le rôle de la
Russie à Constantinople, disait M. de Boutenieff,
est beaucoup plus simple qu'on ne le croit généralement. Il consiste à être toujours le plus grand
ami ou le plus grand ennemi de la Turquie. »
Le prince Menchikoff était chargé de remplir,

selon les circonstances l'un ou l'autre de ces
personnages. Il devait échouer dans sa double
tentative, et l'irritation causée à Saint-Pétersbourg par son insuccès devenait d'autant plus
mortifiante, que l'éclat donné à sa mission avait
été plus grand. Après une pareille défaite d'a-
mour-propre, l'Europe s'en aperçut bientôt, tout
essai de conciliation équitable, basé sur des concessions réciproques de la Russie et de la Turquie, était voué d'avance à un échec certain.
Mais n'anticipons pas sur la marche des événements.

Le 28 février 1853, le prince Menchikoff débarquait à Constantinople, après avoir, détail caractéristique, passé bruyamment en revue les forces
navales de la Russie dans la mer Noire. Amiral,
ministre de la marine, aide de camp de l'empereur Nicolas, et, par lui-même, ainsi que par la
faveur dont il jouissait auprès de son maître, l'un
des personnages les plus considérables de l'empire russe, le prince était accompagné, dans sa
mission extraordinaire auprès du sultan Abd ul
Medjid, par le prince Galitzin et le vice-amiral
Khorniloff, aides de camp du czar; par le général
Nikapotchinski et le comte Dimitri de Nesselrode,
fils du chancelier. Le prince Menchikoff, grand

seigneur naturellement fastueux, avait ordre de frapper les imaginations orientales par l'éclat de son établissement, pour l'entretien duquel cinquante mille francs par mois de frais de représentation extraordinaire lui étaient alloués. L'impression première produite sur les habitants de Constantinople fut en effet considérable. L'allégresse des Grecs débordait. Ils assiégeaient tout le jour le palais de l'ambassade de Russie, à Péra, où était descendu l'envoyé du « protecteur de l'Église d'Orient ». Dès que le prince paraissait en public, des cris d'enthousiasme s'élevaient dans les airs, et tous les Grecs se découvraient, manifestation réservée, d'ordinaire, aux seules fêtes religieuses. Les Turcs paraissaient étonnés. La diplomatie s'inquiétait. Tout cet appareil semblait révéler, chez l'empereur Nicolas, la volonté bien arrêtée de frapper un grand coup. Le prince Menchikoff, d'ailleurs, accentuait encore le caractère de sa mission par des démarches significatives. C'est ainsi que, peu de jours après son arrivée à Constantinople, il envoyait dans tout l'empire ottoman des émissaires russes chargés de s'enquérir des besoins des sujets du sultan professant la religion grecque; c'est ainsi qu'il faisait partir ostensiblement pour Athènes, l'amiral

Khorniloff, attaché à sa mission, l'un des héros
de Navarin, pour conférer avec le roi de Grèce,
Othon I·ʳ, prince absolument gagné à la cause
russe, et entretenu dans ses rêves de grandeur
chimérique, par sa femme, la reine Amélie, qui
voyait déjà le diadème des impératrices d'Orient
remplacer sur son front altier la moderne
couronne qu'y avaient posée les trois puissances
garantes. Déjà des courtisans, plus zélés que
politiques, saluaient le Bavarois Othon du titre
bysantin de *Sebastocrator*, et la reine Amélie
laissait volontiers entendre à son entourage qu'elle
fixerait avant peu sa résidence au palais de Bechik-
Tasch, récemment construit par le sultan sur les
rives enchantées du Bosphore, lorsque Constantinople serait enfin devenu le siège du nouvel
empire grec.

Pour extravagants qu'ils pussent paraître aux
esprits plus rassis, ces grands projets, hautement
avoués, ne pouvaient laisser aucun doute sur
l'activité du travail qui se faisait dans les imaginations On sentait que de graves événements
étaient proches, et, partout en Europe, le sentiment, encore vague cependant, d'un péril menaçant, faisait éclore les idées de conciliation. Seule,
sur cet horizon politique assombri, la Russie se

redressait, armée de toutes pièces, dans une atti-
tude à la fois mystique et hautaine. Toutefois, ces allures victorieuses étaient plus
apparentes que réelles. Le fond de la conduite
du prince Menchikoff, dès le début et surtout au
cours des négociations, devait donner plus d'un
démenti à la solennité des menaces émises. En
effet, soit par légèreté ou incertitude naturelle de
caractère, soit par crainte des hasards d'une
grande guerre, le prince eut le tort grave de
laisser percer aux yeux des principaux ministres
turcs, qui ne s'y trompèrent pas, le secret désir
d'arriver, coûte que coûte, à un arrangement.
De son côté, la diplomatie française avait compris très rapidement que, derrière la question
des Lieux Saints, dont la Russie se servait comme
d'un paravent, se dressaient des prétentions purement politiques, ne tendant pas à moins qu'à une
véritable mainmise de la Russie sur l'empire
ottoman. M. Drouyn de Lhuys, ministre des affaires étrangères, doué d'une perception très nette
des événements, et M. Thouvenel, alors directeur
des affaires politiques, qu'un long séjour dans le
Levant avait amplement renseigné sur les menées
politico-religieuses de la Russie en Orient, par-
vinrent assez rapidement à faire comprendre la

vérité aux ministres anglais, qui, du jour où la
question fut nettement placée sur un terrain
politique, se montrèrent aussi ardents à protéger
la Turquie, qu'ils s'étaient montrés froids tant
qu'il ne s'agissait que du Saint Sépulcre. Il
résulta de cet état de choses que, tout en conservant une attitude de commande, le prince Menchikoff, plus effrayé qu'il ne voulait le paraître
du rapprochement qu'il voyait s'opérer, sous ses
yeux, entre la France et l'Angleterre, transfor-
mait ses prétentions, passait rapidement d'une
idée à une autre, cherchait à étourdir les Turcs
par la multiplicité de ses projets, de ses notes, de
ses démarches. Les ministres du sultan, de leur
côté, avec le grand sens politique qui les distin-
guait, avaient senti, dès l'abord, le parti qu'il y
avait à tirer de la communauté de vues qui unis-
sait la France et l'Angleterre dans la question
d'Orient, et, justement convaincus que ces deux
grandes puissances n'assisteraient jamais, l'arme
au bras, à l'anéantissement moral ou matériel de
la Turquie, ils adoptèrent un système de résistance qui ne se démentit pas un instant. D'ailleurs, en Europe, l'opinion publique, il ne faut
pas l'oublier, se prononçait partout contre la
Russie. La presse française, presque unanimement,

prêchait la « croisade » contre le czar. Quant à la
presse anglaise, sa campagne, pour avoir commencé plus tard que la nôtre, la dépassait de
beaucoup en violence. L'un des organes les plus
importants de l'opinion publique en France, le
Journal des Débats, par la plume de M. Saint-
Marc-Girardin, pouvait donc s'exprimer ainsi :

« Si l'on veut détruire la prépondérance de la
Russie à Constantinople, ce n'est pas l'empire ottoman qu'il faut essayer de restaurer, c'est l'empire russe qu'il faut affaiblir. Tant qu'il y aura
au fond de la mer Noire un puissant empire qui
s'étend de la mer d'Azoff à la Baltique, tant que
cet empire aura, à Sébastopol, une flotte toujours
équipée, Constantinople sera faible, d'une part, à
cause de sa faiblesse, et, d'autre part surtout, à
cause de la force de Saint-Pétersbourg. Le comte
de Leiningen avait grondé. Le prince Menchikoff a
tonné. Il est évident que si la Russie et l'Autriche,
mais surtout la Russie, obtiennent d'exercer officiellement le protectorat religieux, et l'on peut
dire politique, car la religion est toujours politique en Orient, sur les populations de la Bulgarie, de la Serbie, de la Macédoine, de la Bos-
nie, etc., c'est-à-dire sur onze millions d'habitants

chrétiens grecs, alors qu'il n'y a guère, en Europe, que trois millions de Turcs, les conséquences se développent d'elles-mêmes. »

Quittons maintenant le domaine des considérations générales, pour revenir au détail de la mission du prince Menchikoff : l'ambassadeur extraordinaire du czar, arrivé à Constantinople le 28 février 1853, séjourna dans cette capitale jusqu'au 22 mai. Pendant ces trois mois, la multiplicité et l'importance des faits nous obligent à tenir un grand compte des dates. Nous allons donc nous efforcer de suivre, pour ainsi dire jour par jour, le prince dans ses négociations, et, à côté des détails déjà connus, nous placerons ceux que nous avons été assez heureux pour recueillir dans des documents absolument inédits, qui se trouvent dans nos archives de famille.

Le 10 mars, le prince Menchikoff fut reçu par le sultan Abd ul Medjid. C'est à cette date qu'il faut placer un incident d'étiquette qui eut alors un grand retentissement, et que l'on a, plus d'une fois, commis l'erreur de reporter à la fin de la mission du prince. Par une dérogation toute volontaire aux usages, l'ambassadeur extraordinaire du czar affecta de se rendre chez le sultan

7

en costume de ville La substitution de la redingote à l'uniforme était déjà significative. Dans
une audience d'arrivée, cette négligence de tenue
constituait tout un enseignement. Le scandale fut
énorme à la cour du sultan et chez les grands
dignitaires ottomans. Du sérail, l'émotion gagna
le monde diplomatique, et l'incident fut commenté
par toute la presse européenne. Le ministre
Roland se présentant chez le roi Louis XVI en souliers à cordons, alors que l'étiquette exigeait des
souliers à boucles, avait soulevé moins de tempêtes ! Mais, les cordons de souliers de M. Roland,
comme la redingote du prince Menchikoff, étaient
des accessoires qui faisaient partie intégrante de
la défroque politique de ces personnages. Des
yeux avisés ne devaient pas s'y tromper. En sor-
tant du palais du sultan, l'ambassadeur extraordinaire du czar se rendit chez le grand vizir
Méhémet Ali Pacha, qui venait de remplacer Ali
Pacha, pour lui faire les politesses d'usage.

Après cette visite, eut lieu un second incident,
aussi contraire, d'ailleurs, aux lois de la courtoisie qu'aux usages diplomatiques, et qui contribua
à maintenir les esprits dans un état d'inquiétude
légitime. Fuad Effendi, ministre des affaires etran-
gères, l'un des hommes d'État les plus distingués

de la Turquie contemporaine, et devenu célèbre
depuis, sous le nom de Fuad Pacha, attendait le
prince Menchikoff sur le seuil d'un salon magni-
fiquement décoré pour la circonstance. Le prince
passa fièrement, sans s'arrêter, devant l'appartement du ministre turc stupéfait. Le lendemain,
le prince faisait savoir, il est vrai, au grand vizir,
qu'en n'entrant pas chez Fuad Effendi, il n'avait
pas eu l'intention d'offenser publiquement le gouvernement ottoman dans l'un de ses principaux
membres, mais qu'il lui était impossible de traiter avec un « *ministre fallacieux* ». L'épithète mé-
prisante accolée au nom du ministre des affaires
étrangères, porta à son comble l'agitation des
Turcs. Or, le seul tort de Fuad Effendi, aux yeux
du czar et de son ambassadeur, était de n'avoir
pas obéi d'une façon assez aveugle, dans la dernière négociation relative aux Lieux Saints, conduite, on l'a vu, par le marquis de La Valette,
aux ordres péremptoires venus de Saint-Pétersbourg, et de n'avoir pas voulu consentir à manquer, sur *tous* les points, aux engagements for-
mels pris avec la France. A la suite de cet
esclandre, Rifaat Pacha, *recommandé* au sultan
par l'empereur Nicolas, fut appelé à remplacer
Fuad Effendi au ministère des affaires étrangères.

Déjà le grand vizir, contrairement aux usages en
vigueur, était allé, en personne, complimenter
l'ambassadeur extraordinaire du czar. Enfin,
quelques jours plus tard, le 15 mars, le prince
Menchikoff, revêtu cette fois de son grand uniforme qu'il n'avait pas cru devoir endosser pour
l'audience du sultan, alla rendre visite à Khosrew
Pacha, négociateur, en 1833, du traité d'Unkiar-
Skelessi, partisan déclaré de l'alliance russe, et
qui, depuis la mort du sultan Mahmoud, vivait
éloigné des affaires publiques dans une complète
disgrâce. Tant d'impérieuse hauteur et d'allures
inusitées jetèrent l'alarme dans le monde politique européen sur la véritable nature de la
mission confiée au prince Menchikoff. La
France, qui fut la première à voir le danger,
ne s'arrêta pas dans la voie des concessions
qu'elle avait, on l'a vu, si largement ouverte,
et, non contente d'avoir accordé un congé au
marquis de La Valette, dont la personnalité
portait ombrage à la Russie, M. Drouyn de
Lhuys confia, le 11 mars, l'ambassade de Constantinople à M. de Lacour, diplomate de carrière,
qui n'avait pas encore abordé le problème
oriental.

A la date du 13 mars 1853, M. Thouvenel,

fort préoccupé, écrivait au général de Castelbajac,
à Saint-Pétersbourg ·

« Général, le temps me manque pour parler
d'affaires : je ne puis cependant vous cacher les
inquiétudes très vives que me cause la mission
du prince Menchikoff. Je crains que M le comte
de Nesselrode ne vous ait pas dit *toute* la vérité,
et j'attends, avec une grande impatience, les nouvelles de Constantinople. M de La Valette vient
d'arriver, et le tableau qu'il fait de la Turquie est
effrayant. Le moindre choc peut entraîner la
chute de l'édifice. Nous allons presser le départ
de M de Lacour, mais il lui sera difficile d'être
à son poste avant les premiers jours d'avril, et,
d'ici là, que se passera-t-il ? »

On voit qu'à Paris, ou, pour mieux dire, au
Département des affaires étrangères, on ne se
faisait pas d'illusion sur ce qui se préparait en
Orient Le marquis de La Valette, au surplus,
qui n'avait plus aucune raison pour garder le
silence, et qui connaissait à fond les hommes et
les choses de Constantinople, était fort interrogé,
fort écouté. De son côté, il ne pouvait présenter
les questions pendantes qu'en noir. De Londres,

notre ambassadeur, le comte Walewski, mieux
en situation que qui que ce fût d'être bien renseigné, par les relations personnelles, qu'en dehors
de sa qualité de diplomate il avait, depuis longtemps, avec la haute société politique d'Angleterre,
écrivait à M. Thouvenel, le 24 mars 1853 :

« L'Angleterre, mon cher directeur, est de
glace et sera de glace sur la question des Lieux
Saints. Elle est de feu et sera de feu si l'empire
ottoman est menacé ! Quant aux articles du *Times*,
distinguons : il y en a eu deux ou trois, dans
ces derniers jours, qui expriment, à peu près, la
pensée de lord Aberdeen et même celle de lord
Clarendon. Les autres articles, qui pouvaient
laisser percer de l'indifférence pour le cas où il
serait question du partage de la Turquie, sont
hautement desapprouvés par lord Aberdeen et par
lord Clarendon, quoi qu'en dise M. Guizot. Si
l'éventualité de la chute de l'empire ottoman
devenait prochaine, je vous réponds, moi, que
nous aurions l'Angleterre avec nous *comme nous
l'entendrions*. S'il est un point sur lequel je n'ai
jamais cessé d'être d'accord avec Brunnow (l'ambassadeur de Russie à Londres), c'est sur celui
qui est relatif aux Lieux Saints. Au surplus, il

m'a toujours assuré, veuillez le dire, que la
mission du prince Menchikoff, qui n'avait absolument rapport qu'aux Lieux Saints, devait avoir
pour résultat *une transaction;* qu'on voulait, avant
tout, ménager nos susceptibilités, et qu'on était
résigné à voir les Latins jouir de *quelques-uns* des
avantages que la note ou firman du 8 février
1852 leur reconnaissait. »

Ces déclarations du comte Walewski sont fort
importantes. Elles confirment ce que nous disions
plus haut, c'est-à-dire la différence qui existait
entre les allures tranchantes qu'affectait, à la surface, le prince Menchikoff, et le fond réel de sa
mission, qui était d'obtenir un arrangement. En
second lieu, elles établissent, de l'aveu même du
baron de Brunnow, que la Russie ne consentait à nous laisser bénéficier que de *quelques-uns*
des avantages du firman du 8 février. Or, la
totalité de ces avantages étant déjà, on a pu
s'en convaincre, très maigre, que signifiaient ces
mots : *quelques-uns?* Pour M. Drouyn de Lhuys
et pour M. Thouvenel, qui centralisaient sur
leurs bureaux les rapports différents que nous
essayons d'analyser, l'impression ne pouvait être
que mauvaise. Partout, ils rencontraient obscu-

rité, contradiction et mauvaise foi! Mais retournons à Constantinople :

Le 16 mars, le prince Menchikoff fit parvenir
à la Sublime Porte sa première note verbale. Il
y rappelait que, le 10 février 1852, c'est-à-dire
à plus d'un an de date, le sultan avait annoncé
au czar la solution définitive de la question des
Lieux Saints, et que l'empereur Nicolas avait
répondu en formulant ses réserves sur la solution
intervenue. Depuis lors, la Turquie n'avait donné,
ajoutait ce prince, aucune satisfaction aux revendications élevées par la Russie contre le firman
du 8 février 1852 et les avantages qu'il conférait
aux Latins. Le 22 mars, le prince Menchikoff, dans
une seconde note verbale beaucoup plus explicite,
développait de nouvelles prétentions. Ce n'était
plus d'un simple firman rectificatif de celui du
8 février 1852 qu'il s'agissait cette fois, mais
d'une convention diplomatique en vertu de laquelle la Russie se trouverait traitée, à Jérusalem, sur le pied de l'égalité avec la France. Spé-
cifiant certains points qui tenaient au cœur de
l'empereur Nicolas, l'ambassadeur exigeait que la
clef de l'église de Bethléem, objet de tant de
négociations, fût retirée aux Latins, qui devraient
se voir exclus, de nouveau, du tombeau de la

Vierge. De plus, les Grecs seraient autorisés à
procéder, seuls, et à leurs frais, à la reconstruction
de la grande coupole de l'église du Saint-Sépulcre.
Enfin, la Turquie prendrait l'engagement solennel de ne plus faire aucun changement à
Jérusalem, sans s'être, au préalable, entendue
avec la Russie.

Admettre ce programme, c'était, pour la Turquie, retirer à la France les modestes avantages
si péniblement arrachés, un an auparavant, par
le marquis de La Valette. Pour n'avoir pas voulu
manquer complètement à la parole donnée en cette
matière, Fuad Effendi, on l'a vu, avait été traité
de « ministre fallacieux » et s'était vu contraint de
quitter les affaires. Rifaat Pacha, son successeur
au ministère des affaires étrangères, malgré les
sympathies qu'on lui prêtait pour la Russie, et
surtout le grand vizir Méhémet Ali Pacha, sentirent la gravité de la situation, et, fidèles aux
ambiguités qui forment l'une des forces de la
diplomatie turque, ils communiquèrent, en secret,
à l'ambassade française à Constantinople, la note
du prince Menchikoff. La France éleva, de suite,
les plus vives protestations. C'était elle que la
Russie visait directement; il n'y avait pas à s'y
méprendre. De son côté, le prince Menchikoff, qui,

dans un pays où tout secret est difficilement gardé, avait eu bientôt connaissance de l'indiscrétion des ministres ottomans, se montrait nerveux, irritable, mais moins absolu cependant dans ses discours que dans ses écrits. Très mécontent de savoir l'ambassade de France au courant de ses prétentions, qu'il n'avait d'espoir d'imposer aux Turcs que dans les angoisses du tête-à-tête, il réclama le secret absolu pour ses notes. Non content d'avoir obtenu cette garantie, et afin de pouvoir plus aisément peser de tout son poids sur l'esprit indécis et timoré du sultan Abd ul Medjid, il demanda et obtint l'autorisation de pouvoir être admis auprès du souverain sans être obligé de solliciter préalablement une audience. Enfin, cherchant à se créer des partisans chez les hommes d'État turcs, il comblait de prévenance Rechid Pacha et Riza Pacha, qu'il qualifiait publiquement, dans ses conversations, « d'adversaires honnêtes ». On verra plus loin ce que « l'honnêteté » de Rechid coûta à l'amour-propre du prince Menchikoff.

Peu de jours après, passant sans transition à un tout autre ordre d'idées, le prince demandait au sultan de reconnaître l'indépendance du Monténégro. Cette revendication, à brûle-pourpoint, avait

sans doute pour but de combattre, dans l'esprit
des habitants de la belliqueuse petite principauté,
la bonne impression qu'ils avaient pu garder de
l'intervention de l'Autriche qui, on le sait, les
avait sauvés, quelques mois auparavant, des
mains de la Turquie, grâce à la mission à Constantinople du comte de Leiningen. De plus, l'envoyé extraordinaire du czar Nicolas, abordant le
plus délicat des sujets, réclamait la destitution du
patriarche grec de Constantinople, et, dans l'avenir, la nomination de ce dignitaire par le czar,
afin d'empêcher, disait-il, la scandaleuse vénalité
qui présidait trop souvent, il est vrai, à sa dési-
gnation ou à sa révocation. Enfin, continuant
ses attaques contre les personnes, le prince exigeait la destitution du ministre serbe, Garachanine,
qui ne se montrait pas assez docile aux volontés
de la Russie. L'énormité toujours croissante de
ces prétentions, leur variété, qui les faisait se
rattacher à tous les points sensibles du gouvernement turc, la rapidité insolite qui présidait à
leur apparition, étourdissaient les ministres otto
mans habitués à une lenteur séculaire, et les
jetaient dans les plus douloureuses perplexités.
Selon l'habitude usitée, ils cherchaient à gagner
du temps et évitaient de se prononcer jusqu'à ce

qu'ils pussent connaître officiellement l'opinion
des puissances. La France, pour parer à toute
éventualité, en présence de l'inconnu que renfermait dans ses flancs la mission du prince Menchikoff, donna ordre à sa flotte de paraître dans
les eaux du Levant, tout en ne se rapprochant
pas trop sensiblement de Constantinople. M. Thouvenel écrivait, à ce propos, le 1er avril 1853, au
général de Castelbajac :

« Général, vous aurez eu, sans aucun doute,
une bourrasque à braver au sujet de notre flotte,
mais je pense que vous vous serez tiré heureusement de ce mauvais pas ! Il résulte d'ailleurs,
de l'aveu même du prince Menchikoff, que, si les
affaires du Monténégro ne s'étaient pas arrangées,
(elles l'avaient été par les concessions arrachées
au sultan par le comte de Leiningen), l'armée
russe rassemblée à Bessarabie aurait reçu l'ordre
d'agir ! Nous avons donc bien fait de prendre
aussi nos mesures. Il n'est pas mal non plus que
l'on sache partout que nous ne resterions pas
spectateurs indifférents d'une débâcle en Orient.
Le résultat le plus clair de la démonstration de
la Russie, c'est d'avoir disposé les esprits à spé-
culer sur la chute de la Turquie. C'est un germe

qui se développera tôt ou tard, et, je crains bien
que le vieux thème de l'intégrité de l'empire
ottoman ne soit complètement usé. Nous avons
été très contents de la Prusse. Vous savez qu'à
Berlin on ne songe qu'à s'agrandir, et on n'ad-
mettrait jamais que l'Autriche pût s'adjoindre
une province, sans prétendre à un équivalent.
On a été d'autant plus touché de nos communications à Berlin, qu'on avait été tenu à l'écart
par les deux cabinets de Vienne et de Saint-
Pétersbourg! M. de Wildenbrück, ministre de
Prusse à Constantinople, a marché constamment
avec nous. Je suis très curieux, général, de connaître enfin les compensations que réclame la
Russie dans l'affaire des Lieux Saints Si je ne
me trompe, on demandera le droit de réparer la
coupole du Saint-Sépulcre [1] Voici, en deux mots,

1. L'église du Saint-Sépulcre, à Jérusalem, est surmontée de
deux coupoles, la grande et la petite. La grande coupole, jusqu'à
l'incendie de 1808, affectait la forme d'une pyramide tronquée
Reconstruite après l'incendie, le plan en fut modifié, et, tout en
présentant, encore, à son sommet une section horizontale bizarre,
l'aspect se rapprochait de celui d'un dôme Sa reconstruction amena
une modification plus sensible, telle qu'elle est aujourd'hui, la
grande coupole offre à l'œil l'image d'un véritable dôme Actuellement, comme autrefois, la grande coupole de l'église du Saint-
Sépulcre, que l'on appelle aussi l'église de la Résurrection, est
construite en *bois* revêtu de plomb, tandis que la petite coupole

l'histoire de ce sanctuaire : jusqu'en 1808, il a été la propriété des Latins, qui l'avaient restauré dans le siècle dernier. Le feu y prit, Dieu sait comment, les Latins disent que les Grecs l'y ont mis. Le fait est que l'incendie a profité à ces derniers, et que la Porte, mécontente, à bon droit, de l'entrevue de Tilsitt, livrée qu'elle était par nous à la Russie, et voulant, soit calmer la colère de son ennemi, soit faire aux Grecs un avantage qui les retînt dans le devoir, leur accorda un firman qui fit passer l'église du Saint-Sépulcre entre leurs mains. Les Grecs le rebâtirent donc, en ayant soin de l'orner d'images et d'inscriptions

est bâtie en *pierre*, détail qui explique comment elle a pu échapper, a travers les siècles, aux accidents qu'a eu a subir la grande coupole. Rappelons enfin, qu'a l'intérieur de la partie de l'église du Saint-Sépulcre qui est surmontée de la grande coupole, se trouve un petit sanctuaire élevé sur l'emplacement même du tombeau du Christ, monument qui fut détruit dans l'incendie de 1808 et qui fut reconstruit identiquement à la même place, mais dans un style assez différent de l'ancien, en même temps que la grande coupole. C'est vers cette petite église, bâtie dans la grande, que convergent les ardentes aspirations des divers cultes ! S'en rapprocher le plus possible est le but constant des vœux et des manœuvres de chacun ! Le saint édifice est, pour ainsi dire, étouffé dans l'inextricable réseau de prétentions rivales qui l'enserre ! Les clefs de l'église du Saint-Sépulcre sont entre les mains des Turcs, et, en raison des compétitions acharnées dont ce vénérable sanctuaire est l'objet, cette solution, quelque anor-

conformes à leur rite. En 1812, M. de La Tour-
Maubourg protesta, et obtint, comme c'est l'usage,
à ce qu'il paraît, un firman contradictoire, qui
ne fut pas exécuté, mais qui reconnaissait nos
droits. Les choses marchèrent cahin caha jusqu'en
1843. La coupole menaçait ruine, au dire des
Grecs, et la Russie demandait pour eux un nouveau firman. M. de Bourqueney s'y opposa, et il
fut convenu que la coupole, moins malade qu'on
ne le prétendait, ne serait pas réparée avant
trente ans. Sur de nouvelles instances, il fut
décide, en 1852, que le sultan, pour couper court

male qu'elle puisse paraître, est encore meilleure que celle qui attri-
buerait ces clefs à un culte plutôt qu'a un autre au détriment des
Latins ! Il serait inutile de chercher a le nier, l'Église grecque orthodoxe fait, à Jérusalem des progrès constants ! Presque toujours un
prêtre de *nationalité russe* officie a côté d'un prêtre *grec sujet du
sultan* Cette *communauté* de religion comble la distance que crée,
entre un prêtre *russe* et un prêtre *grec raya*, la différence de nationalité, et la diplomatie russe, fort habilement, les met sur le même
pied en les qualifiant *tous deux d'orthodoxes !* Grâce à cette confusion de la *nationalité* avec la *religion*, dans l'*orthodoxie* le prêtre
grec, *sujet du czar*, remplacera peu a peu, à Jérusalem, le prêtre
grec, *sujet du sultan*, et alors l'absorption des Lieux Saints par la
Russie sera un fait accompli ! Les efforts séculaires de la France,
protectrice *officielle* des Latins et de leurs droits, en Terre sainte,
sont-ils destinés à devenir définitivement stériles ? Si le patriotisme
répond non, les faits semblent donner chaque jour, à cette lamentable éventualité, une triste confirmation !

aux prétentions rivales, reconstruirait lui-même
le Saint-Sépulcre, et cette résolution fut acceptée
par les légations de France et de Russie. Un architecte a été envoyé sur les lieux pour dresser
des plans. L'affaire en est là. Mais, pendant que
les Grecs veulent que le nouveau monument soit,
en tout, semblable à l'ancien, c'est-à-dire soit
orné des mêmes images et des mêmes inscriptions, les Latins demandent que ces vestiges de
l'usurpation, dont ils se plaignent, disparaissent.
Nous avons émis l'idée que les inscriptions
fussent dans les trois langues : latine, grecque et
arménienne. On a également pensé à ne mettre
qu'une inscription *en turc*, pour perpétuer le souvenir de la générosité du sultan. Nous prêterions
les mains à l'une ou à l'autre de ces combinaisons, mais nous nous ferions *une grosse querelle
avec Rome*, si le Saint Sépulcre était reconstruit
par les Grecs, et devait encore porter leur empreinte *exclusive*, leur cachet de propriété. Ainsi
donc, ou le *statu quo*, si on peut le faire durer
encore, ou la réparation, soit par le sultan, soit
aux frais communs des diverses communions,
mais avec des inscriptions qui satisfassent tout
le monde. J'ai pensé qu'il était bon que vous
connussiez ces détails pour soutenir la discussion

avec M. de Nesselrode, si elle s'engage entre vous et lui sur ce point spécial. »

Ce rapide cours de l'histoire du Saint Sépulcre, à l'usage du général de Castelbajac, nous paraît résumer fort utilement les phases principales de la question. M. Thouvenel nous familiarise, en quelques mots, avec l'inextricable faisceau de difficultés locales qui encombre la question des Lieux Saints. On nous permettra d'ajouter, sans nous accuser de trop de partialité, qu'il devait y avoir plaisir, pour un agent diplomatique, à recevoir du directeur des affaires politiques au Département des affaires étrangères, des comptes rendus aussi concis et aussi nets.

Le général de Castelbajac avait été pressé, on l'a vu, par M. Thouvenel, d'après les instructions de M. Drouyn de Lhuys, de recueillir tous les éclaircissements possibles sur la mission du prince Menchikoff et sur le véritable sentiment de la diplomatie russe. Mais le général de Castelbajac se heurtait là à une difficulté considérable. M. de Nesselrode, diplomate consommé d'ailleurs, n'était pas, on le sait, associé par l'empereur Nicolas à tous les dessous de la question des Lieux Saints. Le czar gardait cette affaire pour

8

lui, et n'y associait que l'élément ultra-orthodoxe,
si nous pouvons nous exprimer ainsi, auquel
n'appartenait pas le chancelier, mais auquel
appartenaient MM. de Seniavine et Labenski, ses
seconds. De plus, le général de Castelbajac, fort
choyé par l'empereur de Russie pour ses qualités
personnelles, pour la distinction de sa naissance,
pour son grade même dans l'armée, qui lui donnait facilement accès, avantage inappréciable, à
toutes les parades et les manœuvres, subissait le
prestige que le czar Nicolas semble avoir exercé
sur toutes les personnes qui avaient le privilège
rare de l'approcher fréquemment. L'honorable
ministre de France à Saint-Pétersbourg, très franc
et très loyal de sa nature, ne pouvait comprendre,
en raison de ses qualités mêmes, ce que renfermait de tortueux, de mystique, presque d'oriental,
un caractère comme celui de l'empereur Nicolas.
De ce que ce prince ne lui parlait pas de l'affaire
des Lieux Saints, alors qu'il lui parlait à peu près
de tout, le général de Castelbajac en concluait
que l'affaire n'avait pas une importance capitale.
De plus, M. de Nesselrode n'aimait pas non plus
a traiter ce sujet avec notre représentant, par la
raison que l'empereur Nicolas ne s'ouvrant pas
entièrement à lui, le chancelier, quelque peu

blessé de cette méfiance, n'avait pas grand'chose
à en dire. Ces raisons multiples maintenaient le
général de Castelbajac dans une obscurité relative Il écrit à M. Thouvenel, le 1er avril 1853 :

« Mon cher collègue, vous verrez, par mes deux
très volumineuses dépêches, que j'ai essayé de
vous donner tous les éclaircissements possibles
sur une situation qui a son obscurité de près,
et qui, de loin, paraît tout à fait noire ! Ce que je
crains, c'est de fournir matière à un nouveau
débat, tant les récriminations sont du goût de
M Labenski. Il ne manquerait pas de nous dire
que M. de La Valette a agi dans le *secret* et commencé l'*intimidation*; que l'intimidation sur une
plus grande échelle, et le mystère aussi, viennent
bien d'être employés sans récrimination de notre
part, sur le terrain de Constantinople, par le
comte de Leiningen, et qu'il ne comprendrait
pas pourquoi nous viendrions nous plaindre du
secret et de l'intimidation de la Russie, qui n'a
pas été encore aussi loin, et qui ne s'est pas
formulée par un ultimatum. Nous aurions certainement bien des choses à répondre à cette
doctrine, mais cela envenimerait le débat et rendrait la négociation plus difficile à Constanti-

nople J'espère qu'elle sera terminée par M. de
Lacour, et je regretterais bien qu'il ne fût pas
arrivé à temps pour la commencer. Je l'espère
cependant, car c'est là un point capital dans l'état
des choses Je l'ai bien fait sentir à M. de Nesselrode, un peu confus, et qui n'a pas toujours
été maître de diriger, à son gré, toute cette
affaire. Tout s'arrangera bien, j'en ai la conviction, mais, je le répète, il est urgent que cette
question des Lieux Saints finisse, car, réellement,
en elle-même, elle n'est rien ! La différence, entre
les concessions turques à la France et à la Russie,
n'est réellement appréciable que pour les moines
latins et grecs ! Mais voilà que je ne puis sortir
moi-même de cette interminable question. Je
me hâte donc d'y couper court, en vous souhai-
tant d'en faire autant. »

Le 15 avril 1853, toujours pressé par son gouvernement, le général de Castelbajac, en accu-
sant à M. Thouvenel réception de sa lettre,
renfermant l'historique de la question du Saint
Sépulcre, s'exprime ainsi :

« Mon cher collègue, vos lettres particulières
ont un grand intérêt pour moi, et me sont, en

outre, bien utiles! Maintenant que le prince
Menchikoff a reçu de nouvelles instructions de
son gouvernement, je commence à être tranquille
et je vais laisser respirer M. de Nesselrode! J'espère que le ministre approuvera ma note verbale.
Il me paraissait important d'ôter aux Russes la
faculté d'agir par *intimidation* sur la Turquie, et
en dehors de nous, à l'occasion de l'affaire des
Lieux Saints, c'est-à-dire de notre affaire *personnelle*. Il faut que M. de Lacour soit muni de tout
ce qui est nécessaire pour terminer promptement
avec le prince Menchikoff. »

Comme tout le monde, le général de Castelbajac était assiégé par l'idée de terminer « promptement » l'affaire des Lieux Saints. Or, cette affaire
dure toujours, et l'on semble réduit à souhaiter
qu'une solution radicale n'intervienne jamais!
En sa qualité d'observateur attentif. et de diplomate doublé d'un homme du monde accompli,
le général de Castelbajac ne négligeait pas les
petits faits.

Les lignes suivantes, que nous empruntons
toujours à sa lettre du 15 avril 1853 à M. Thouvenel, prouvent que, non content d'être
général et ministre, il savait, quand il lui en

prenait fantaisie, tracer de main de maître
un portrait d'homme de cour, et conter une
anecdote de palais comme un gentilhomme
gascon, tel que lui, a toujours su le faire dans
notre belle langue française :

« Je n'ai pu causer avec le prince Menchikoff
de l'affaire des Lieux Saints, car il est parti sans
dire gare. La veille, il devait venir à la fête que
j'ai donnée pour le mariage de notre Empereur,
et il m'écrivit un billet d'excuses, sous prétexte
d'indisposition. Le prince Menchikoff est un
homme d'esprit, ayant, avec des manières simples
et polies, toutes les allures d'un de nos grands
seigneurs de la cour de Louis XV. Il aime les
femmes, le jeu, les chevaux, la bonne et la mauvaise compagnie. Mais, s'il en a les défauts, il en
a aussi les qualités, contrairement à ses compatriotes, qui, en général, n'ont que les premiers.
Il a de la probité et de l'indépendance de caractère, ne ménageant personne dans ses réparties
spirituelles et caustiques. Le jour même de son
départ, il rencontre dans l'escalier du palais la
comtesse Baranoff, dame d'honneur de l'impératrice, qui lui demande s'il est vrai qu'il part, et
où il va. « Comment! vous ne savez pas? Eh bien,

» chère comtesse, je vais vous confier ce secret.
» Vous savez les faveurs dont l'empereur vient
» d'accabler Tchernicheff, à l'occasion de sa retraite,
» Sa Majesté, dans son inépuisable bonté, trouve
» que ce n'est pas assez pour son mérite, et il
» veut faire épouser au fils de Tchernicheff une
» des filles du sultan ! C'est pour cela que Sa
» Majesté m'envoie à Constantinople, et c'est pour
» cela qu'on m'a adjoint Dimitri Nesselrode (le
» fils du chancelier) qui, comme vous le savez,
↟ s'entend très bien en mariage. » La comtesse
Baranoff, esprit simple et naïf, n'a rien de plus
pressé que d'aller annoncer cette grande nouvelle
à l'impératrice, qui aime à savoir ce qui se passe,
parce qu'on ne le lui dit pas toujours ! L'empereur
Nicolas a eu le bon esprit de rire de la plaisan-
terie du prince Menchikoff, qu'il estime et qu'il
aime. Mais on dit, et c'est facile à croire, que
M. de Nesselrode et le prince Tchernicheff n'ont
ri que du bout des lèvres ! Cette anecdote me
confirme dans la pensée que j'ai toujours eue, et
qui m'explique en partie les embarras de M. de
Nesselrode, qu'il n'a pas eu l'entière direction de
toute cette affaire d'Orient. Mais, comme toujours,
le chancelier reprendra le dessus, par son calme,
sa patience, et parce qu'il a les antécédents de la

politique. Alors, tout s'arrangera à l'amiable.
L'essentiel, c'est que le prince Menchikoff a reçu
maintenant ses dernières instructions, et il faut
que M. de Lacour reçoive les siennes, de façon à
être bien en mesure de terminer l'affaire sans
retard, car, si on a encore besoin d'explications,
à ces énormes distances, et qu'on laisse de nouveau la chancellerie de Saint-Pétersbourg, les
Seniavine et les Labenski, mettre le nez dans
l'affaire, elle ne finira pas, ou plutôt, elle finira
par une rupture. »

Notre représentant à Saint-Pétersbourg n'était
pas au bout de ses peines. La question des Lieux
Saints, après lui avoir causé tant d'irritation,
devait, en fin de compte, le faire tomber à Paris
dans une demi-disgrâce qui mit fin, on le verra,
à sa carrière diplomatique.

Nous avons vu, par la lettre du comte Walewski,
datée du 24 mars 1853, quelles étaient les véri-
tables dispositions de l'Angleterre dans la question des Lieux Saints, ou, pour mieux dire, dans
la question d'Orient, car, à partir de ce moment
c'est bien la question d'Orient elle-même, avec
toutes ses conséquences, qui est sur le tapis.
L'Angleterre donc, qui commençait à sentir le

danger, renvoya, en toute hâte, à Constantinople, son représentant, lord Stratford de Redcliffe, qui arriva à Péra le 4 avril.

Le retour de l'ambassadeur britannique sur le terrain oriental, théâtre habituel de ses exploits diplomatiques, devait puissamment contribuer à envenimer la question pendante. Vindicatif à l'excès, habitué à régner sans partage sur les rives du Bosphore, où il séjournait depuis douze ans, faisant et défaisant à son gré grands vizirs et ministres, lord Stratford de Redcliffe avait conçu contre l'empereur Nicolas, qui avait refusé, en 1833, de le voir accréditer auprès de sa personne, en qualité de ministre d'Angleterre, une rancune personnelle, dont les manifestations haineuses contribuèrent pour une notable part à la rupture de 1854. Le nuage orageux dans lequel s'enveloppait le prince Menchikoff, voilait le soleil de lord Stratford de Redcliffe. Aussi, les relations de ces deux personnages devinrent-elles rapidement très tendues. Le 5 avril, M. de Lacour, successeur du marquis de La Valette dans le poste épineux d'ambassadeur de France, débarquait également à Constantinople. Les instructions de ce diplomate étaient des plus conciliantes, et sa

personnalité correcte, quoiqu'un peu terne, paraissait devoir convenir à sa mission, qui, d'ailleurs,
ne dura que sept mois à peine, et dans laquelle
il eut pour successeur, comme on le verra plus
loin, et pour sept mois également, le général, depuis
maréchal Baraguey d'Hilliers. Mais, en face des
prétentions de la Russie, la modestie conciliante
de M. de Lacour ne devait pas avoir plus de
succès que n'en avaient eu les allures légèrement
impétueuses du marquis de La Valette et que ne
devaient en rencontrer les coups de boutoir intem-
pestifs du général Baraguey d'Hilliers.

Le 19 avril, en présence du mutisme des ministres turcs qui, prudemment, s'étaient abstenus
de répondre officiellement à ses communications,
le prince Menchikoff adressa à la Sublime Porte
une nouvelle note conçue dans le sens des précé-
dentes. Il y était dit, en substance, que la Turquie
avait manqué aux promesses faites à la Russie,
mais que le czar consentirait cependant à oublier
le passé, si des garanties formelles, rédigées sous
la forme d'un traité, lui étaient données pour
l'avenir. L'ambassadeur extraordinaire réclamait,
au nom de son maître, un firman explicatif et dont
la rédaction serait convenue, concernant les clefs
de l'église de Bethléem et l'étoile d'argent placée

sur le lieu même de la naissance du Christ, dans
la grotte de la Nativité, située au-dessous de
ladite église. De plus, la possession de la grotte
de Gethsémani serait reconnue aux Grecs, qui
admettraient les Latins à y exercer leur culte, à
la condition que ces derniers reconnussent aux
Grecs le droit de priorité dans l'ordre de la célé-
bration du service divin. Les jardins de Bethléem deviendraient une possession commune des
Grecs et des Latins. De plus, un ordre suprème
du sultan assurerait la réparation immédiate de
la grande coupole de l'église du Saint-Sépulcre,
par le gouvernement turc, mais avec le concours
du patriarche grec qui veillerait à ce que le style
byzantin remplaçàt l'ancienne architecture, et
sans ingérence d'un délégué d'un autre culte. Il
serait, en outre, procédé à la destruction de
diverses « lucarnes » (sic) ayant vue sur le sanctuaire, et à la démolition d'un « harem » (sir)
voisin de la grande coupole, bâtisses à demi
ruinées, que l'incurie locale, chose inexplicable
partout ailleurs qu'en Orient, avait laissé élever
contre les murs mêmes du sanctuaire. Enfin, une
convention, ou *sened*, interviendrait entre la Turquie et la Russie, afin de régler une fois pour
toutes les réclamations de la France et des Latins,

pour garantir le *statu quo* strict des privilèges de
l'Église grecque en Orient, et, en particulier, le
stato quo des sanctuaires possédés, à Jérusalem,
par le culte grec exclusivement, ou en participation avec les autres rites représentés en Terre
sainte. L'empereur Nicolas tenait essentiellement
à la convention, à cause des réserves gênantes
pour le cabinet de Saint-Pétersbourg, que le
marquis de La Valette, en 1852, avait très
habilement affirmées en faveur des droits historiques de la France, quant à la lettre des anciens
traités, quels que fussent les arrangements inter-
venus récemment entre la Turquie et le gouvernement français. En cas de refus de la part du
gouvernement ottoman, le prince Menchikoff
déclarait, à la fin de sa note, que sa « conduite
serait alors conforme au maintien de la dignité
de son gouvernement et de la religion de son souverain ».

Malgré ses apparences comminatoires, cette note
masquait mal un mouvement de retraite qui
n'échappa pas à la clairvoyance intéressée des
Turcs. Qu'entendait, en effet, le prince Menchikoff
par le mot *statu quo* à Jérusalem? Les prétentions
qu'il avait affichées dans ses notes, relativement
aux sanctuaires de Palestine, avaient précisément

pour but de modifier un *statu quo* que la Russie
considérait comme trop favorable aux Latins, et
voilà que, dans une note, résumé des exigences
de son gouvernement, le prince réclamait ce
même *statu quo* dont les Grecs se prétendaient les
victimes ! Il y avait donc contradiction, ou, tout au
moins, ambiguité dans les revendications de
l'envoyé du czar. Or, en raison du caractère impérieux qu'il avait dès le début donné à sa mission, et qu'il avait encore accentué par ses
démarches insolites, il était évident que la moindre
dérogation au système de violence adopté serait
considéré par les Turcs comme un symptôme de
faiblesse. Le prince Menchikoff ne vit pas cet
écueil sur lequel devait sombrer sa mission. La
France et l'Angleterre se déclarant de plus en
plus en faveur de la Turquie, à mesure que le
danger se dessinait, Rifaat Pacha répondit au
prince, qu'avant toute autre, la clause qui attri-
buait l'élection du patriarche grec de Constantinople au czar était inadmissible. Le ministre protégé de la Russie, le successeur imposé au sultan
du « fallacieux » Fuad Effendi, ne se montrait
donc pas plus docile que son prédécesseur, même
en présence des menaces de rupture du prince
Menchikoff. Toute l'orgueilleuse hauteur déployée

par l'ambassadeur extraordinaire du czar menaçait de tourner à sa confusion.

Chacune des lettres de M. Thouvenel, à cette
époque, dénote un pas de plus dans la voie des
perplexités et des craintes pour un avenir prochain ; c'est ainsi qu'il écrit au général Castelbajac, le 30 avril 1853 :

« Général, je suis bien heureux que ma correspondance privée vous serve à quelque chose. C'est
une preuve de votre indulgence, car, lorsque je
commence mes lettres particulières, j'ai déjà l'esprit et la main fatigués par mes dépêches officielles. Je crains, je vous l'avoue, que nous ne
puissions pas *bien* sortir de l'affaire des Lieux
Saints. Il est évident qu'on ne veut pas nous
aider, à Saint-Pétersbourg, à faire une retraite
honorable, et qu'il faut au prince Menchikoff un
succès à tout prix ! Force nous sera donc, à toute
extrémité, de laisser faire et de protester, de faire
valoir à Londres, à Berlin et à Vienne, le sacrifice auquel nous aurons souscrit par amour de la
paix, et, une fois ce prétexte ôté à la Russie,
d'engager les autres puissances à se joindre à nous
pour refréner son ambition ! A cet égard, le
terrain est déjà bien préparé, et le cabinet de

Saint-Pétersbourg calcule peut-être mal ses intérêts d'avenir, en ne prêtant pas les mains à une
combinaison, décente pour nous, du débat actuel.
Il en résultera, quoi qu'on fasse, de la froideur
dans les relations, et il sera démontré que la
France, constitutionnelle ou régie par un pouvoir
unique, n'a rien à attendre de la Russie. »

A l'époque où nous sommes arrivés, bien que
l'opinion publique, en Angleterre, commençât à
s'aigrir contre la Russie, le cabinet britannique
n'avait pas encore adopté une attitude officielle
aussi nette que celle du gouvernement français.
C'est ainsi que la flotte anglaise était, jusqu'à ce
jour, restée immobile, alors que la nôtre, on l'a
vu, avait déjà pris la mer pour parer à tout
événement. Cette divergence entre la France et
l'Angleterre, qui ne devait pas durer longtemps
d'ailleurs, encourageait l'empereur Nicolas à ne
céder sur aucun point. Le général de Castelbajac
n'envisageait pas sans inquiétude les nuances qui
séparaient l'attitude de la France de celle de
l'Angleterre. Un événement sans grande portée
apparente, puisqu'il ne s'agissait que d'un dîner,
auquel le czar, contrairement à l'étiquette usitée
alors à la cour de Russie, avait convié le ministre

de la reine à Saint-Pétersbourg, sir Hamilton
Seymour, et lady Seymour, lui laissait surtout
quelques soupçons. Dans un gouvernement absolu, où la volonté du maître pouvait tout, aucun
détail, dût-il même sembler puéril, n'était à
dédaigner. Notre ministre à Saint-Pétersbourg
écrit donc à M. Thouvenel, le 30 avril 1853 :

« Mon cher collègue, j'ai adressé au ministre,
le 19 de ce mois, une dépêche chiffrée pour lui
faire connaître un fait inusité dans l'étiquette et
les usages de la cour de Russie, parce que ce
fait, joint au bruit public et à quelques autres
circonstances, me semblait de nature à faire croire
à une entente *secrète* entre la Russie et l'Angleterre. Ces soupçons se sont évanouis dans mon
esprit, et les avances gracieuses faites par l'empereur Nicolas à sir Hamilton Seymour n'étaient
qu'un remerciement à l'Angleterre pour *l'immobilité* de sa flotte et pour les conseils qui nous
avaient été donnés au sujet de la nôtre. Lord
Clarendon a voulu se faire valoir à ce sujet, et il
y a réussi. J'ai su, par une des personnes qui
ont assisté au dîner donné par l'empereur Nicolas
à sir Hamilton et à lady Seymour, que l'impératrice avait bu à la santé de la reine Victoria,

et que l'empereur avait dit : « Les Anglais ont
» des moyens d'influence à Constantinople qui
» leur sont particuliers. Moi, je n'ai malheureu-
» sement vis-à-vis des Turcs que les menaces de
» la force matérielle, et j'ai dû les employer.
» Mais, je me suis expliqué franchement à ce
» sujet, je suis un homme loyal. Le ministère
» anglais a cru, sans hésiter, à ma loyauté. Je
» suis très sensible à cette preuve de confiance,
» et je l'en remercie cordialement. » L'empereur
n'a rien ajouté en blâme ou en éloge sur la
France, ni sur aucune autre des grandes puissances. Le lendemain de ce jour, Sa Majesté
m'avait engagé à une parade extraordinaire. La
grippe, qui me fait souffrir depuis une quinzaine
de jours, pour la première fois depuis mon séjour
ici, me força de m'excuser. Quelques jours après,
nouvelle invitation, et même refus pour la même
cause. L'empereur a envoyé savoir de mes nouvelles et m'a fait exprimer ses regrets. Il n'est
pas mal que les circonstances m'aient donné
l'occasion de me faire désirer. Je n'ai, du reste,
rien témoigné, au sujet du dîner donné au ministre d'Angleterre, et je me suis contenté de
répondre au général Kisseleff qui m'en parlait
avec *intérêt* pour moi : « Je trouve tout naturel

» que les *frères* et les *sœurs* (allusion aux quali-
» fications entre souverains et souveraines) soient
» mieux traités que *les amis* (qualification inusitée
» qu'avait donnée l'empereur Nicolas à l'empereur
» Napoléon III). C'était, du reste, le seul moyen
» qu'avait l'empereur Nicolas de compenser, à
» l'égard de sir Hamilton Seymour, les bontés
» que ma qualité d'officier général lui permet
» d'avoir tous les jours pour moi, et je suis
» charmé de cette bonne fortune pour un collègue
» que j'aime et que j'estime. » Sir Hamilton, très
sensible à mon procédé, qui n'a pas été imité
par d'autres collègues, est redevenu confiant, et
m'a bien assuré que l'Angleterre marcherait toujours d'accord avec la France, si la Russie voulait
empiéter sur l'intégrité de l'empire ottoman. Il
croit, du reste, comme moi, que ces menaces
armées n'ont pas d'autre but qu'une intimidation que la Russie a cru maladroitement nécessaire. Il m'assure aussi que M de Nesselrode lui
a exprimé les intentions les plus conciliantes au
sujet de la question des Lieux Saints, et le désir
de la voir terminée par le prince Menchikoff et
M. de Lacour. Je crois que le moment est favorable, car les armements de la Russie commen-
cent à lui peser, et elle a été effrayée des consé-

quences fâcheuses qu'ils peuvent amener, malgré
elle, d autant plus que la partie raisonnable et
politique peut se trouver entraînée en sens contraire par l'esprit religieux des populations et par
l'ambition des jeunes officiers et du vieil esprit
russe. Au sujet de la destitution de M Garachanine, premier ministre du prince de Servie,
M. de Nesselrode, avec une animation qui ne lui
est pas ordinaire, m'a dit « que c'était un mau-
» vais homme, ingrat vis-à-vis de la Russie, et
» animé d'un esprit politique dangereux, mal-
» heureusement trop répandu en Servie et dans
» les provinces danubiennes. La Servie, a-t-il
» ajouté, nous doit son existence ; et, dans notre
» position, vous ne souffririez certainement pas
» qu'elle se fît votre ennemie et l'ennemie des
» principes conservateurs. » C'est ce dernier motif
surtout, qui a indisposé l'empereur Nicolas, et
qui le guide en ce moment dans ses relations
avec la Turquie et les provinces qui sont sous sa
souveraineté. »

Les diplomates français contemporains du général de Castelbajac ont été sévères pour sa mission à Saint-Pétersbourg. On a accusé le général
de partialité en faveur de l'empereur Nicolas. On

a été jusqu'à dire qu'il avait compromis les intérêts du gouvernement français à la veille de la
guerre de Crimée. Ce reproche, disons-le hautement, nous paraît absolument injuste. Que le
général de Castelbajac eût mieux réussi dans sa
mission, s'il avait eu l'honneur de représenter
en Russie la France de 1891, qu'il ne réussit en
ayant l'honneur de représenter la France de
1853, cela n'est pas douteux ! Qu'il fût un peu
sous le charme de l'empereur Nicolas, nous l'ac-
cordons volontiers. Que la question des Lieux
Saints l'agaçât par sa longueur et par son obscurité, comment eût-il pu en être autrement ? Mais il
ne sacrifia aucun intérêt essentiel ; il fit les plus
louables efforts pour maintenir la paix, et il re-
gretta hautement la rupture de 1854. Voilà la
stricte vérité. Ajoutons que ce vaillant soldat
de 1812 n'avait pas la prétention d'être un Talleyrand ; mais les extraits que nous avons déjà
cités de sa correspondance privée, qui est entre
nos mains, dénotent, on nous l'accordera, des
qualités qui ne sont pas l'apanage du premier
venu, et que complétaient une éducation mon-
daine accomplie et un esprit naturel du meilleur
aloi. Revenons maintenant à Constantinople.

A la date du 5 mai, le gouvernement otto-

man se décida à formuler une réponse officielle
aux demandes de la Russie, et le ministre des
affaires étrangères transmit au prince Menchikoff deux firmans adressés à Hafiz Pacha, gouverneur du sandjak de Jérusalem, dans lesquels
le sultan faisait connaître ses résolutions. Dans
le premier firman, relatif à la grande coupole
de l'église du Saint-Sépulcre, Abd ul Medjid
spécifiait que cet édifice serait restauré « *dans
sa forme actuelle, telle quelle* », et que, s'il était
apporté quelque altération à cette forme, le
patriarche *grec* de Jérusalem serait autorisé à
présenter ses observations. Il était décidé, en
outre, que les maisons attenantes à l'église du
Saint-Sépulcre, se trouvant être « des lieux de
retraite et de prière pour les musulmans », ces
locaux ne pouvaient être démolis, mais le sultan ordonnait le murage des fenêtres qui donnaient directement sur le Saint Sépulcre. Or on
a vu que le prince Menchikoff avait qualifié de
« harem » une construction que le firman appelle « un lieu de prière ». Il était dit que,
même dans l'appréciation des faits matériels, car
enfin il est difficile de confondre un harem avec
un lieu de prières, les obscurités de la question, ou le manque de foi, ne perdraient jamais

leurs droits ! Dans le second firman, également
adressé au gouverneur de Jérusalem, et relatif
aux « privilèges des Grecs dans l'usage des
Lieux Saints », le sultan décrétait que les Latins
conserveraient une clef de l'une des portes de la
grande église de Bethléem, afin de pouvoir ainsi
traverser l'église supérieure pour se rendre dans
la grotte de la Nativité, située au-dessous. De
plus, l'étoile d'argent indiquant le lieu même
de la naissance du Christ, qui avait été déro-
bée en 1847, serait rétablie aux frais du sultan,
« comme un souvenir solennel à la nation chrétienne, disait Abd ul Medjid, de notre part impériale ». Quant au tombeau de la Vierge, il
était décidé que les Grecs auraient le droit d'y
officier *les premiers*, en commençant au lever du
soleil ; qu'après eux viendraient les Arméniens,
puis, en dernier lieu, les Latins, et tous durant
une heure et demie. Les deux jardins de Bethléem, contigus au monastère franc, devaient être,
comme par le passé, administrés par les Grecs
et les Latins, sans droit de « prééminence » des
uns sur les autres. Le sultan terminait en confirmant *à tout jamais*, à chaque rite, la possession des
sanctuaires qui se trouvaient entre leurs mains,
« soit en commun, soit d'une manière exclusive ».

Dès que l'on connut à Paris le détail des exigences du prince Menchikoff relativement à la
question des Lieux Saints, M. Thouvenel écrivit, a
la date du 14 mai 1853, au général Castelbajac :

« Général, les affaires de Constantinople ne
marchent pas au gré de nos désirs. Les renseignements fournis par M. de Lacour sont un peu
confus, mais il en résulte que la Russie tient
plus à un succès *particulier* qu à un accord avec
nous. Ainsi, on rejette, dans le tombeau de la
Vierge, le système de rotation par *jour*, qui cou-
pait court à toute difficulté, et on tient à la
rotation par *heure*, pour attester un droit de pré-
séance en faveur des Grecs ! On veut faire con-
stater de nouveau, par un firman, la limite de
nos concessions, et spécifier encore une fois que
les Latins, pour avoir une clé, n'ont pas le droit
d'exercer leur culte dans l'église de Bethléem !
Le sommet de la coupole sera réparé aux frais
du sultan, mais le patriarche grec *seul* sera reçu
à présenter des observations ! Je ne veux pas
dire que tout cela soit bien grave. Nous voulons
sincèrement en finir, mais le débat, au lieu de
se terminer par une entente, sera clos par des
paroles amères. Nous laisserons faire, mais en

grondant, tandis qu'en acceptant nos propositions, nous étions engagés à nous taire, ou
même, et c'eût été mon avis, à nous déclarer
satisfaits. Pour le reste, en outre, nous aurions
pu nous montrer plus coulants. Nous aurons
double motif, au contraire, pour encourager la
Porte à résister aux autres demandes du prince
Menchikoff, et, sur ce terrain-là, nous sommes
sûrs d'avoir les Anglais avec nous. En résumé
donc, l'ambassadeur de Russie, le Jupiter ton-
nant, n'aura remporté, sur la question des Lieux
Saints, qu'un triomphe mesquin et discuté. Il se
sera attiré, de la part du sénat de Servie, une
démonstration fort désagréable, et n'aura rien
gagné au sujet de la protection de l'Église grecque
et des chrétiens *rayas* de la Porte, à moins que
son cabinet ne soit prêt à entrer dans la carrière
des aventures. Toute cette campagne n'est pas
heureuse, et c'est ce qui m'effraye, car il me
semble difficile qu'après avoir débuté si bruyamment, l'empereur de Russie reste longtemps sous
le coup d'un si mince résultat. Nous verrons
donc bientôt, je le crois, la question d'Orient
se rouvrir plus complètement, et il faudra aviser à de grandes résolutions. On paraît s'y attendre à Londres, et je remarque que le langage

de lord Clarendon devient de plus en plus net.
Si un fait venait démontrer à l'Angleterre qu'elle
a été mystifiée, elle se réveillerait de son apathie, et ce serait peut-être à nous à la retenir. »

Du haut de leur observatoire du quai d'Orsay,
M. Drouyn de Lhuys et M. Thouvenel voyaient
donc très clairement s'amonceler l'orage vers
l'Orient. Retournons maintenant sur les rives du
Bosphore. Le prince Menchikoff accusa réception,
dans la journée même du 5 mai, au ministre
des affaires étrangères, Rifaat Pacha, des deux
firmans que nous venons d'analyser, et il infor-
mait le ministre turc qu'il placerait ces pièces
sous les yeux de son gouvernement. Mais le prince
ajoutait que, comme, jusqu'à ce jour, aucune
réponse ne lui avait encore été faite sur le point
le plus important de ses communications, c'est-
à-dire le projet de convention destinée à garantir les intérêts de l'Église orthodoxe d'Orient,
il se voyait contraint par ses instructions de fixer
la date du 10 mai comme terme extrême à une
communication des ministres du sultan. L'ambassadeur terminait sa note en déclarant « qu'il ne
pourrait considérer un plus long délai que comme
un manque de procédés envers son gouverne-

ment, ce qui lui imposerait les plus pénibles
obligations ». A cette note, qui avait tous les
caractères d'un *ultimatum*, se trouvait joint le
projet de convention qui résumait définitivement les revendications de la Russie. Cette pièce,
en raison de son importance, mérite d'être ana-
lysée de près. Pour tout lecteur attentif, elle
marque, dans les prétentions russes, un mouvement de retraite mal dissimulé sous les formes
dont continuait, par habitude et peut-être aussi
par embarras, à s'envelopper le prince Menchikoff. Comme l'empereur son maître, ce diplomate avait échafaudé tout le succès de ses démarches sur l'intimidation. L'habileté, mêlée
d'apathie, que les Turcs, sûrs de l'appui de la
France et de l'Angleterre, avaient opposée au système compressif de l'ambassadeur extraordinaire
du czar, allait consommer l'échec de la diplomatie russe jusqu'à le rendre humiliant. Que conte-
nait, en effet, cette fameuse convention qui devait
assurer à jamais le bonheur de l'Église orthodoxe
d'Orient? Le prince Menchikoff y réclamait, dans
l'article premier, le maintien des privilèges et
immunités dont jouissait *ab antiquo* le clergé orthodoxe de l'empire ottoman, mais, les avantages
qu'une interprétation arbitraire ou machiavé-

lique pouvait faire découler de ce membre de
phrase, subissaient, à la fin du même paragraphe,
une mutilation décisive, quand l'envoyé russe
ajoutait, que ces privilèges et immunités antiques
seraient assurés, dans les États de la Sublime
Porte ottomane, « sur la base du *statu quo* strict
existant ». Ainsi que nous l'avons déjà fait remarquer, il était impossible, dans un document qui
devait être aussi sérieux, d'afficher une contradiction plus fragrante. Le prince Menchikoff montrait, dans cette occasion solennelle, une ignorance
en matière d'orthodoxie orientale qui confond le
spectateur attentif de ces événements. Il ne se rappelait sans doute pas la définition que le prince
de Talleyrand, grand seigneur comme lui, mais,
de plus, grand esprit, donnait de la diplomatie,
quand il l appelait « la théologie de la politique ».
Il est vrai que le prince Menchikoff n'avait jamais
été archimandrite comme le prince de Talleyrand
avait été évêque! mais il aurait pu suppléer aux
lacunes canoniques que renfermait son esprit,
brillant d'ailleurs, en faisant adjoindre à son
ambassade un théologien grec de moyenne force.
Dans l'article II, il était spécifié que les droits et
avantages concédés, à l'avenir, par le gouvernement ottoman aux autres cultes chrétiens, seraient

considérés comme appartenant au culte orthodoxe. Les articles III et IV revenaient sur la protection des « droits et immunités » et sur la réparation de la grande coupole du Saint Sépulcre,
avec un luxe de phraséologie destiné sans doute
à voiler l'inanité du fond. L'article V réclamait
la construction, à Jérusalem, par le gouvernement russe, d'une église et d'un hôpital pour les
pèlerins. L'article VI confirmait toutes les stipulations antérieurement intervenues entre la Russie
et la Turquie. Réduites même, ainsi qu'on en peut
juger, à des proportions assez modestes, les réclamations d'abord si bruyantes du prince Menchikoff, ne furent pas admises dans leur intégralité par les ministres turcs. Ce fut seulement alors,
et en présence de l'obstination de la Sublime Porte,
que l'ambassadeur du czar, blessé dans son orgueil
et mécontent de voir des concessions, que l'empereur Nicolas n'approuvait peut-être pas, rendues
inutiles par l'inertie du Divan, recourut de nouveau aux allures cavalières, et, en dernier terme,
à la rupture, suprême moyen d'action en Turquie. Mais cette rupture même, on le verra, le
prince Menchikoff ne s'y décida qu'à regret et en
désespoir de cause. Elle fut, pour ainsi dire, le
dernier échec de sa mission, qui n'en était plus à

les compter! Rifaat Pacha s'empressa de répondre,
le 12 mai, que l'érection, à Jérusalem, d'une
église et d'un hôpital russes serait autorisée par
le sultan, et qu'il n'était jamais entré dans l'esprit
d'Abd ul Medjid d'apporter un changement quelconque aux privilèges religieux accordés aux com-
munautés chrétiennes. Quant à conclure avec la
Russie un traité spécial sur ce sujet, Rifaat Pacha
déclarait qu'agir de la sorte serait pour la Turquie « compromettre les principes fondamentaux
de son indépendance et de sa souveraineté; qu'en
conséquence, il ne pouvait consentir à négocier
sur de pareilles bases, et que son gouvernement en
appelait, sur ce point, à l'opinion publique du
monde entier et à la loyauté de l'empereur de
Russie ». Dans la même journée, le grand vizir,
Méhémet Ali Pacha, qui n'avait jamais cessé
d'être activement mêlé aux négociations, dépêcha
au prince Menchikoff le premier drogman du Divan
impérial, Noureddin Bey, afin d'inviter l'ambassadeur russe à une conférence fixée au lendemain, 13 mai, à une heure. Cette réunion devait
avoir lieu dans le palais que possédait le grand
vizir à Kourou-Tchesmé, lieu de plaisance sur le
bord de la mer et peu éloigné de Constantinople.

Le prince Menchikoff, fidèle à son système

d'intimidation, et voulant ainsi témoigner du
mécontentement que lui causait la lenteur des
négociations, avait quitté Péra depuis le 4 mai,
et s'était retiré à bord de la frégate russe *la Bessarabie*, qui mouillait en face de Bujukdéré, point
situé dans le haut Bosphore, à proximité immédiate de la mer Noire, et où se trouve établie la
résidence d'été des ambassadeurs du czar à Constantinople. Ce fut là que vint le chercher l'invitation de Méhémet Ali Pacha. Le prince l'accepta.

Le lendemain, à l'heure indiquée, le grand
vizir attendait l'envoyé de Russie, lorsque, à son
vif étonnement, il aperçut, des fenêtres de son
palais, la frégate russe, battant pavillon d'ambassadeur, redescendre majestueusement le Bosphore sans s'arrêter au débarcadère convenu.
L'étonnement de Méhémet Ali Pacha se changea
bientôt en stupeur, quand il apprit, qu'au lieu
de se rendre à Kourou-Tchesmé, ainsi qu'il
l'avait promis, le prince Menchikoff s'était fait
conduire directement à l'Échelle de Bechik Tasch,
la plus voisine du palais du sultan, et qu'il
s'était présenté inopinément chez Abd ul Medjid,
bien qu'il eût appris la veille, que ce prince, fort
affecté de la mort de la princesse sa mère, était
enfermé dans le harem, et n'était visible pour

personne. Mais il semblait que l'ambassadeur
extraordinaire du czar prît plaisir à fouler aux
pieds toutes les lois de l'étiquette et même des
simples convenances. Malgré les sévérités de la
consigne, le drogman de l'ambassade russe insista
de telle manière, que le prince Menchikoff fut
introduit auprès du sultan qui fit trêve à sa douleur pour le recevoir. L'entretien fut d'ailleurs
très court, et l'envoyé de Russie le termina en
disant à Abd ul Medjid : « Je supplie Votre Majesté de peser mûrement les conséquences que
peut avoir une résistance prolongée, de sa part,
aux désirs de l'empereur Nicolas. » Regagnant
ensuite sa frégate, le prince, placé en évidence
sur le pont, attendit quelques instants, sous les
fenêtres mêmes du sultan, comme s'il comptait
sur une communication suprême. Puis, ne voyant
rien venir, il donna l'ordre de reprendre le chemin de Buyukdéré.

Les conséquences de la visite inopinée du
prince Menchikoff au sultan ne se firent pas
attendre. Le soir même, le grand vizir Méhémet
Ali Pacha, et le ministre des affaires étrangères,
Rifaat Pacha, un protégé de la Russie pourtant,
étaient destitués. Ces personnages eurent pour
successeurs, au grand vizirat, Mustapha Pacha,

et, au ministère des affaires étrangères, Rechid
Pacha, le célèbre homme d'État ottoman dont
l'ambition jalouse et l'avidité financière sans
frein supportaient impatiemment une retraite,
même momentanée. Abd ul Medjid, prince doux
et faible, plus que jamais livré, en présence
d'un ennemi d'apparence formidable, aux hésitations de son esprit timoré, espérait, par un changement de personnes opéré dans ses conseils,
gagner du temps, et même, peut-être, adoucir le
courroux déchaîné de l'empereur Nicolas. Mais,
à côté des hautes considérations politiques qui
avaient pu influer, dans cette crise, sur l'esprit
du sultan, viennent se ranger de moindres causes
trop souvent inconnues, par suite de leur peti-
tesse même, et qui n'en sont pas moins quelquefois, surtout en Orient, des causes déterminantes

On a pu dire avec justesse, qu'en France, et même
de notre temps, tout finissait par des chansons.
Mais combien n'est-il pas plus juste de dire, qu'en
Turquie, tout commence et tout finit par une
intrigue de palais ! Nous trouvons une nouvelle
preuve de cette vérité dans le curieux récit que
l'on va lire, et qui relate des faits restés, jusqu'à
ce jour, absolument ignorés, même du grand
public politique.

Peu de jours après avoir pris possession de
l'ambassade de France à Constantinople, vers le
milieu de l'année 1855, M. Thouvenel, encore
sous le coup des graves événements qui avaient
précédé et amené la guerre de Crimée, événements auxquels il avait été activement mêlé, on
l'a vu, en sa qualité de directeur des affaires politiques au Département des affaires étrangères,
eut l'occasion d'avoir, avec l'ancien grand vizir,
Méhémet Ali Pacha, dont le nom est souvent
revenu dans notre récit, une conversation tout
intime et dont l'objet lui parut, fort heureusement pour notre curiosité, assez important, pour
qu'aussitôt rentré chez lui il prît le soin d'en
noter les traits principaux. La pièce que nous
allons citer est en entier écrite de la main de
M. Thouvenel. Nous avons été assez heureux pour
la retrouver dans ceux de ses papiers qui sont
en notre possession. Le récit est piquant, et, toute
personne ayant habité Constantinople ne pourra
manquer d'en reconnaître la saveur vraiment
orientale. Mais laissons la parole à M. Thouvenel[1]:

---

1. J'ai cru devoir communiquer le récit qu'on va lire a G. Aristarchi Bey, fils de Nicolas Aristarchi Bey, alors grand logothète.
Tout en m'autorisant à insérer dans ma publication, ce document,
G. Aristarchi Bey m'a rappelé que le grand logothète, son pere,
mis en cause par l'ex-grand vizir Méhémet Ali Pacha, avait joué

« Par suite de la mention qui fut faite du retour, à Constantinople, du logothète Nicolas Aristarchi, j'adressai à Méhémet Ali Pacha la question, si ce personnage s'était présenté chez lui ? Méhémet Ali Pacha répliqua, qu'en effet Nicolas Aristarchi s'était présenté chez lui et s'était jeté à ses pieds en fondant en larmes et en implorant sa clémence. Cet incident fit tomber la conversation sur la mission du prince Menchikoff, pendant laquelle Méhémet Ali Pacha était grand vizir, et sur le rôle qu'avait joué, à cette époque, le personnage qui venait de rentrer à Constantinople. J'avais particulièrement pour but, en entamant cette revue rétrospective, de dissiper les

pendant longtemps un rôle important dans les relations internationales de la Turquie, et que Méhémet Ali Pacha, auteur de cette conversation, était son ennemi acharné. Lord Stratford de Redcliffe, chaleureux protecteur et ami de Méhémet Ali Pacha, était, de son côté, l'un des ennemis personnels du grand logothète. G. Aristarchi Bey, d'ailleurs, dans l'entretien que j'ai eu avec lui au sujet du document en question, conteste formellement certains détails de la fin du récit, qui tendent à attribuer a son père, vis-à-vis de Méhémet Ali Pacha, une attitude humiliante. En ce qui concerne la narration des particularités caractéristiques des incidents qui ont marqué cette mémorable négociation, G. Aristarchi Bey se réserve d'élaborer éventuellement un travail appuyé sur des documents lui appartenant et qui représentera les choses sous un jour différent en ce qui concerne le rôle de Nicolas Aristarchi, son père. Il oppose, en attendant, les plus expresses réserves à ce qui concerne la conduite du grand logothète dans la version du grand vizir Méhémet Ali Pacha.

doutes qui me restaient sur le retour au pouvoir
de Rechid Pacha, retour d'autant plus inexplicable qu'il avait été amené par les démarches
directes du prince Menchikoff près du sultan.
C'est maintenant Méhémet Ali Pacha qui parle :
« La cause primitive de la mission du prince
» Menchikoff a été une prière ou supplique que
» des notables grecs ont fait parvenir à l'empe-
» reur Nicolas. Dans cette pièce, on appuyait
» sur la position peu digne à laquelle la Russie
» se trouvait réduite, à Constantinople, en compa-
» raison de la position de la France et de l'An-
» gleterre On désignait les moyens favorables
» pour en sortir. On indiquait comme moyen
» d'atteindre ce but, une mission extraordinaire
» dont le chef, en tenant un langage ferme et
» menaçant au Divan, ne manquerait pas de faire
» obtenir à l'empereur Nicolas une autorité absolue
» sur l'Église grecque dans les domaines du sultan,
» donc, en même temps, une autorité absolue
» sur la *nation* grecque, terme qui, d'après l'usage
» oriental, implique la totalité des membres de
» l'Église grecque, de quelque nationalité qu'ils
» soient. Cette pièce ou supplique a été signée
» par le patriarche grec de Jérusalem, par le
» logothète Nicolas Aristarchi, par l'ex-prince de

» Samos Vogoridès, par le banquier Misse Yani,

» par M. Lazaraki et d'autres, tous, et tant

» qu'ils sont, et, encore à l'heure qu'il est, par-

» tisans zélés et acolytes de Rechid Pacha.

» M. Ozéroff l'a transmise à Saint-Pétersbourg,

» et l'a chaudement appuyée.

» Le prince Menchikoff, dans les premières

» conférences qu'il eut avec moi, usa d'un langage

» menaçant envers la Turquie, et parla de la

» France et de l'Angleterre avec haine et mépris.

» C'est de cette manière qu'il essaya de m'impo-

» ser le *Sened* (traité). Rencontrant, de ma part,

» une résistance opiniâtre, il laissa tomber le projet

» de *Sened* et proposa une alliance offensive et

» défensive. Comme ce projet, cependant, livrait

» la Turquie, pieds et poings liés, à la Russie,

» et, en même temps, amenait inévitablement

» une rupture avec la France et l'Angleterre,

» j'essayai de revenir à la première proposition

» du prince, le *Sened*. J'avais bien remarqué, en

» effet, que le prince Menchikoff n'avait point

» l'intention de chercher une rupture, mais bien

» celle de l'éviter, si cela était possible. J'avoue

» que, dans la recherche d'une solution pacifique

» de la question, je fus secondé: 1° par le prince

» Menchikoff; 2° par le premier drogman de la

» mission russe, Argyropoulo Je fus contrarié :
» 1° par Rechid Pacha; 2° par le logothète Nicolas
» Aristarchi ; 3° par MM. Ozéroff et Balabine. Le
» premier voulait se ressaisir du pouvoir. Le
» second avait des vues personnelles. Les deux au-
» tres craignaient d'être compromis vis-à-vis du
» gouvernement qu'ils servaient. Il s'agissait, en
» premier lieu, de détacher le prince Menchikoff
» du premier drogman russe Argyropoulo, favo-
» rable aux idées conciliantes, pour le livrer entre
» les mains du logothète Nicolas Aristarchi, et,
» par là, de Rechid Pacha. Voici comment l'on y
» parvint. on fit connaître au sultan que M. Ar-
» gyropoulo désirait posséder une maison de
» campagne, et qu'il était trop pauvre pour en
» acheter une. Le sultan lui fit cadeau d'une
» maison à Buyukdéré. Toute cette transaction,
» et le don impérial lui-même, eut lieu sans que
» M. Argyropoulo s'en doutât. Je l'appris, et je
» tâchai de déjouer l'intrigue que j'entrevoyais,
» en demandant que l'on fît surseoir au cadeau
» de la maison. Mais le logothète Nicolas Aris-
» tarchi me prévint. Il remit à M. Argyropoulo,
» qui était tout ébahi de la bonne fortune qui
» lui arrivait, les clefs de la maison, signe de
» possession, usité en Orient, et alla, de suite,

» le dénoncer près de son chef. Le prince Men-
» chikoff interpella son premier interprète, et,
» n'ayant point ajouté foi aux assurances de ce
» dernier, comme quoi toute cette transaction
» lui était restée étrangère, le suspendit de ses
» fonctions. En effet, M. Argyropoulo, dans sa
» première surprise, avait été assez sot pour
» garder les clefs au lieu de les refuser. Elles se
» trouvaient donc entre ses mains, quoique depuis
» peu d'heures. Depuis ce moment, le prince
» Menchikoff se trouva entre les mains du logo-
» thète Nicolas Aristarchi ou plutôt de Rechid
» Pacha, qui, de son côté, avait pris certains en-
» gagements vis-à-vis du logothète, pour le cas
» qu'il l'aidât à se ressaisir du pouvoir. Tous les
» autres employés du drogmanat russe étaient
» incapables de figurer dans une négociation
» politique.

» Cependant les négociations entre l'ambassa-
» deur russe et moi avaient avancé. Je puis hardi-
» ment assurer que ces négociations étaient quasi
» terminées et que, conjointement avec le séras-
» kier (ministre de la guerre), j'avais trouvé le
» moyen d'écarter la dernière difficulté qui restait
» à vaincre. Il s'agissait de la manière dont se-
» rait mentionné le traité de Kainardji, dans la

» *note* que nous remettrions au gouvernement
» russe, car c'était à une *note* que le *Sened* se
» trouvait réduit! J'avoue que le prince Menchikoff
» m'avait aidé de bon cœur à écarter le reste des
» difficultés J'avais agi vis-à-vis de lui avec la
» plus entière franchise. Je lui avais surtout prouvé
» que la Russie, par ses exigences, nous poussait
» à nous jeter, corps et âme, dans les bras des
» puissances maritimes, et que le moment arri-
» verait, comme en vérité il est arrivé, où nous
» ne serions plus que des instruments entre
» leurs mains, et qu'il ne nous manquerait pas la
» *volonté*, mais bien la *faculté* d'agir à notre gré.
» Je voyais depuis longtemps que le prince Men-
» chikoff voulait sortir de l'impasse dans laquelle
» il s'était fourvoyé, en suivant les conseils que
» la vanité et le désir de ne point gâter leur
» carrière dictaient à MM. Ozéroff et Balabine.
» *Je voyais que la Russie ne désirait point une rup-*
» *ture.* C'était le 13 mai que la dernière main
» devait être apposée à l'œuvre de paix. J'atten-
» dais, à ce propos, le prince Menchikoff chez
» moi. J'étais parfaitement sûr de réussir. Cepen-
» dant, Rechid Pacha, par l'entremise du logo-
» thète Nicolas Aristarchi, était informé de la
» situation. La paix allait être assurée sans lui.

» Il résolut de frapper un grand coup. Le logo-
» thète se rendit chez le prince Menchikoff, dans
» la journée du 2 mai, et lui apporta l'assurance
» que Rechid Pacha, une fois rentré au pouvoir,
» signerait le *Sened* tel qu'il avait été présenté
» en premier lieu, en faisant abstraction des con-
» cessions auxquelles le prince Menchikoff s'était
» déjà prêté vis-à-vis de moi. Le prince Menchi-
» koff donna dans le panneau. Au lieu de venir
» chez moi, il passa chez le sultan, et demanda
» et obtint la nomination de Rechid Pacha aux
» affaires étrangères. Quand il demanda ensuite
» à Rechid l'accomplissement de sa promesse,
» celui-ci nia *effrontément*, et en assurant qu'il se
» ferait plutôt couper les mains que de signer le
» *Sened*, avoir pris à cet égard le *moindre* enga-
» gement. Un diplomate très puissant (l'ambas-
» sadeur d'Angleterre, lord Stratford de Redcliffe)
» aurait-il eu sa main dans cette transaction ?
» Aurait-il trouvé, qu'en agissant en bon patriote
» et en serviteur dévoué de mon maître, j'avais
» fait trop de concessions à la Russie ? Avait-il
» craint de voir s'évanouir le prestige qui l'envi-
» ronnait, et de voir réduite la prépondérance de
» l'influence anglaise à une parité ? L'avait-il
» craint à plus forte raison, peut-être, que le

» prince Menchikoff *avait refusé d'avoir recours à*
» *son intervention, intervention que cependant il lui*
» *avait offerte?* Ce sont là des questions que je ne
» puis que soulever. La suite est connue Le logo-
» thète Nicolas Aristarchi fut éconduit par le
» prince Menchikoff [1]. Le grand menteur, cepen-
» dant, Rechid, était rentré au pouvoir. Toute-
» fois, l'affaire pouvait être redressée Je proposai
» au sultan de m'envoyer à Saint-Pétersbourg.
» Je connaissais l'empereur Nicolas. Je lui au-
» rais parlé, *pièces en main*, avec franchise et vé-
» rité, et j'aurais fait appel à sa magnanimité.
» Je suis encore persuadé que j'aurais réussi!
» Rechid cependant, s'il ne put faire rejeter tout
» d abord mon projet, put en faire suspendre
» l'exécution Le passage malheureux du Pruth,
» la déclaration de guerre intempestive de la
» part de la Porte, le firent abandonner. J'au-
» rais voulu que vous fussiez présent à l'en-
» trevue que j'ai eue avec le logothète, il y a
» trois jours! Vous auriez entendu que, point
» par point, je lui rappelai ces circonstances; que
» je le sommai de me dire s'il ne croyait pas
» qu'un arrangement honorable pour nous, ac-

---

1 Je tiens de G Aristarchi Bey lui-même, que le prince Menchikoff est allé prendre congé de son père, la veille de son départ.

» ceptable pour la Russie, avait été imminent,
» pourvu que le prince Menchikoff, *comme il me*
» *l'avait promis,* se fût rendu chez moi dans la
» matinée du 13 mai, et vous auriez vu et en-
» tendu que celui auquel j'adressais ces questions
» ne pouvait que me répondre affirmativement
» en se frappant la poitrine et en versant des
» pleurs ! »

Voilà certainement une page curieuse de l'histoire secrète de la diplomatie contemporaine !
Par l'organe de personnages parfaitement en
situation de tout savoir, et de première main,
ce récit pittoresque éclaire d'un jour nouveau les
diverses phases de la célèbre mission du prince
Menchikoff en 1853. Chaque acteur y joue son
rôle d'une façon caractéristique, et le point
d'interrogation que, par politesse sans doute,
Méhémet Ali Pacha, dévoué pourtant à l'Angleterre, semble mettre devant la conduite, dans
toute cette négociation, de lord Stratford de
Redcliffe, équivaut à un acte d'accusation en règle
contre ce diplomate. Non seulement en effet
l'ambassadeur britannique à Constantinople, par
rancune personnelle et par ambition déçue,
compliquait à plaisir, dans l'affaire des Lieux

Saints, les questions qui aura'ent pu se résoudre
grâce à des concessions réciproques, non seulement il faisait peser sur le sultan et sur ses
ministres un joug que les avantages de l'alliance
anglaise ne les empêchaient pas de trouver humiliant, mais encore il devait donner au monde
politique ce spectacle unique, de voir l'alliance
de l'Angleterre et de la France, si intime sur les
champs de bataille de Crimée, se changer en
une hostilité ouverte sur le terrain de Constantinople.

Cette lutte diplomatique entre la France et
l'Angleterre, en pleine alliance, est un chapitre
curieux de l'histoire contemporaine, sur lequel
les documents que nous avons en main nous
permettront de revenir utilement. Mais arrivons aux derniers jours de la mission du prince
Menchikoff.

Le 15 mai, le nouveau ministre des affaires
étrangères, Rechid Pacha, arrivé au pouvoir à la
suite de l'intrigue dont on a lu plus haut le
détail, fit connaître à l'envoyé du czar que les
modifications ministérielles qui venaient d'avoir
lieu ne lui permettaient pas de répondre immédiatement à la dernière note russe. Rechid demandait un délai de cinq jours. Dans la journée

du 17, tous les anciens grands vizirs, les pachas,
les ulémas, furent convoqués en réunion plé-
nière. L'avis unanime fut que l'on ne pouvait
acquiescer aux exigences de la Russie. Le 18 mai,
dans une note datée de Buyukdéré, le prince
Menchikoff accusa réception à Rechid Pacha de
la note turque qui lui avait été adressée par son
prédécesseur Rifaat Pacha et dont on a lu l'analyse
plus haut. L'ambassadeur extraordinaire de l'empereur Nicolas se plaignait de ce que la réponse
du gouvernement ottoman « fût loin de répondre
aux espérances que lui avaient fait concevoir la
gracieuse réception et le langage de Sa Majesté
le sultan ». Les assurances de la Sublime Porte
étaient qualifiées « d'évasives et d'illusoires ».
Les deux firmans « ne pouvaient pas, en présence des anciens, offrir les garanties désirées
par l'empereur de Russie ». Le sultan, en reje-
tant avec suspicion les vœux de l'empereur en
faveur de la foi gréco-russe orthodoxe, « avait
manqué de considération vis-à-vis d'un auguste
et ancien allié ». Le gouvernement russe, en
conséquence, manifestait « les plus sérieuses
appréhensions pour la sûreté et le maintien des
anciens droits de l'Église d'Orient ». Le prince
gémissait sur le « déplorable égarement des pen-

sées du gouvernement ottoman », cause perma-
nente, selon lui, « d'une attitude insultante pour
la Russie ». Toute la phraséologie théâtrale qui
avait présidé à la rédaction des notes russes depuis deux mois, toute la vaine rhétorique des
collaborateurs du prince Menchikoff, se déployait
à loisir dans ce document, parfaitement vide
d'ailleurs.

Rechid Pacha ayant donné à entendre qu'une
note responsive devait encore être discutée
en conseil, le prince Menchikoff traita cette
offre « de nouveau moyen dilatoire ne pouvant,
en aucune manière, modifier sa détermination ».
Il terminait ce long réquisitoire en déclarant à
Rechid Pacha que « la cour impériale de Russie
ne pourrait pas, sans déroger, s'exposer à de
nouvelles insultes en continuant à conserver une
légation à Constantinople »; que « le refus de garantie pour le culte gréco-russe imposait au gouvernement impérial la nécessité de chercher cette
garantie dans son propre pouvoir, et que « toute
tentative contre le *statu quo* de l'Église d'Orient
imposerait au czar l'obligation d'avoir recours à
des exigences que l'empereur avait toujours eu à
cœur d'éviter ».

Le 20 mai, dans un but de conciliation su-

prême, le ministre d'Autriche à Constantinople
fut chargé par ses collègues d'Angleterre, de
France et de Prusse, lord Stratford de Redcliffe, M de Lacour et M. de Wildenbruck, de
faire une démarche pacifique auprès du prince
Menchikoff. L'ambassadeur extraordinaire répondit au ministre que, « par égard pour l'Europe », il consentirait à remplacer dans ses
réclamations le mot traité par les mots « note
diplomatique ayant un caractère obligatoire ».
Mais il exigeait une réponse dans la journée. Le
ministre d'Autriche courut chez Rechid Pacha,
qu'il trouva peu disposé à accepter la subtile
modification proposée par le prince Menchikoff.
Toutefois, le ministre des affaires étrangères du
sultan dépêcha son propre fils au prince, pour
lui déclarer que le patriarche grec allait recevoir
un firman du sultan, maintenant à jamais aux
Orthodoxes tous leurs privilèges ; déclarant le
statu quo, à Jérusalem, impossible à changer sans
l'assentiment de la France et de la Russie; accordant à l'Église grecque tous les avantages qui
pourraient être ultérieurement accordés à d'autres
confessions, et décrétant la construction, à Jérusalem, d'une église et d'un couvent russes. Dans
cette même journée du 20 mai, M. de Lacour

alla à Buyukdéré rendre visite au prince Menchikoff, qui abandonna pour quelques instants le
navire de guerre russe, *le Foudroyant*, sur lequel
il s'était établi, afin de recevoir l'ambassadeur de
France au palais de Russie. L'entrevue fut courtoise, mais ne produisit aucun résultat. Toutefois,
le prince Menchikoff reconduisit M. de Lacour
jusqu'à l'embarcadère même de Buyukdére, petit
fait, qui, dans un pays où les moindres gestes
des grands personnages sont commentés et epiés,
marqua publiquement la différence des relations
qui existaient entre le prince Menchikoff et M. de
Lacour, et le prince Menchikoff et lord Stratford
de Redcliffe. L'impérieux ambassadeur d'Angleterre, en effet, qui, depuis son retour à Constantinople, n'avait jamais entretenu que de froides
relations avec l'ambassadeur du czar, avait même
eu, quelques jours auparavant, avec le prince
Menchikoff une violente altercation. Les relations personnelles entre les deux diplomates
étaient rompues, et l'on en eut publiquement
la preuve, en constatant que lord Stratford de
Redcliffe était le seul, parmi les représentants
des grandes puissances, qui n'eût pas pris congé
du prince Menchikoff. Si le but de l'Angleterre
et de la France, dans la question d'Orient, était

devenu identique, les procédés des représentants
de ces deux grandes nations étaient loin d'être
les mêmes, tant vis-à-vis de leur allié commun
la Turquie, que vis-à-vis de leur ennemi commun
la Russie. Il faut reconnaître, d'ailleurs, que les
allures conciliantes de M. de Lacour étaient plus
de mise, dans les délicates circonstances où l'on
se trouvait, que le caractère ombrageux et
violent jusqu'à l'excès de lord Stratford de
Redcliffe.

Le lendemain, 21 mai, dans une dernière note,
le prince Menchikoff faisait savoir à Rechid Pacha
qu'il avait bien appris le projet de la Sublime
Porte de proclamer une garantie pour l'exercice
des droits spirituels du clergé de l'Église d'Orient,
mais que cette conduite semblait dénoter chez
les ministres turcs un oubli « des *autres privi-*
lèges, droits et immunités, dont jouissait le clergé
grec depuis les temps les plus anciens ». Une
semblable restriction, ajoutait le prince, ne pourrait manquer d'être considérée par le gouvernement russe, « comme un acte hostile à la Russie
et à sa religion ». L'envoyé extraordinaire du
czar, ne pouvant plus se faire d'illusion sur le
résultat de sa mission, renonçait enfin aux ambiguités et aux discussions byzantines relatives

aux Lieux Saints. Il jetait le masque, et, certain
d'un échec, dévoilait, *in extremis*, le véritable,
le seul desideratum de l'empereur Nicolas, c'est-
à-dire la protection *officielle* de la Russie sur *tous*
les Grecs de l'empire ottoman, *avec toutes ses
conséquences* de *juridiction civile et administrative*,
qui, selon l'interprétation russe des anciennes
concessions des sultans, formaient l'apanage du
pouvoir exercé par les patriarches grecs sur les
fidèles de leur communion. La Russie voulait
bien reconnaître, il est vrai, que les concessions
arrachées aux sultans, à diverses reprises, étaient
tombées en désuétude par suite des réformes du
sultan Mahmoud; mais la mission du prince Menchikoff avait eu précisément pour but de les faire
revivre. Là était sa seule raison d'être; là était le
seul but que poursuivait le czar. Tout porte à
croire que de semblables exigences n'auraient
jamais eu chance d'être admises par la Turquie, à aucune époque. Le groupement diplomatique qui se dessina dès qu'on entrevit la vérité,
encouragea la Turquie dans sa juste résistance
et ruina, dès le début, les projets ambitieux de
l'empereur Nicolas. Ajoutons que le choix du
prince Menchikoff pour une mission aussi grave
ne fut pas heureux. On a vu ses hauteurs, ses

contradictions, son ignorance en matière d'orthodoxie, ses hésitations. En somme, la Turquie
l'avait embarrassé par la largeur de ses concessions. Sur le terrain spécial des Lieux Saints,
toute satisfaction avait été donnée par la Turquie à la Russie. Quand le prince Menchikoff se
vit trop écouté, il imagina de protester d'une
autre manière. Combattu entre le désir d'obéir
à la lettre aux volontés intimes de l'empereur
Nicolas, qu'il connaissait mieux que personne,
et les inquiétudes que lui causaient les conséquences imprévues d'une aventure dont trois
mois de négociations lui avaient fait entrevoir
les dangers, le prince Menchikoff se trouva amené
à faire des concessions que son maître blâmait, à
imposer à la Turquie des conditions qu'il réprou-
vait dans son for intérieur, bref, à mêler la faiblesse et l'incohérence aux apparences de la brutalité, ce qui, en diplomatie, constitue une double
faute. Dans la nuit du 21 au 22 mai, le prince
Menchikoff quittait Buyukdéré, sur sa frégate de
guerre, et rentrait dans la mer Noire.

III

LES NEUF DERNIERS MOIS DE LA MISSION DU
GÉNÉRAL MARQUIS DE CASTELBAJAC A SAINT-
PETERSBOURG.

Mai 1853-février 1854.

Pendant que le confident malheureux du czar
Nicolas regagne Saint-Pétersbourg, où il arriva
aigri, mécontent, et peu disposé, en conséquence,
à donner à son auguste maître des conseils
de modération qui, pourtant, auraient été
fort utiles, et auraient épargné à la Russie
bien des déboires, tournons nos regards vers
l'Angleterre, notre alliée de demain. Que se
passe-t-il au cabinet de Saint-James? Notre
ambassadeur à Londres, le comte Walewski

va nous l'apprendre. Le 28 mai 1853, il écrit
à M. Thouvenel :

« Mon cher directeur, ces jours derniers, j'ai
fait feu de toutes mes batteries et tout semble très
bien marcher. J'espère que nous allons aborder la
nouvelle phase dans laquelle paraissent devoir
entrer les affaires d'Orient, carrément, bien unis
avec l'Angleterre, et du même pas Le conseil déli-
bère sur l'envoi de la flotte. Il y aura du tirage,
et je m'attends un peu à un ajournement. Toutefois, tenez pour certain qu'il ne sera pas long Les
dépêches anglaises de Saint-Pétersbourg du 19,
que j'ai lues ce matin, me font penser que *personne* n'y a envisagé le traité Menchikoff sous son
véritable jour. Il semble que les ministres d'Angleterre et de France à Saint-Pétersbourg, aussi
bien que M. de Nesselrode, considéraient la convention proposée par la note du 5 mai comme
la chose la plus simple du monde! Ceci me prouve,
une fois de plus, que, dans notre carrière, rien
n'est plus difficile que de ne pas se laisser influencer par les impressions dont on est entouré,
et que tous les efforts d'un agent doivent tendre
à conserver un point de vue général des choses,
sans se laisser illusionner par les jeux d'optique

qui produisent un mirage sous ses yeux. Je suis préoccupé d'une crainte, c'est que si le cabinet de Saint-Pétersbourg se décidait à renoncer à l'article premier de la convention de Menchikoff, ou même à en insérer le sens dans le préambule, l'opinion de l'Angleterre ne fût qu'une convention ainsi modifiée pourrait être *acceptable*. Je crois savoir que c'est là l'opinion de Brunnow (le ministre de Russie à Londres). Je crois savoir qu'il écrit dans ce sens à Saint-Pétersbourg. Enfin, je crois savoir qu'un des principaux motifs qui font pencher lord Aberdeen vers la temporisation, et qui lui font désirer gagner du temps, c'est l'espoir que les représentations de Brunnow pourraient bien amener le cabinet russe à se contenter d'une convention que l'Angleterre *conseillerait* à la Turquie d'accepter. Toutefois, d'un autre côté, lord Stratford de Redcliffe n'encourage pas ces idées-là, et, en principe, il est contraire à tout ce qui aurait la forme d'une convention séparée entre la Russie et la Turquie. »

Le danger que signalait le comte Walewski était très grand en effet, et l'immobilité de la flotte anglaise, alors que la flotte française était déjà en mouvement, pouvait, à vrai dire, faire

croire à un pas en arrière de nos futurs alliés.
Lord Aberdeen, premier ministre, était d'ailleurs
hostile en principe à une lutte avec l'empereur
Nicolas. Qu'aurait fait la France, engagée seule
dans un conflit avec la Russie? Si l'événement
a prouvé qu'elle était de force à lutter avantageusement contre le grand empire du Nord, et
cela dans les conditions les plus désavantageuses
pour elle, cet isolement, à la veille d'une lutte,
eût été plein de danger! Fort heureusement
pour nous, outre l'opinion publique anglaise qui
ne se taisait plus, il y avait à Constantinople,
comme le fait remarquer le comte Walewski,
lord Stratford de Redcliffe dont l'exaspération
anti-russe devait précipiter l'Angleterre dans nos
bras. Le 31 mai, dans une dépêche adressée à
Rechid Pacha, le comte de Nesselrode déclarait à
la Turquie que l'empereur Nicolas avait appris
« avec peine » la détermination du prince Menchikoff, mais que « Sa Majesté n'avait pu que l'ap-
prouver pleinement ». Le chancelier faisait une
dernière tentative pour que le sultan signât « sans
variation » la note du prince Menchikoff, engageant
Abd ul Medjid à hâter sa détermination de manière
à la faire connaître « au plus tôt à l'ambassadeur
extraordinaire du czar, qui se trouvait encore à

Odessa ». À Paris, la pensée de l'isolement possible, en face de la Russie, excitait des appréhensions dont nous trouvons la trace dans la lettre que M. Thouvenel adresse, le 1ᵉʳ juin 1853, au général de Castelbajac :

« Général, écrit le directeur des affaires politiques, je suis chargé par le ministre (M. Drouyn de Lhuys) de vous dire qu'il vous autorise à lire notre dépêche à M. de Nesselrode et à l'empereur Nicolas lui-même, mais qu'il tient à ce que vous ne vous en dessaisissiez pas, et à ce qu'on n'en prenne pas copie. Cette dépêche, en effet, n'est qu'une expression très affaiblie de nos sentiments, et, d'autre part, elle pousse, au sujet des Lieux Saints, l'esprit de conciliation à un degré qui ameuterait contre nous tous les catholiques. Nous avons pensé qu'il serait de bon goût, et également d'une bonne politique, de ne pas crier aussi fort que les autres, et voici la raison de notre modération · *nous ne pouvons douter* que l'Angleterre, et même la Prusse et l'Autriche, achèteraient volontiers, *à nos dépens*, une transaction, en conseillant à la Russie de borner la convention qu'elle désire aux Lieux Saints. Je n'ai pas besoin de vous dire que cette pilule

nous serait fort amère, et, peut-être est-ce à tort,
mais nous avons espéré que l'on nous saurait
gré à Saint-Pétersbourg de notre politesse, et
que, par réciprocité, on éviterait de tout finir
par un camouflet à notre adresse particulière.
Voilà, général, en termes vulgaires, l'explication
de notre dépêche d'aujourd'hui. Au point où en
sont les choses, nous aimerions mieux que tout
se gâtât, que de payer *seuls* les frais d'une récon-
ciliation. Je dois dire, il est vrai, que les apparences sont plutôt pour la première hypothèse
que pour la seconde, et, alors, nous ne serions
pas isolés. L'Angleterre agirait avec d'autant plus
de force qu'elle se sent mystifiée, et la Prusse et
l'Autriche nous en ont dit assez pour ne pas
prendre parti contre nous. Si l'Autriche doit ménager la Russie à cause de la Hongrie, elle doit
également compter avec nous, en raison de la
Lombardie et de la Servie. Si la situation générale est grave, notre rôle, toutefois, est, jusqu'à
présent. assez bon, et les cartes sont bien pré-
parées. Je vous envoie, pour votre information
personnelle, copie d'une dépêche que nous avons
écrite à Londres, et qui a déterminé l'opinion du
cabinet britannique sur *l'énormité* des demandes
du prince Menchikoff ! A partir de ce moment,

nous avons trouvé lord Clarendon beaucoup plus
vif. La presse et le Parlement ont fait le reste.
Une partie du conseil, lord Palmerston en tête,
voulait que la flotte anglaise allât immédiatement rejoindre la nôtre. Lord Aberdeen a fait
suspendre l'exécution de cet ordre ; mais, à la
moindre manifestation de la Russie, tenez pour
certain que toute hésitation cessera, et que nous
serons d'accord sur les moyens d'action. Il est
positif que les répugnances de l'Église grecque à
se laisser protéger ont été pour beaucoup dans
l'échec du prince Menchikoff. Cet échec est immense, et, comme je vous le disais dernièrement,
voilà ce qui m'effraye ! Une reculade est bien
difficile. Le ministre de Russie à Berlin (M. de
Budberg) dit tout haut qu'elle n'aura pas lieu ;
mais son assurance n'a pas troublé M. de Manteuffel
(premier ministre prussien), qui lui a vertement
répondu : « Je ne suis pas ministre de votre
» maître, et j'ai le droit de vous dire que, s'il ne
» désavoue pas le prince Menchikoff, il aura tout
» le monde contre lui. »

Comment ne pas reconnaître, après tant de
témoignages divers, que la guerre de 1854 fut
l'œuvre personnelle de l'empereur Nicolas ! Pen-

dant un mois et demi, la gravité et la multiplicité des événements interrompent la correspondance privée établie entre M. Thouvenel et le
général de Castelbajac. Résumons en quelques
lignes cette période de quarante jours. Le 30 mai
(de notre style), le comte de Nesselrode adressa
aux représentants de la Russie à l'étranger une
première circulaire, d'une longueur inusitée, qui
eut un grand retentissement. Le chancelier y
rappelait les négociations qui avaient précédé la
mission du prince Menchikoff, et s'efforçait de
prouver la longanimité et la modération de son
souverain. Cet important document, auquel nous
renvoyons le lecteur curieux, était l'œuvre de
M Labenski, orthodoxe fervent et rédacteur habituel, au ministère des affaires étrangères de
Russie, des pièces ayant spécialement trait à la
question des Lieux Saints. M. de Nesselrode
s'était contenté de le signer, et M. Drouyn de
Lhuys, absorbé, à Paris, par la direction supérieure des affaires si graves qu'il avait à traiter,
se bornait, selon l'usage presque constamment
suivi au quai d'Orsay, à apposer son nom au
bas des circulaires dont M. Thouvenel fut le
seul rédacteur, pendant toute la période diplomatique qui s'étend de 1852 à 1855.

Le 8 juin, un diplomate russe, M. Balabine, fut chargé d'insister auprès de la Sublime Porte sur l'acceptation des propositions contenues dans le *Sened* du prince Menchikoff, propositions sur lesquelles M de Nesselrode était encore une fois revenu dans sa circulaire. M. Balabine, moins conciliant encore dans la forme que ne l'avait été autrefois M. de Titoff, ministre ordinaire de Russie à Constantinople, donna huit jours aux ministres turcs pour réfléchir. Le 17 juin, le sultan n'ayant pas cru devoir modifier ses intentions, M Balabine quittait Constantinople à son tour, avec tout le personnel de la mission de Russie, cette fois, emportant avec lui les archives de la légation. Il n'y avait plus aucun doute à conserver c'était le premier acte de la rupture! Le 26 juin, dans un manifeste solennel adressé à ses sujets, l'empereur Nicolas déclarait que, s'appuyant sur le « glorieux traité de Kainardji », il réclamait de la Sublime Porte ottomane l'engagement « d'observer religieuse-ment l'intégrité des privileges de l'Église ortho-doxe », et que, si « l'obstination et l'aveugle-ment » voulaient le contraire, il appellerait « Dieu à son aide » et marcherait « à la défense de la foi orthodoxe ». Cette proclamation essen-

tiellement mystique s'adressait au sentiment si
profondément religieux des masses russes. L'empereur Nicolas connaissait son peuple et appuyait
là où il fallait appuyer.

Le 2 juillet, une seconde circulaire du comte
de Nesselrode, adressée aux représentants de la
Russie à l'étranger, annonçait que la Turquie,
persistant dans son attitude de résistance, et la
France et l'Angleterre ayant envoyé leurs flottes
« dans les parages de Constantinople », le czar
venait de donner, aux corps de troupes russes
stationnant en Bessarabie, l'ordre de passer la
frontière pour occuper les principautés, non
pas, disait le chancelier « pour faire une guerre
offensive à la Turquie », mais pour détenir ainsi
une « garantie matérielle » en présence de l'alliance franco-anglaise. Le 14 juillet, le gouvernement ottoman, qui venait d'apprendre le passage du Pruth par les troupes russes, adressa
à l'Europe une protestation dans laquelle il
retraçait longuement les antécédents de la situation actuelle, les concessions faites au czar,
et où il affirmait son désir de conciliation,
en présence de l'attitude belliqueuse de la
Russie.

Le 15 juillet 1853, la correspondance privée

entre M. Thouvenel et le général de Castelbajac
se rétablit. M. Thouvenel lui écrit :

« Général, vous aurez compris sans peine que
l'interruption de ma correspondance privée, pendant plus d'un mois, ne devait pas m'être im-
putée à faute. J'ai à peine le temps de suffire à
mes écritures officielles et à la besogne que me
taille M. Labenski. La dépêche *farouche* que nous
vous envoyons est expédiée aujourd'hui, sous
forme de circulaire, à tous nos agents, et le *Moniteur* de dimanche prochain la reproduira. L'empereur Nicolas vous parlait l'autre jour de « l'âpreté
des chancelleries ». C'est la sienne qui a piqué la
nôtre au jeu, et notre honneur nous commandait
de répondre. Cette passe d'armes, dont nous
n'avons pas pris l'initiative, est fâcheuse, mais elle
ne change pas le fonds des sentiments, et nous
désirons toujours la paix. L'empereur, toutefois,
ne peut entendre parler que de conditions honorables, et je doute qu'on trouve un meilleur expé-
dient que notre projet de note. La Russie a là
une belle occasion de se rapprocher de la France,
de passer l'éponge sur certaines choses, et peut-
être de jeter les bases d'une alliance effective !
Nous comprendra-t-on, là où vous êtes? Quoi

qu'il arrive, général, nous n'avons à nous repentir
de rien. Nous recueillons partout le bénéfice moral de la position que nous avons prise. Il nous
revient des compliments de tous côtés et « *nous
gagnons tout ce que perd la Russie* ». Le mot a été
dit à Vienne, où, grâce à nous, on a recouvré
une certaine liberté d'action. »

La *note* dont parle ici M. Thouvenel, et à laquelle il formulait vaguement l'espérance de voir
la Russie se rallier, avait été adoptée, à Vienne,
où l'on faisait de grands efforts pour empêcher
la guerre, par les représentants de l'Angleterre
et de la Prusse, qui, unis au premier ministre
d'Autriche et au ministre de France, s'étaient
réunis en conférence, pour exercer, au nom de
leurs gouvernements, une action pacifique commune. Cette note, qui prit le nom de note de
Vienne, et qui était destinée à concilier le différend
turco-russe, ne fut pas acceptée dans l'intégralité
de ses termes par la Turquie.

Ici commence une discussion diplomatique où
les mots tiennent plus de place que les faits,
et dans laquelle la Turquie, sûre maintenant de
l'alliance anglo-française, déploya une argutie subtile, qui rappelait trop que Constantinople avait

été la capitale de l'empire byzantin. La note de
Vienne disait, par exemple, dans son premier
paragraphe : « Si, à toute époque, les empereurs
de Russie ont témoigné de leur active sollicitude
pour le maintien des immunités et privilèges de
l'Église orthodoxe grecque dans l'empire ottoman,
les sultans ne se sont jamais refusés à les consa-
crer de nouveau par des actes solennels qui at-
testent de leur ancienne et constante bienveillance
à l'égard de leurs sujets chrétiens. »

A cette rédaction, la Sublime Porte faisait
l'objection suivante : « Que les empereurs de Russie témoignent leur sollicitude pour la prospérité
de l'Église et de la religion qu'ils professent,
cela est naturel et il n'y a rien à dire. Mais,
d'après le paragraphe ci-dessus cité, on comprendrait que les privilèges de l'Église grecque,
dans les États de la Sublime Porte, n'ont été
maintenus *que* par la sollicitude active des empereurs de Russie. »

Dans le deuxième paragraphe, la note de
Vienne continuait ainsi : « Le gouvernement de
Sa Majesté le sultan restera fidèle à la lettre et
à l'esprit des stipulations des traités de Kut-
schuk Kaïnardji et d'Andrinople, relatives à la
protection du culte chrétien, et, en outre, s'en-

gage à permettre que le culte grec participe,
dans la mesure la plus équitable, à tous les
avantages accordés aux autres chrétiens, soit en
vertu des traités, soit en vertu de stipulations
spéciales. »

Les ministres turcs objectaient :

« Le traité de Kainardji, confirmé par celui
d'Andrinople, existant, il est donc évident que
les dispositions précises en seront fidèlement
observées. Mais, en fortifiant par de nouveaux
liens l'identité religieuse déjà existante entre une
grande communauté des sujets de la Sublime
Porte et une puissance étrangère, donner au
gouvernement russe des motifs d'exercer un
droit de surveillance dans de pareilles matières,
ce serait *partager*, en quelque sorte, les droits
souverains, et mettre en danger l'indépendance
de l'empire. »

Rechid Pacha, après avoir encore, dans la
note critiquant les propositions de Vienne, élevé
d'autres objections de détail, terminait en disant
que la Turquie, par déférence pour les puissances signataires du traité de 1841, accepterait
la note de Vienne, si toutefois les modifications
signalées par lui y étaient introduites. Cette discussion, passablement obscure, et intéressante

dans son détail, pour les seuls diplomates de
profession, n'avait qu'un avantage, celui de laisser encore ouvert le champ des négociations.
Mais c'était là son seul mérite, et, de part et
d'autre, on ne se faisait plus guère d'illusion.
Le général de Castelbajac écrivait, de Saint-Pétersbourg, à M. Thouvenel, le 15 juillet 1853 :

« Il y a longtemps, mon cher collègue, que
je n'ai eu de vos nouvelles. Votre silence s'explique, malheureusement pour moi, par vos
nombreuses occupations. Je profite aujourd'hui
du courrier anglais pour tâcher de vous mettre
au courant de la vraie situation des choses à
Saint-Pétersbourg. Cette situation, la deuxième
circulaire russe, et le désaccord des paroles et
des actes du cabinet russe, l'ont rendue difficile à
apprécier. La Russie, j'en ai toujours la conviction, désire éviter la guerre, mais elle voudrait
que la paix lui assurât les mêmes résultats, et,
après s'être imprudemment avancée, elle a l'orgueil de ne pas reculer. Elle a eu, et elle a
encore, le tort de manquer de franchise et de
mettre la finesse, une finesse orientale, à la
place d'une habile loyauté. Elle a la simplicité
un peu sauvage, ou l'effronterie du roué le plus

12

civilisé, de soutenir que c'est *nous* et non *elle*
qui avons avancé le premier pion sur l'échi-
quier politique. De sorte que, selon elle, la partie n'aurait commencé que lorsque nous avons
avancé le second, c'est-à-dire lorsque les flottes
ont été à Bésika! Maintenant, il ne faut plus
jouer sur les mots et sur les phrases, et il est
temps que la Russie s'explique promptement et
catégoriquement, car c'est le temps qui nous
manque, et c'est du temps qu'elle veut gagner!
N'importe, nous sortirons toujours de cette complication à notre avantage, car, désormais, dans
la paix ou dans la guerre, nous ne serons pas
isolés, à moins que nous ne fassions la faute, ce
que je ne pense pas, d'entrer *seuls* dans les Dardanelles. Les judicieuses paroles que vous m'avez
dites au commencement de ce débat oriental
m'ont été bien utiles pour ma gouverne, et je
vous en remercie pour la chose publique et
pour moi-même. Malgré son effrontée ou naïve
confiance dans l'éloquence et la logique de ses
circulaires, le cabinet russe sent le besoin de
combattre les presses anglaise, française et alle-
mande, qui l'ont écrasé de leur réprobation unanime ! Elle a, en conséquence, acheté un journal de Berlin, un journal de Francfort, et elle

a envoyé à Paris M. Toutcheff, porteur de la
première circulaire à M. de Kisseleff, pour *tri-
patouiller* dans la presse française ! C'est un
pauvre diplomate, quoique attaché à la chancellerie russe, et un littérateur pédant et roman-
tique, qui a fait paraître, il y a quatre ans, un
article contre la papauté dans la *Revue des Deux
Mondes*, et qui est en relations avec quelques
littérateurs et journalistes que l'esprit de parti
rend honteusement favorables à l'étranger et
hostiles au gouvernement de notre patrie. Faites
donc surveiller M. Toutcheff, quelque peu dangereux qu'il puisse être dans ses rêves creux.
M. Drouyn de Lhuys m'a écrit par la poste
russe, pour laquelle il n'y a pas de secrets ! Je lui
ai répondu par la même voie, et je n'ai pas
été fâché de trouver cette occasion pour faire
connaître au comte Orloff, et, par conséquent,
à l'empereur Nicolas, ce je que pensais du
rédacteur Labenski, contre lequel j'ai une
grosse dent, et de M. de Séniavine, dont l'exa-
gération et le fanatisme sont déplorables !
D'autant plus que le chancelier de Nesselrode,
allemand et luthérien, et, en tout, fort peu
orthodoxe, n'ose pas trop se prononcer contre
son adjoint, en ces matières ardentes qui pour-

raient bien lui brûler les doigts, quelque souple
et adroit qu'il soit. »

Pendant ce temps, à la date du 27 juillet, le
sultan lançait de Constantinople un manifeste,
rappelant, dans un langage fort digne, les derniers événements, leurs causes et engageant
tous ses sujets musulmans à ne témoigner que
de la *bienveillance* à tout membre des communions « arménienne, catholique, protestante ou
juive », ainsi qu'aux membres « de la nation
grecque ». Mais cet appel à la modération, de
quelque haut qu'il partît, ne devait pas avoir,
pour l'instant du moins, de portée pratique.

Le 1er août 1853, M. Thouvenel répondait au
général de Castelbajac :

« Général, je m'ennuyais après votre écriture et
j'ai été charmé de la revoir. J'ai pris bonne note
de M. Toutcheff, que M. de Moustier me signalait
également de Berlin, et, demain, je le recom-
manderai à la police. Je n'ai pas grand'chose à
ajouter à la dépêche. A Constantinople, après
avoir dormi trop longtemps, on s'est réveillé
mal à propos. Le plan de Vienne est de beaucoup préférable à celui qu'on nous suggérait de

Stamboul, et il est assez remarquable que ce soit M. de Buol (premier ministre autrichien) qui ait été le premier à rejeter l'œuvre de M. de Brück (ministre d'Autriche à Constantinople, inspirateur des propositions turques). Voilà la Russie mise en demeure de s'expliquer, et, bien certainement, nous passerons les Dardanelles et, peut-être, le Bosphore, si tout n'est pas fini à la fin du mois. Notre escadre serait trop mal à Bésika, une fois l'automne arrivé, et elle ne saurait rentrer à Toulon sans s'exposer à une bordée de pommes cuites! Tout le monde, en France, désire la paix ; mais, l'enceinte de la Bourse exceptée, on veut partout que notre politique soit digne et forte. La mauvaise conclusion des affaires du Levant serait très nuisible à la considération du gouvernement, et l'empereur le sent très bien. »

La diplomatie cependant ne perdait pas encore courage, et, en tout cas, témoignait d'une activité presque sans précédent. Le général de Castelbajac, à Saint-Pétersbourg, ne pouvait se faire à l'idée que la guerre sortirait de la question des Lieux Saints. Dans son désir de voir la paix maintenue, il en arrivait à s'illusionner

lui-même sur les dispositions de l'empereur
Nicolas. C'est ainsi qu'il écrit à M. Thouvenel,
à la date du 2 août 1853 :

« Je suis quelquefois tenté de croire, en présence de la marche tortueuse de la Russie, que
l'empereur Nicolas se prépare à jouer, sur le
théâtre de Constantinople, et aux yeux étonnés de
l'Europe, un acte d'un mélodrame chevaleresque
et sentimental! Connaissant son caractère noble
et bizarre, je n'en serais pas surpris. Il veut domi-
ner l'empire turc, mais il ne veut pas sa chute.
Il s'est fourvoyé ; il en est honteux et mécontent.
Il est surtout profondément blessé de voir que la
confiance européenne en sa modération et en sa
parole est fortement ébranlée. Et, tout en ne voulant ni céder ni avouer sa faute, il voudrait pouvoir se réhabiliter par une action d'éclat héroïque,
qui consisterait à laisser la Turquie s'affaiblir,
se dissoudre par ses querelles intestines, par les
révoltes des vieux Turcs d'un côté, et des chrétiens
de l'autre, et à venir au secours du sultan prêt
à tomber, et à le replacer sur son trône sans lui
prendre un pouce de terre, mais en emportant
à Saint-Pétersbourg sa puissance morale ! Un beau
manifeste dirait à l'Europe : « Voyez ma magna-

» nimité, revenez de votre injuste erreur, et jugez-
» moi mieux désormais. » Voilà le tour qu'on
pourrait bien préparer aux Turcs, pour peu qu'ils
s'y prêtassent par leurs lambineries et leurs tergiversations, et, à nous-mêmes, si nous ne faisons
pas finir la paralysie politique de Bésika, le plus
promptement possible. »

Bien que le général fût gascon, et, comme tel,
d'imagination prompte, nous nous refusons cependant à croire que le rêve raconté là fût né de
pied en cap dans son cerveau. La bienveillance
que lui témoignait l'empereur Nicolas, les longs
et fréquents entretiens que ce souverain se plaisait
à avoir avec le ministre de France, favorisaient
bien des confidences, peut-être même bien des
rêveries, comme il pouvait en germer dans cette
tête d'autocrate, gâté par tant d'années de succès,
environné de courtisans sans indépendance et
blasé par le long exercice d'un pouvoir sans contrôle ! Trouvant dans le général de Castelbajac
un interlocuteur spirituel, un militaire aimant à
rappeler les souvenirs du premier Empire, et un
diplomate qui, tout en subissant le charme personnel d'un prince aimable, gardait dans son langage le franc parler du représentant d'un grand

pays, le czar Nicolas, nous inclinons à le penser,
dut faire part au ministre de France, au camp ou
à la parade, de bien des projets qui pouvaient,
il est vrai, n'être que chimères d'empereur !
A notre avis, c'est un de ces rêves-là que vient
de nous raconter le général de Castelbajac. Peut-
être l'empereur Nicolas est-il mort du chagrin
de n'avoir pu le réaliser, quand il se vit successivement attaqué et battu dans les derniers re-
tranchements de son orgueil de grand souverain !
Notre ministre à Saint-Pétersbourg était plus dans
la réalité des choses, quand il continuait sa lettre
du 2 août en écrivant à M. Thouvenel :

« Je n'ai pas perdu de temps pour mettre sous
les yeux de M. de Nesselrode la réponse à sa
deuxième circulaire. Cette réponse a eu beaucoup
de succès auprès des diplomates de tous les pays,
et le chancelier n'a rien eu de bien bon à me
répondre. Son maître et lui, mais son maître surtout, sont des enfants gâtés, qui n'aiment pas la
contradiction, même la plus amicale ! Aussi
commencent-ils à être mécontents de l'Autriche
et à câliner la Prusse qu'ils avaient d'abord un
peu laissée de côté. L'empereur Nicolas s'est plaint
ces jours-ci, au chargé d'affaires de Prusse, de ce

qu'il n'avait pas, à ses manœuvres, un seul officier prussien. — « Mais, sire, a-t-il répondu,
» aucun n'a été invité. — Vos officiers sont de
» la famille, a répondu l'empereur ; ils n'ont pas
» besoin d'invitation ; j'espère qu'il en viendra
» plusieurs, et j'espère surtout mon beau-frère,
» le prince de Prusse (depuis Guillaume Ier). —
» Sire, Son Altesse est souffrante et prend les
» eaux. — Nous le soignerons, repartit l'empe-
» reur, et j'espère bien qu'il viendra pour les
» grandes manœuvres. » Le fait est que, cette
année, il n'y avait eu d'invités que les officiers
autrichiens. »

Un homme d'esprit et de bonne compagnie,
accrédité à la cour de Russie, qu'il s'appelle
Ligne, Ségur ou Castelbajac, a toujours de jolies
anecdotes à raconter.

Cependant les idées contenues dans la *Note
de Vienne* faisaient leur chemin en Europe. L'Angleterre, la France, l'Autriche et la Prusse y
voyaient un dernier moyen de concilier l'indépendance de la Turquie avec le protectorat que
le czar entendait exercer sur les Grecs orthodoxes de l'empire ottoman. Vers le 10 août, le
bruit se répandit, qu'en présence de l'unanimité

des grandes puissances, la Russie consentait à accepter les propositions dites de Vienne; mais à la condition que la Turquie n'y apporterait *aucune* modification. Cette décision de la Russie qui ne devait pas changer la situation puisque la Turquie réclamait au contraire, on l'a vu, des amendements au projet de Vienne, rendait courage cependant au général de Castelbajac, qui écrit de Saint-Pétersbourg, à M. Thouvenel, à la date du 10 août 1853 :

« Mon cher collègue, l'empereur Nicolas, comme vous pouvez le voir dans ma dépêche officielle, est très sensible à la confiance et très blessé de la méfiance. Il est très sensible aussi, non pas précisément à l'éloge, mais à l'approbation de ses actes, et c'est toujours entre ces deux écueils qu'il faut marcher vis-à-vis de lui. C'est une position difficile pour un ministre étranger, qui a non seulement sa propre dignité à garder, mais encore celle de son propre souverain, ce qui est plus important ! J'ai fait connaître au ministre, par la dépêche que M. de Reiset a emportée, la réponse de l'empereur Nicolas à la note envoyée de Vienne. D'après mes conversations avec l'empereur et les paroles de M. de Nesselrode, j'ai la conviction

qu'on ne peut pas conserver le moindre doute sur
leur intention de faire évacuer les principautés.
C'est la conséquence essentielle, inévitable, du
rétablissement des relations diplomatiques de la
Russie avec la Turquie, mais c'est encore, et c'est
ce qui importe le plus à l'empereur Nicolas, le
gage du rétablissement de ses bonnes relations
avec l'Europe entière, dont la méfiance le blesse
profondément. C'est un grand enfant gâté, mais
il a de nobles, d'aimables qualités, et un jugement
droit et juste, que l'adulation de ses courtisans,
et même des rois ses alliés, a pu quelquefois
obscurcir, mais non altérer profondément, et il
faut lui savoir gré d'avoir su conserver sa raison,
au milieu de ses succès et de cette adulation générale. Mais, pour revenir à la question, il faut
savoir : 1° si la Russie accepte comme suffisante
la note venue de Vienne? Ma dépêche a répondu
affirmativement à cette première question ; 2° si
la Russie est disposée à reprendre les relations
avec la Turquie?

» Cette question est complexe. Je ne fais aucun
doute de l'intention de l'empereur Nicolas d'évacuer les principautés. C'est, à ses yeux, comme à
ceux de tout le monde, la conséquence du rétablissement de ses relations diplomatiques avec la

Turquie. Mais ce rétablissement n'aura lieu qu'après qu'auront été remplies, à Saint-Péters-bourg comme à Constantinople, toutes les forma-lités résultant de la présentation de la note de Vienne. Il serait imprudent, pour nos bonnes re-lations à venir, de témoigner de la méfiance, et nous ne pouvons pas demander comme une faveur l'évacuation des principautés. Or, cette évacua-tion ne peut être obligatoire, de la part de la Russie, qu'après la signature de la note. Si toutes les formalités nécessaires pour le rétablissement des relations diplomatiques pouvaient être rem-plies avant la mauvaise saison, c'est-à-dire avant que nos flottes soient forcées de quitter la baie de Bésika, il vaudrait mieux ne pas soulever la question de l'évacuation des principautés. Dans le cas contraire, il faut, je crois, l'aborder fran-chement. Je prendrai donc le parti qui me paraîtra le plus sage, après en avoir parlé avec sir Hamilton Seymour. »

L'évacuation des principautés danubiennes par l'armée russe était, en effet, le seul gage que la Russie pût donner à l'Europe de son désir de conciliation. Qu'elle subordonnât cette mesure à l'acceptation de la note de Vienne par les Turcs,

c'était son droit; mais, la fatalité qui semble s'être
attachée, depuis le début de l'affaire des Lieux
Saints transformée en question d'Orient, à toutes
ces négociations diplomatiques, voulait que la
Turquie et la Russie tournassent là dans un
cercle vicieux. Ce que le général de Castelbajac
nous a fait connaître du caractère de l'empereur
Nicolas compliquait encore, dans un pays où le
maître était tout, les difficultés du moment. C'était
beaucoup demander à l'Europe de 1853, et surtout à la France, que de témoigner une *entière
confiance* à l'empereur Nicolas! Et, d'un autre
côté, blesser définitivement l'orgueil d'un grand
souverain qui, d'un signe, pouvait précipiter
des milliers d'hommes sur la Turquie, faible et
ruinée, quelle grave résolution! Habitués que
nous sommes maintenant au régime parlementaire
adopté à peu près par toute l'Europe, à ses discussions publiques, à cette espèce d'anonymat
politique qui rend les blessures d'amour-propre
moins dangereuses, par la collectivité même des
personnes qui sont en jeu, nous avons peine à
nous rappeler que la situation était bien différente en 1853, surtout en ce qui regardait la
France et la Russie, personnifiées toutes deux par
leurs souverains, incarnant, par une fiction his-

torique, la dignité de leurs pays, mais l'incarnant
à *eux seuls*, puisque, en France, les Chambres
étaient muettes, et que, en Russie, elles n'existaient pas! Or, il est bien plus difficile d'arranger une querelle à deux que d'apaiser un conflit
général, dans lequel on a toujours la chance de
pouvoir profiter de la diversité des intérêts en
présence. Telle était exactement la situation de
l'empereur Napoléon III vis-à-vis de l'empereur
Nicolas, ou, si l'on préfère, de la France vis-
à-vis de la Russie, au point de ce conflit diplomatique où nous sommes arrivés. De là à une
lutte armée, il n'y avait plus que l'épaisseur
d'une dépêche ou d'un protocole.

A la date du 13 août 1853, le général de Castelbajac écrit à M. Thouvenel :

« Mon cher collègue, l'évacuation des principautés danubiennes est maintenant l'affaire importante pour mon collègue d'Angleterre et pour
moi, et, ni l'un ni l'autre nous ne la perdons
de vue. Nous sommes aidés tous, dans cette importante question du moment, par les communications que le baron de Lebzeltern (ministre d'Autriche à Saint-Pétersbourg) a faites de la part du
comte de Buol. Le cabinet de Vienne s'est inspiré

des idées de M. Drouyn de Lhuys, et, en outre,
il a un intérêt particulier à la question. Il désire
plus que personne l'arrangement de la question
d'Orient, et il sent bien que l'incident de l'évacuation des principautés et du retrait des flottes
pourrait amener des complications qui retarde-
raient la solution. M. de Lebzeltern, qui a peu d'initiative et de chaleur, et sir Hamilton Seymour,
qui est plus ardent, ont donc déjà fait nos
affaires en même temps que les leurs, et j'ai hésité quelques jours à m'en mêler, car je voyais
combien M. de Nesselrode et surtout l'empereur
Nicolas étaient disposés à être blessés de tout ce
qui sent la défiance! De plus, je sais à n'en pouvoir douter, tant par mes informations que par
celles de sir Hamilton, que M. de Nesselrode, qui
a toujours été partisan de l'aplanissement des difficultés, est, en ce moment, dans l'incident actuel, notre auxiliaire auprès de l'empereur. Je
n'ai donc parlé qu'incidemment, et en quelque
sorte amicalement, au chancelier, pour ménager
nos relations futures, et j'ai compris les motifs
qui l'ont empêché de répondre catégoriquement
à M. de Lebzeltern et à sir Hamilton. Il n'a pu
lui-même amener son souverain à une résolution
positive autre que celle-ci : « l'ordre d'évacua-

» tion des principautés sera donné franchement
» et sans arrière-pensée, aussitôt que la note de
» conciliation aura été apportée à Saint-Péters-
» bourg, et remise par l'envoyé extraordinaire du
» sultan. »

» Il sera difficile, je crois, de décider l'empereur
Nicolas à devancer cette époque Cette réserve, et
beaucoup de motifs apparents ayant pu et pouvant encore exciter le doute de notre part, s'explique, à mes yeux, par les idées de l'empereur
Nicolas sur la Turquie. Ce prince n'a plus aucune
confiance dans l'autorité du sultan. Il doute, pour
ce motif, de l'acceptation, à Constantinople, de
la note de Vienne, et il est persuadé que l'empire ottoman est prêt à crouler Dans cette per-
suasion, il ne veut pas aller au delà de ses obligations actuelles vis-à-vis des quatre grandes
puissances, et retirer ses troupes qui, à ses yeux,
pourraient être indispensables dans le cas où une
anarchie sanglante viendrait bouleverser la Turquie et anéantir la puissance du sultan, avant que
la note de conciliation soit arrivée à Saint-Pétersbourg, et que la répression qui pourrait être
nécessaire en Turquie puisse être exercée par
toutes les puissance, et lui, dans l'intérêt de tous!
Je suis persuadé que l'empereur Nicolas désire

vivement la fin du débat avec la France et l'Angleterre, surtout depuis qu'il a vu l'Autriche y prendre une part active, et toute l'Europe en émoi. Je suis convaincu que, plus que personne, comme il le dit lui-même, il désire la conservation de l'empire ottoman, mais que, non seulement il ne croit pas à cette conservation, mais encore qu'il croit à la ruine prochaine et inévitable de cet empire! Dans l'incident de l'évacuation et de la retraite des flottes, il y a aussi, chez l'empereur Nicolas, une question d'amour-propre vis-à-vis de ses peuples, et, sous ce rapport, il ne serait pas fâché, si nous nous en allions *avant* lui. Il redoute l'entrée des flottes dans les Dardanelles, par ce même motif d'amour-propre national blessé. Dans la conversation qu'il a eue avec moi au camp, je me souviens bien qu'il m'a dit à deux reprises : « Tout s'arrangera, si tout le » monde est de bonne foi » Et, sur ma réponse très fermement affirmative : « Vous l'êtes, mais » tout le monde l'est-il? » En somme, il est important que si l'évacuation n'est pas accomplie, une promesse formelle et publique soit, du moins, faite assez à temps pour que nos flottes puissent quitter honorablement Bésika, sans entrer dans les Dardanelles, avant que la mauvaise saison

les force à s'eloigner de ce mouillage. Pour cela,
il n'y a pas de temps à perdre. Sir Hamilton et
moi ne perdons pas cette considération de vue,
et attendons avec impatience l'annonce de l'acceptation de la note à Constantinople, annonce qui
simplifierait la question. »

Mais rien ne devait « simplifier » la situation.
Tout, au contraire, devait contribuer à l'aggraver,
comme on va le voir Notre représentant à Saint-
Pétersbourg calculant déjà, dans son impatience,
la date vers laquelle l'acquiescement de la Turquie pouvait arriver dans la capitale russe. Il
écrit à M. Thouvenel, le 16 août 1853 :

« La note acceptée par l'empereur Nicolas est
partie de Vienne pour Constantinople le 25 juillet;
elle sera arrivée le 2 août. Le 7 ou le 8, M. de
Bruck aura su à quoi s'en tenir sur les dispositions du Divan. La nouvelle de l'acceptation
sera arrivée à Vienne le 17, et nous devons l'avoir
ici le 22, c'est-à-dire dans cinq jours! C'est alors
seulement que sir Hamilton et moi pourrons
obtenir une réponse catégorique au sujet de l'évacuation des principautés danubiennes, et, par
conséquent, savoir si nos flottes doivent prendre

un mouillage en arrière, ou passer les Dardanelles! Il y a ici, non pas désir de garder les principautés, ni même de prolonger l'occupation, mais, crainte des événements. On ne croit plus la Turquie, ou plutôt le sultan, en mesure de les diriger. Il y a aussi défiance des intentions de l'Angleterre, et, en même temps, crainte de blesser l'amour-propre national russe, en cédant, les *premiers*, et trop tôt Aussi, quoique heureux de se tirer du mauvais pas où ils se sont mis, l'empereur Nicolas et M. de Nesselrode ne témoignent-ils rien en public, ni en paroles ni par écrit, de leur adhésion à la note de Vienne. Ils attendent l'arrivée de l'ambassadeur turc pour être complètement rassurés sur l'incident *seulement*, car ils ne le seront pas encore sur l'avenir. Vous avez bien fait de recommander M. Toutcheff à la police. Cependant, ce n'est pas un homme, qui soit hostile ni à la France en particulier, ni aux idées de l'Occident en général. Sous ces deux rapports, il est aussi peu Russe que possible! L'empereur Nicolas m'a remercié personnellement de l'accueil que l'empereur Napoléon et le ministre avaient fait au général Ogaref, et de toutes les facilités qu'on lui avait données de voir de si bons modèles : « Avec la paix

» et de la suite, m'a dit Sa Majesté, vous en
» arriverez à dépasser les Anglais, et, quant aux
» Allemands, ce n'est pas chez eux que j'irai cher-
» cher mes modèles! Ce sont des théoriciens. »

Remarquons en passant, qu'avec la courtoisie
trop facile qui distingue la France, un général
russe était admis à visiter nos principaux établissements militaires, quatre mois avant la déclaration de la guerre, et alors que tout déjà
laissait présager une rupture prochaine! Les
mauvais procédés, on l'avouera, n'étaient certainement pas de notre côté.

Quoi qu'il en fût, la diplomatie devait encore,
avant de laisser la parole aux généraux alliés,
subir des alternatives d'espoir et de crainte. On
se rappelle les célèbres conversations de l'empereur Nicolas avec sir Hamilton Seymour, dans
l'une desquelles le czar parlait au ministre
d'Angleterre de « l'homme malade », c'est-à-dire
de l'empire ottoman! Si nous n'avons pas, jusqu'à présent, fait allusion à ces entretiens impériaux, c'est que, publiés peu après la guerre
de Crimée, tout le monde les a présents à la
mémoire, et aussi parce que nous nous attachons
exclusivement à l'étude des documents inédits

et privés qui sont entre nos mains. Mais ce
n'était pas seulement avec sir Hamilton Seymour que le czar Nicolas conversait. Il causait
fréquemment, nous l'avons déjà dit, avec le
général de Castelbajac, et, dans ces longs entretiens avec le ministre de France, de quoi pouvait-il être question, sinon des événements qui
préoccupaient tous les esprits? La longue lettre
que nous allons citer du général de Castelbajac,
nous semble être le résumé des plans agités entre
le souverain et le diplomate, dans une ou plusieurs de ces conversations familières. C'est à ce
titre, tout autant qu'en raison de l'intérêt qui
s'attache aux idées personnelles du général de
Castelbajac sur la question d'Orient, que nous
considérons comme curieux le rapport adressé, le
17 août 1853, à M. Thouvenel :

« Mon cher collègue, d'après la dernière conversation que l'empereur Nicolas a bien voulu
avoir avec moi, il est évident que, pour lui, la
question restera *tout entière*, malgré la solution
pacifique du grave incident actuel. A peine croit-
il à la possibilité, pour le sultan, de le terminer
complètement. Il est, du moins, convaincu de la
dissolution très prochaine de l'empire ottoman,

et il croit indispensable, une fois l'incident vidé, de s'entendre avec l'empereur Napoléon, sur les mesures à prendre en vue de cette grave éventualité, afin que la paix de l'Europe n'en soit pas troublée. L'empereur Nicolas m'a dit qu'il me reparlerait de ses idées à ce sujet, et qu'il en ferait parler à l'empereur Napoléon par M. de Kisseleff. Veut-il s'entendre secrètement, uniquement et d'abord, avec l'empereur, ou veut-il simultanément faire part de ses idées aux souverains des trois autres États, solidaires ainsi que la Russie, de la convention de 1841 ? Dans l'un et l'autre cas, il me semble utile que vous soyez préparé à cette ouverture et que les communications réciproques soient faites secrètement et en dehors des bureaux. L'empereur Nicolas pense que la faiblesse du sultan, l'épuisement de ses finances, l'exaltation du vieux parti turc d'un côté, et, de l'autre, la confiance toujours croissante des chrétiens dans leur force, et les dissentiments des Turcs, doivent amener des conflits sanglants et la chute du trône des sultans. Mais, cet empire écroulé, les populations qui le composent en Europe et les circonscriptions territoriales resteraient. Qu'en ferait-on, dans l'intérêt général de la chrétienté et de la paix de l'Europe ?

L'empereur Nicolas m'a déclaré à moi-même,
sur sa parole d'honneur, qu'il ne voulait pas de
conquêtes, et que la chute de l'empire turc serait
un embarras plus grand pour lui que pour le
reste de l'Europe! Beaucoup de Russes, instruits
et influents, partagent ce sentiment de leur souverain. Ils disent même que la possession de
Constantinople amènerait bientôt la perte de
l'unité de l'empire moscovite, qu'on a créé à si
grand'peine, et il y a de fortes raisons en faveur
de cette opinion.

» Il est possible et même probable que l'empereur de Russie soit réellement disposé à s'entendre, de bonne foi, avec les autres puissances
européennes, pour régler à l'avance le sort des
populations chrétiennes qui font partie de la
Turquie d'Europe et qui sont, non de la même
Église, ce qui est important à considérer, mais
du même *rite*. Cette conformité de culte lui fait
prendre, à ces populations, un intérêt personnel,
et, comme souverain, il compte bien que ce sera
toujours là pour lui un moyen de conserver son
influence sur elles, quels que soient *les* nouveaux États ou *le* nouvel État que ces populations
seront appelées à former. Mais, à ce sujet, il est
utile de considérer que les affaires de la religion,

en Russie, sont beaucoup moins dépendantes
qu'on ne le croit généralement de l'empereur, et
que c'est le saint synode qui le gouverne pour
le spirituel; que le royaume de Grèce a son
synode national, et *tous* les Grecs de l'empire
turc, leur patriarche à Constantinople! On sait
combien les autorités religieuses sont jalouses de
leurs droits, et l'on ne doit jamais craindre un
accord parfait entre ces trois autorités diverses,
rivales plutôt qu'*amies*. L'influence religieuse de
l'empereur Nicolas sur les *Grecs* de la Turquie
existe très réellement maintenant, parce que ceux-
ci espèrent en lui pour les délivrer des Turcs.
Mais, cette délivrance une fois opérée, l'influence
russe diminuera sensiblement comme elle a déjà
diminué en Grèce. Le point politique important
pour la Russie est que, dans la nouvelle consti-
tution des provinces qui composent la Turquie
d'Europe, Constantinople n'appartienne pas à une
puissance assez forte pour lui fermer les Dardanelles, de même qu'elle n'aurait pas voulu un
empire germanique qui aurait pu lui fermer le
Sund. Et, pour l'Europe, il faut, à Constantinople, un souverain assez puissant pour être un
intermédiaire utile entre la Russie et l'Europe,
et pour pouvoir résister au besoin à un souve-

rain autrichien ambitieux, avec le concours des
autres États qui auront bientôt les mêmes intérêts politiques et commerciaux que lui. La grande
difficulté serait, sans doute, de trouver entre ces
deux intérêts opposés une juste combinaison.

» Une autre difficulté viendra de l'Angleterre,
qui craindra qu'un État puissant à Constantinople, organisé chrétiennement, politiquement et
administrativement, comme les États européens,
n'ait bientôt, dans cette heureuse position, une
marine capable d'ajouter fortement aux marines
des autres puissances, pour faire un contrepoids,
si désirable d'ailleurs, à la marine anglaise. Il
est évident d'abord qu'*aucune* des grandes puissances européennes ne doit posséder Constantinople, et qu'elles ne se mettront jamais d'accord
à cet égard. Il faut donc procéder par l'exclusion
de la Russie, de l'Autriche, de la France et de
l'Angleterre. Quant a la Prusse, à cause de l'é-
loignement et du peu de force de sa marine,
elle est naturellement exclue, mais elle doit être
justement et nécessairement consultée. La Russie,
par sa position sur la mer Noire, pèsera toujours
sur Constantinople, et sera toujours d'un grand
danger pour cette capitale, à cause des courants
et des vents de cette mer qui peuvent porter

promptement les flottes russes vers le Bosphore.
Il faudrait donc constituer un État assez fort,
mais surtout pas de villes libres, pas d'État démocratique! Car, avec la position géographique
de Constantinople et les éléments divers de sa
population, ce serait un foyer de démagogie
bien autrement redoutable que la Suisse, qui
déjà ne l'est que trop! Plusieurs petits États,
même réunis en fédération, ce qui est difficile,
ne présenteraient pas une force suffisante soit
contre l'étranger, soit contre les commotions révolutionnaires; d'autant plus que la partie civilisée
à l'européenne, de la Moldavie, de la Valachie,
de la Servie et de la Bulgarie, l'a été par les
principes des libéraux modernes, sans l'expérience du passé, et avec la haine du despotisme
des Turcs.

» On pourrait faire, et cela sans doute vaudrait
mieux pour l'Europe en général, si la Russie et
l'Angleterre y consentaient, un *seul* grand État
de la Turquie d'Europe, de la Grèce et des principautés danubiennes, en modifiant le système
représentatif de la Grèce qui ne donnerait pas
assez de force, assez d'unité au pouvoir pour
fondre en un seul État toutes ces nationalités
diverses, ou bien, on pourrait laisser la Grèce

telle qu'elle est, et constituer le nouvel État avec
les provinces de la Turquie d'Europe et les principautés danubiennes. Enfin, on pourrait com-
poser le nouvel État de la Turquie d'Europe seulement, en laissant la Moldavie et la Valachie à
leur indépendance entière, sans la suzeraineté du
nouvel État et sans le protectorat de la Russie.
Mais alors, ces pays ne seraient-ils pas une proie
toujours offerte à la convoitise de cet empire, et,
par conséquent, un sujet de nouvelles querelles
et de nouvelles complications? L'important, c'est
de *détourner* la Russie de l'Europe et de favoriser
sa pente politique, commerciale et de propagande civilisatrice et religieuse vers l'Asie, que
ses mœurs orientales et les décrets de la Providence semblent lui réserver dans l'avenir. La
Moldavie et la Valachie doivent donc, nécessairement, faire partie intégrante du nouvel État dont
la capitale sera Constantinople, soit que la Grèce
y soit comprise, soit qu'elle reste séparée. Mais,
dira-t-on, comment disposer à l'avance d'un État
encore debout, reconnu par toutes les puissances,
et cela, contrairement au droit des gens et à la
convention de 1841, État pour le maintien duquel l'Angleterre, la France, l'Autriche ont été
au moment de faire la guerre, et qu'elles vien-

nent à peine de sauver par leurs efforts réunis?
Pourquoi ces efforts sont-ils réunis? Pour le
-soutien du droit et des traités, sans doute;
mais aussi pour éviter les dissentiments et
les guerres qu'aurait pu faire naître entre les
États chrétiens la ruine de la Turquie, dans
un moment où rien n'était préparé pour combler
le vide que la disparition de l'empire musulman
aurait laissé, et dont la Russie seule aurait pu
profiter. Tout en respectant les droits de la Turquie, en les soutenant même tant qu'ils existeront,
il nous est légitimement permis de parer d'avance
aux dangers que sa chute pourrait faire courir à
la chrétienté entière, et ce n'est que dans cette
éventualité que nous tiendrions en réserve une
autorité chrétienne qui pourrait le remplacer.
Par cette prévoyance, nous éviterions aux populations, chrétiennes en majorité, qui composent
l'empire des sultans, une affreuse et sanglante
anarchie, et, à l'Europe, de dangereux sujets de
discussions et de guerres.

» Au sujet de l'organisation du nouvel État,
soit qu'il comprenne la Grèce, ou seulement la
Moldavie et la Valachie avec la Turquie d'Europe,
j'ai oublié de vous faire observer que la *religion
commune* serait un lien puissant entre les popu-

lations *grecque* et *slave*. Les avantages politiques
et commerciaux qui résulteraient de leur union
compenseraient grandement les inconvénients qui
pourraient résulter des différences de nationalités,
différences, du reste, que la similitude de mœurs et
le joug des Turcs ont rendues, depuis longtemps,
moins sensibles. »

Ce long exposé, un peu diffus peut-être, n'en
renferme pas moins une somme d'aperçus d'autant plus intéressants à connaître, qu'il nous
paraît difficile, qu'écrit au sortir d'une conversation avec l'empereur Nicolas il ne retrace pas
quelques-unes des idées de ce prince sur le lendemain de la chute du sultan. Quelle est, au
juste, dans cette discussion, la part d'idées propres à l'empereur Nicolas? C'est ce que nous ne
pouvons déterminer absolument, quoique l'insistance mise à ne pas vouloir faire de Constantinople une *ville libre* ou un *État démocratique* nous
paraisse dénoter plutôt le sentiment intime
du czar que celui du général de Castelbajac.
Quoi qu'il en soit, les lettres particulières de
notre ministre à Saint-Pétersbourg renferment,
sur l'époque qui nous occupe, presque autant de
renseignements que ses dépêches officielles, et,

écrites avec plus d'abandon et de laisser aller,
la lecture en est aussi curieuse qu'instructive ;
aussi croyons-nous ne pouvoir mieux faire que
d'y puiser sans réserve.

Dans sa lettre du 20 août 1853 à M. Thouvenel, le général de Castelbajac revient encore sur
l'évacuation des principautés par les Russes, la
grande affaire du moment.

« Mon cher collègue. M. de Nesselrode vient
de partir, pour aller passer avec l'empereur Nicolas, à Ropcha, le samedi et le dimanche 20 et
21, jours de repos donnés aux troupes avant les
dernières grandes manœuvres qui dureront trois
jours et auxquelles j'assisterai. Je verrai le chancelier après-demain matin, avant de partir pour
Ropcha, afin d'être au fait, autant que possible,
des projets de son maître, et de régler mes démarches directes en conséquence vis-à-vis de Sa
Majesté, devenue très ombrageuse, précisément
parce qu'Elle-même vient de donner lieu au
soupçon, par le mystère et la précipitation de ses
mesures vis-à-vis de la Turquie. J'ai vu M. de
Nesselrode avant-hier, et je lui ai parlé de l'évacuation des principautés, sans témoigner le
moindre doute, mais en faisant ressortir la dif-

ficulté, pour nos flottes, de tenir plus longtemps
le mouillage de Bésika, et l'impossibilité de les
faire rentrer à Malte et à Toulon, en raison des
ménagements que nous devons avoir pour l'opinion publique, en France comme en Angleterre.
Le chancelier a une position commode vis-à-vis
de sir Hamilton Seymour et e moi, position dans
laquelle il nous est difficile de le forcer, et devant
laquelle, même en ce moment, nous devons ménager nos attaques ; il nous répond   « N'ayez
» pas la moindre méfiance, et surtout n'en té-
» moignez pas à l'empereur, qu'elle blesserait
» profondément et qui est dans les meilleures
» dispositions. Attendons l'annonce de l'accepta-
» tion de la note de Vienne par la Porte, et tout
» s'arrangera sans difficulté. » Nous attendons
donc cette annonce qui, suivant mes calculs et
ceux du chancelier, doit arriver ici dans très
peu de jours, du 22 au 24. »

Le général de Castelbajac apportait, dans ses
appréciations sur les voyages des diplomates ottomans, la régularité mathématique qu'il avait
sans doute apportée autrefois dans le règlement
des étapes militaires Quelle devait donc être sa
déception, en présence des énervantes longueurs de

l'incertitude, et finalement de la ruine de ses espérances ! D'ailleurs, à côté des graves soucis qui
l'absorbaient, l'honorable général était journelle-
ment en butte aux petits ennuis que faisait naître
la difficulté des communications entre Paris
et Saint-Pétersbourg, à une époque où il n'était
pas encore question de chemins de fer interna-
tionaux, et où la rapidité des relations diplomatiques dépendait de l'exactitude des courriers de
cabinet. A tout moment, un accident, une négligence retardaient l'arrivée du courrier attendu.
et, dans les circonstances graves où il se trouvait,
ces incidents exaspéraient l'humeur du général de
Castelbajac. Aussi, perdant patience, écrit-il à
M. Thouvenel, le 24 août 1853 :

« J'espérais, avant mon départ pour le camp
de Ropcha, recevoir l'acceptation du sultan et
pouvoir annoncer une bonne nouvelle au ministre
aujourd'hui, jour de départ du bateau de Lubeck,
mais, pas encore de nouvelles de Constantinople,
et, d'autre part, notre courrier, le gros Giloux
père, est resté probablement ivre dans quelque
bonne station avec les dépêches de M. Drouyn de
Lhuys, tandis que M. de Castillon, parti vingt-
quatre heures après lui de Berlin, est ici depuis

hier matin! Je vous en prie, mon cher collègue,
faites donner aux courriers, attachés ou employés,
une consigne sévère, et ne me renvoyez ni le
gros Giloux père, ni l'insouciant Thimon, qui
avait perdu sa valise avec ses bagages sans s'en
tourmenter, ni un étourdi comme M. d'Essling,
que j'ai rudement secoué, ni ce bon Malpertuis,
dont la voiture a cassé, qui a perdu deux mille
francs en billets de Prusse, que le changeur du
ministère, à Paris, lui avait donnés, en abusant
de son inexpérience, et qui a dépensé beaucoup
d'argent pour les chevaux de poste supplémen-
taires qu'il a été obligé de faire mettre à sa voiture sur la mauvaise route de Riga, ainsi que
pour faire réparer, en chemin et à Saint-Pétersbourg, la mauvaise voiture qu'on lui avait louée
à Paris! Voyez aussi à ce qu'on prévienne nos
courriers des jours où ils peuvent prendre, avec
avantage, les bateaux de Stettin et de Lubeck, ce
qui leur fait gagner deux jours. Les courriers
anglais n'y manquent pas, et, il est vraiment
aussi déplaisant que ridicule, que sir Hamilton
Seymour et M. de Lebzeltern aient, *plus tôt que
moi*, et notamment hier, des nouvelles de Paris
et du ministère *même*, alors que pourtant leurs
nouvelles font le détour de Londres et de Vienne!

14

L'empereur Nicolas aurait-il raison, quand il
craint un coup de tête des fanatiques Turcs et la
faiblesse du sultan Abd ul Medjid qu'il dit être
quelquefois dans l'état du gros Giloux? Ce n'est
qu'à ce sentiment qu'il faut attribuer le retard
que pourrait éprouver l'ordre d'évacuation. »

L'attente fiévreuse à laquelle toute la diplomatie européenne était en proie, rendait facilement irritable, et, au Département des affaires
étrangères, à Paris, il ne manquait pas de gens
qui accusaient le général de Castelbajac de n'avoir
pas agi assez énergiquement auprès du czar
Nicolas et du chancelier de Nesselrode. Le contre-
coup de ces insinuations se fit sentir, un jour,
dans une dépêche officielle adressée par le ministre des affaires étrangères au ministre de
France à Saint-Pétersbourg. Le général de Castelbajac, d'esprit trop fin pour ne pas saisir les
moindres nuances, comprit l'allusion, et il la
relève avec vivacité et bonhomie dans la lettre
qu'il adresse à M. Thouvenel, le 26 août 1853 :

« Vous me trouverez peut-être un peu piqué
dans le préambule de ma dépêche de ce jour,
mais relisez la dépêche *officielle* et non *confidentielle*

à laquelle je réponds, et vous verrez si je n'y
suis pas traité comme un vieux troupier rado-
teur, comme un intrus diplomate, facile à abuser,
et n'étant pas encore entré assez avant dans les
finesses traditionnelles du métier! Il est permis
d'avoir un peu d'humeur au milieu des complications et des ennuis de cette éternelle question
d'Orient, et je n'y attache pas, en réalité, plus
d'importance que cela ne le mérite, ayant probablement aussi mes moments d'humeur vis-à-vis de
mes subordonnés qui ne s'assujettissent pas assez
aux vieilles traditions de la discipline et de la
régularité militaires. Chaque état a son dada.
Pour l'un c'est l'alignement, et pour l'autre la
méfiance. Quoi qu'il en soit, il faut toujours aller
son train et faire consciencieusement sa besogne,
chacun selon l'intelligence que le ciel lui a
départie. L'essentiel, c'est la chose publique et
non la satisfaction individuelle. On peut facilement devenir philosophe quand on regarde
autour de soi, au-dessus et au-dessous; qu'on
voit l'instabilité des choses humaines et la peti-
tesse jointes, si souvent, à la grandeur : je vois
ici un grand souverain, qui a les plus nobles,
les meilleures qualités, et qui dépense l'argent
de son peuple et passe son temps à jouer à la

guerre, avec toutes les émotions et l'ardeur d'un
sous-lieutenant de dix-huit ans! D'un autre côté,
des souverains détrônés passent aussi leur temps
à discuter de puériles questions d'étiquette. Le
duc de Nemours n'a voulu voir le comte de
Chambord, qu'à la condition que ce dernier lui
demanderait des nouvelles *de la reine*, et le prince
légitimiste ne l'a pas voulu. Le chancelier de
Metternich, qui racontait la chose au général de
Rochow (ministre de Prusse à Saint-Pétersbourg)
disait, en souriant et en levant les épaules :
« J'ai tout arrangé en conseillant de demander
» des nouvelles de la reine des Français. » Mais,
la Providence sait heureusement se servir des
petites choses pour en faire de très grandes! Des
princes, qui tiennent tant à l'étiquette dans le
malheur, ne seront pas à coup sûr dangereux
pour le souverain que la France s'est donné, et
la passion de l'empereur Nicolas pour les soldats
et les manœuvres préservera peut-être l'Europe
de la guerre! Tout est donc pour le mieux, et
je ne pense plus aux *reproches* que j'ai reçus,
que pour mieux ouvrir les yeux et les oreilles.
Là-dessus, mon cher collègue, mille souvenirs
affectueux du général de Castelbajac partant pour
la guerre... de Krasnoé-Sélo. »

Voilà de quelle spirituelle façon un vaillant soldat français et un homme de haute race, appelé par les hasards de la politique à représenter la France en Russie, après avoir noblement combattu cette même Russie quarante ans auparavant, dans l'une des légendaires divisions de la Grande Armée, recevait la petite leçon, méritée ou non — ce n'est pas à nous à le dire — que croyait devoir lui infliger son chef hiérarchique. Mais, chez les esprits élevés, une longue pratique de la vie rend philosophe, et le général marquis de Castelbajac était encore plus patriote que philosophe.

Cette réponse tant attendue de la Turquie à la note de Vienne arriva enfin à Saint-Pétersbourg; mais, hélas! elle était négative. La Porte exigeait les modifications que nous avons signalées, et la Russie, on se le rappelle, avait fait une condition *sine quâ non* d'une acceptation pure et simple! Ce nouveau déboire porte à son comble la juste mauvaise humeur de notre représentant auprès du czar, qui écrit, le 2 septembre 1853, ce laconique billet à M. Thouvenel :

« Mon cher collègue, je suis désolé et furieux de ce demi-refus de la Porte! Ces mécréants se moquent de nous! Ou croient-ils bonnement que

c'est pour leurs beaux yeux que nos flottes sont
à Bésika? Nous serions, en vérité, bien bons de
continuer à nous mêler de leurs affaires au grand
détriment des nôtres désormais, s'ils ne veulent
pas suivre nos avis! Je ne veux pas vous ennuyer
plus longtemps de mes doléances et de ma colère.
Je croyais en avoir fini de mes longues écritures,
et voilà que ces maudits Turcs nous obligent à
verser de nouveaux flots d'encre. Pourvu que
cela n'entraîne pas des flots de sang! Il faut
prendre un parti prompt et décisif et ne pas se
laisser entraîner malgré soi. »

M. Thouvenel, à qui le travail de la direction
politique, dans la crise que nous étudions, ne
laissait guère de loisir pour la correspondance
privée, écrit cependant au général de Castelbajac
le 2 septembre 1853 :

« Général, je vous remercie mille fois de vos
intéressantes lettres particulières. Nous avons,
vous le pensez bien, un peu moins de confiance
dans les résolutions du cabinet russe que n'en
expriment nos dépêches officielles. Il me semble
pourtant que l'empereur Nicolas a une belle occasion de faire tomber toutes les préventions que

sa politique a excitées en Europe, et de tirer un
parti habile de la maladresse de la Sublime
Porte! Il n'est pas douteux, d'ailleurs, qu'il ne
faille attribuer cette faute à lord Stratford de
Redcliffe qui, dans les négociations relatives à la
note de Vienne, s'est mis à peu près en règle
comme ambassadeur, mais qui, *comme particulier,*
n'a pas fait, et loin de là, ce qu'il pouvait, pour
décider le Divan à accepter la note! Je sais qu'on
est très mécontent à Londres de cette attitude
ambigue, et j'espère que, la crise passée, on
débarrassera Constantinople du diplomate mal-
faisant *qui n'a cessé* d'y brouiller les cartes. Vos
lettres, général, me confirment dans mon opinion. Si l'empereur Nicolas ne veut pas la chute
de la Turquie, il ne croit plus son existence
possible. Le résultat pratique est le même. Or,
il est bien évident qu'aucune combinaison ne
saurait valoir, pour nous, le maintien tel quel
du *statu quo,* et que la ligne de conduite que
nous aurions à suivre, dans le cas contraire,
serait des plus embarrassantes D'autres puissances, l'Autriche elle-même, qui a déjà assez de
sujets slaves, sont logées à la même enseigne
que nous, et nous devons tâcher, en fortifiant
l'entente ébauchée à Vienne, de faire en sorte

que rien ne se règle *qu'en commun*. Nous n'en avons pas moins un grand intérêt à connaître les idées de la Russie, et, sans les provoquer, nous ne devons pas décourager les confidences.

» Je pensais bien que nos courriers amateurs ne feraient que des sottises, et c'est bien malgré moi que l'on confie le portefeuille à ces petits messieurs! J'espère que l'on sera plus sévère à l'avenir. Notre carrière, dans ses moindres détails, a besoin d'une refonte, et il ne dépendra pas de moi de l'améliorer. Les examens, à l'entrée, sont bien difficiles. En France, qui dit *examen* dit *concours*, et, chez nous, ce serait absurde! On pourrait, au moins, exiger le diplôme de licencié en droit, et, avec cela, on écarterait les trois quarts des candidats. Les mémoires que nous demandons sont une bonne chose. Demain nous quittons notre vieil hôtel des Capucines pour le palais du quai d'Orsay. »

Les soucis de la question d'Orient n'empêchaient pas M. Thouvenel de penser au détail de la carrière diplomatique. Il nous a paru intéressant, à une époque où l'entrée de cette carrière est l'objet de tant d'opinions diverses, de citer le sentiment d'un homme qui y a laissé sa

trace, après en avoir parcouru tous les échelons,
de la base au sommet.

Avec le refus des Turcs, une dernière illusion de
paix s'envolait. Chaque minute rapprochait l'Europe de la crise suprême. Notre représentant à Saint-
Pétersbourg tentait l'impossible pour peser sur l'esprit absolu de l'empereur Nicolas. La lettre suivante
est adressée par le général de Castelbajac à M. Thouvenel, le 10 septembre, à une heure du matin.

« Mon cher collègue. Le général de Rochow
et moi, qui avions témoigné à l'empereur Nicolas
et au comte de Nesselrode une confiance dont
ils ont été très reconnaissants, avons essayé de
faire accepter les modifications de Rechid Pacha
à la note de Vienne, mais inutilement. Cependant, nos efforts n'ont pas été tout à fait infruc-
tueux, et c'est bien à nous, je crois, qu'on doit
l'énonciation formelle de l'évacuation des principautés, énonciation dont on nous avait parlé offi-
cieusement, mais que, par un amour-propre et
une irritation mal entendus, on répugnait à annoncer. Enfin, il faut prendre les caractères et
les événements tels qu'ils sont! L'empereur Nicolas croit son honneur, et surtout, je crois, sa
popularité politique et religieuse en Russie, en-

gagés, et *rien* ne le fera revenir sur sa détermination. Il faut donc s'occuper de faire céder la
Turquie, et cela sans retard, à cause de la position de nos flottes et de la présence des troupes
russes dans les principautés. »

C'était une tâche bien ingrate, en effet, que
celle qui consistait à modifier les idées d'un souverain tel que l'empereur Nicolas! Les contrastes
bizarres qu'offrait le caractère de ce prince sont
tracés de main de maître par le général de Castelbajac, dans la lettre qu'il adresse, le 16 septembre 1853, à M. Thouvenel :

« L'empereur Nicolas tient de Pierre le Grand,
de Paul Ier, et d'un chevalier du moyen âge, mais,
en vieillissant, c'est le Paul Ier qui domine, et il
faut saisir au vol ses bonnes inspirations et prévenir les mauvaises. C'est, en somme, un homme
et un souverain très excentrique et très difficile
à connaître, tant il y a de disparates entre ses
qualités et ses défauts. Il inspire la crainte et le
respect à sa famille et à tout ce qui l'entoure,
et, avec cela, il est souvent le plus simple et le
meilleur des hommes, se roulant sur son tapis
avec ses nombreux petits-enfants qui lui tirent

ses rares cheveux et le tourmentent de toute
façon. Il est ami sûr, et souvent d'une délicatesse
de cœur digne d'une jeune femme romanesque,
et puis dur et intraitable pour les moindres
fautes, et ne revenant *jamais* quand il a brisé
un de ses instruments. La veille de son départ,
il est arrivé, seul, au jardin Mabille du pays,
situe à une demi-lieue de la ville, et s'est pro-
mené pendant une heure et demie dans les
salons remplis de femmes plus que légères, de
fumeurs de cigares qu'il déteste (j'entends les
fumeurs) et dans les jardins éclairés par une
brillante illumination et un feu d'artifice qu'on
a tiré plus tôt que de coutume en son honneur.
Il est arrivé là en *drosky*, sans personne que son
cocher, comme c'est du reste son habitude jour-
nalière. Il a causé avec l'un et avec l'autre, et
plus particulièrement avec des marchandes de
modes et de petits boutiquiers français dont le
sans-gêne et le bavardage l'amusent. »

Revenant ensuite à la grosse question du moment, le général de Castelbajac ajoute :

« L'empereur Nicolas a accepté l'arrangement
pacifique inspiré par la France plus particulière-

ment, mais comme un *ultimatum* qui serait accepté
de même par le sultan. Ne laissons donc pas
échapper cette occasion de terminer, à notre
profit, ce grave conflit, et ne risquons pas nous-
mêmes de retomber dans l'isolement dont votre
politique nous a si heureusement et si habilement tirés ! Dans le *vôtre*, je comprends, comme
de raison, l'empereur Napoléon, M. Drouyn de
Lhuys et vous, unité et exécution précieuses et
honorables ! Je ne suis — et je ne me fais pas d'illusion — qu'un manœuvre; mais j'ai l'avantage,
sur les architectes, de voir l'édifice russe de plus
près et dans tous ses détails. Or, je vois qu'il a
besoin de tous les ouvriers du pays pour être terminé, que le directeur le sait, et ne veut rien
entreprendre de nouveau.

Le grand-duc Nicolas, l'aîné des deux jeunes
grands-ducs, est parti avec l'empereur pour Olmütz. On croit que c'est pour quelque affaire
matrimoniale, mais on ignore quelle sera la future grande-duchesse.

J'apprends avec plaisir, moi qui, en ma qualité d'agriculteur, veux qu'on mette la charrue
après les bœufs qui font la besogne, que la direction politique est au premier étage du nouveau
palais du quai d'Orsay. Mais on dit que vous

payez la place d'honneur par beaucoup d'inconvénients Je vous prie donc d'envoyer l'architecte
à l'empereur Nicolas, qui envoie ses architectes
en Sibérie, quand ils ne font pas bien les distri-
butions intérieures et qu'ils sacrifient les hôtes
de la maison à leur vanité et aux passants de la
rue. Que le bonheur est rare! »

Au milieu des détails variés que renferme cette
lettre, remarquons l'annonce du départ de l'empereur Nicolas pour Olmutz, où ce prince devait
rencontrer l'empereur d'Autriche. Au lendemain
du rejet de la note de Vienne par les Turcs,
cette entrevue excitait un intérêt particulier. Les
amis de la paix s'y rattachaient comme à une
dernière espérance.

A la date du 18 septembre, M. Thouvenel
adresse au général Castelbajac les lignes suivantes,
qui retracent à grands traits les diverses faces
de la question en suspens, et placent, de suite, le
débat à la hauteur où la dignité et les intérêts
de la France devaient le maintenir :

« Général, nous savons maintenant de la façon
la plus officielle du monde que l'empereur
Nicolas rejette les modifications de la Turquie.

A entêté, entêté et demi. Nous sommes, comme vous, de très mauvaise humeur contre les Turcs, mais il ne faut pas que cette mauvaise humeur nous égare! On comprend à Vienne, aussi bien qu'à Londres et à Paris, qu'il nous faut mettre un peu de sucre autour de notre pilule, pour qu'on l'avale à Constantinople. On nous demande une espèce de garantie contre les fantaisies futures de la Russie, et, franchement, on n'a pas tort. Reste à trouver la formule, et j'ignore encore le sort réservé à notre projet de note. On fait des façons à Londres, et, par crainte du parlement, on pourrait bien nous regarder faire. C'est très certainement lord Stratford de Redcliffe qui est responsable de l'échec de ses collègues, qui n'avaient rien épargné pour réussir. Aujourd'hui, les Turcs sont *montés*. Leur armée, de l'aveu de nos officiers et des étrangers qui l'ont vue, a fait de grands progrès depuis deux mois. Elle peut soutenir un premier choc, et cette confiance l'exalte. Si elle n'use pas de ses fusils contre les Russes, elle est capable de les retourner contre le sultan, et cette perspective ne rend pas Sa Hautesse docile à nos conseils.

» Quant à moi, général, je persévère dans mon impénitence. Je regarde, quoi qu'on fasse, et à

quelque transaction boiteuse que l'on s'arrête, la
grosse question d'Orient comme *entamée*, entamée
avec *préméditation*, par le parti moscovite. Notre
rôle est difficile. Soutenir une masure, c'est s'exposer à la voir crouler sur sa tête! La laisser
renverser par le vent du Nord, c'est assumer,
pour les destinées ultérieures de la France, une
grave responsabilité! Ce vernis religieux, que la
Russie donne à ses actes, est, pour nous, un embarras de plus, et, à Rome, croyez-le bien, on
est plutôt pour les *musulmans* que pour les *schis-
matiques!* L'établissement d'un pouvoir chrétien à
Constantinople est une menace pour le Saint-Siège.
C'est là un point de vue qu'il ne faut pas négliger. »

Ainsi qu'on peut le voir par cette lettre, la
discussion, une discussion courtoise et patriotique, était ouverte entre le général de Castelbajac et M. Thouvenel. Notre ministre à Saint-
Pétersbourg, qui voyait de près comme il le dit,
de trop près peut-être, l'édifice russe, ne croyait
pas chez l'empereur Nicolas à une idée pré-
conçue contre l'existence de l'empire ottoman.
M. Thouvenel, qui voyait les choses de plus loin,
mais qui aussi, du quai d'Orsay, avait une vue
d'ensemble, considérait la question d'Orient

comme entamée avec « préméditation » par le czar.
A la distance où nous sommes maintenant de
cette époque, il est peut-être plus facile de démê-
ler la vérité que dans le tumulte même des événements, et cette vérité nous semble devoir être
la suivante. Dans l'affaire des Lieux Saints que
les empiétements perpétuels de la Russie avaient
forcé la France à soulever, sous peine d'assister,
en silence, à son effacement complet, la « préméditation » de la Russie, pour nous servir ici de l'expression de M. Thouvenel, ne peut faire l'ombre
d'un doute, et elle n'en fera pas davantage dans
l'avenir, si jamais, ce qu'à Dieu ne plaise, la question des sanctuaires de Terre sainte rentre dans
une période aiguë !

D'autre part, lorsque, par suite des maladresses
de la mission du prince Menchikoff, la question
d'Orient sortit de pied en cap de la question des
Lieux Saints, nous inclinons à penser que l'empereur Nicolas hésita davantage, et, qu'alors, le
général de Castelbajac pouvait être dans le vrai,
quand il se portait garant, vis-à-vis de son pays,
du peu de goût qu'avait le czar à agrandir ses
États du côté de Constantinople. Ajoutons que
l'orgueil intraitable de l'empereur de Russie
aggrava considérablement une situation déjà diffi-

cile en elle-même, puisqu'il ne s'agissait de rien moins, pour la France comme pour la Russie, que du maintien ou de la ruine de leur prestige dans tout l'Orient !

L'échange d'idées qui s'était établi entre le général de Castelbajac et M. Thouvenel, sur les graves sujets que nous étudions, piquait au jeu notre représentant à Saint-Pétersbourg, qui, disposant pour sa correspondance particulière de plus de temps que n'en pouvait trouver M. Thouvenel, écrit plus longuement et plus fréquemment. Aussi le général revient-il sur son sujet favori, dans sa lettre du 23 septembre 1853 :

« Mon cher collègue, le théâtre politique est fermé à Saint-Pétersbourg. Les grands acteurs sont en tournée, et il ne reste ici que des doublures consciencieusement opposantes aux pièces françaises et catholiques, telles que M. de Seniavine, ou des acteurs malveillants tels que le rhéteur-rédacteur Labenski ! La seule chose que je pourrais utilement faire, c'est d'envoyer à M. de Nesselrode l'excellente note de Rechid Pacha. Mais l'empereur Nicolas et son chancelier en auront connaissance, demain 24 septembre, à Olmütz, par M. de Buol et par M. de Meyendorff

15

(ministre de Russie à Vienne). Ce sera l'un des
principaux sujets de discussion entre les cabinets
de Vienne et de Saint-Pétersbourg, quoique l'empereur Nicolas ait dit en quittant sa capitale :
« Je veux voir des manœuvres de soldats, et je
» prie en grâce qu'on ne me parle pas politique. »
Je vous permets d'être incrédule sur cet article ;
mais, sur ce que je regarde comme article de foi
pour le salut diplomatique, en prédicateur fervent voulant faire son devoir quand même, je ne
dois pas me laisser décourager par l'aveu de
votre *impénitence*, et j'espère qu'elle ne sera pas
finale malgré mon peu d'éloquence. Je vous le répète, que voulons-nous maintenant ? Ce que nous
avons toujours voulu : la conservation de l'empire
ottoman, et, dans le cas où cet empire ne serait
plus viable, empêcher la Russie de disposer *seule*
de son héritage. Eh bien, par loyauté, par intérêt,
ou par adresse, la Russie a consenti d'abord à ne
pas précipiter sa ruine, puis à s'entendre avec
nous pour régler l'avenir dans l'intérêt de tous.
Enfin elle a accepté, sans restrictions, l'arrangement que nous avons *nous-mêmes* proposé. Les
Turcs, au contraire, pour lesquels nous nous
sommes armés, ont refusé cet arrangement pacifique, et, abusant de notre appui, ils veulent nous

entraîner au delà d'une protection raisonnable,
au delà de nos intérêts, préférant, dans leur
égoïsme, devoir leur conservation à la division
des nations chrétiennes plutôt qu'à leur consentement unanime. En cela, ils sont encore plus
aveugles qu'égoïstes, car il est évident qu'un
arrangement proposé par les quatre grandes puissances impliquerait la protection *constante*, tandis qu'un arrangement, plus avantageux dans le
moment, mais obtenu de la Russie *seule*, n'obli-
gerait que la Russie !

» Nous avons donc un intérêt collectif, avec
l'Angleterre, l'Autriche et la Prusse, à faire accepter par la Turquie l'arrangement accepté par la
Russie d'après notre proposition. De plus, la
France, qui a tiré de cette grave question d'Orient
un avantage immense, que le roi Louis-Philippe
n'avait pu obtenir en dix-huit ans de règne,
l'avantage d'avoir des alliés en majorité dans la
plus grave des questions européennes, la France
ne doit pas risquer de perdre cet avantage et de
retomber dans l'isolement dont la politique de
l'empereur Napoléon l'a si heureusement tirée.
Forcer la Turquie à accepter la note européenne
est aussi le seul moyen d'être conséquent avec
nous-mêmes. Pouvons-nous raisonnablement faire

un crime à l'empereur Nicolas d'avoir accepté ce
que nous lui avons proposé ? Ce serait lui donner
le beau rôle ! Mais, répondrez-vous, nous désirons sincèrement que les Turcs acceptent la note,
nous les y avons engagés de nouveau ; mais nous
craignons que le sultan, menacé par l'exaltation
de son peuple, ne puisse pas faire ce qu'exigerait
son véritable intérêt. De deux choses l'une : ou,
comme je suis porté à le croire, cette exaltation
n'est qu'apparente, et alors le sultan peut être
raisonnable sans danger; ou cette exaltation le
menace d'une révolution et menace ses sujets
chrétiens de la spoliation et du massacre Dans ce
dernier cas, il faut aller à son secours, combattre
le vieux parti turc, et ne pas laisser à l'empereur
Nicolas le mérite politique d'aller replacer sur
son trône le faible successeur de Mahomet II, ce
qui sera, pour lui, moins coûteux que de s'emparer de ses États contre la volonté de l'Europe
entière. N'oublions pas enfin, que, vis-à-vis des
Turcs, le plus petit acte est plus efficace que les
plus eloquentes paroles. C'est-à-dire que la retraite
de notre flotte vers Ourlak ou Métélin ferait plus,
pour les décider à accepter la note de Vienne,
que la *note responsive* qui serait décisive pour un
gouvernement européen.

« Je ne me dissimule pas que je viens de vous
dire, mon cher collègue, en vous priant de les
redire au ministre, des choses qui contrarient les
idées reçues et peuvent paraître fort etranges !
Mais je ne puis voir qu'avec mes yeux, et mon
devoir envers mon pays est de dire ce que je
vois et ce que je pense. Vous dites fort justement
que le « vernis religieux » que la Russie a donné à
ses actes est, pour nous, un embarras de plus. C'est
là qu'est, contre les Turcs, la force du souverain
de la Russie. Vous pourrez juger des sentiments
de la nation russe et de la position de l'empereur
Nicolas, par le discours qui lui a été adressé, il
y a peu de jours, par l'archevêque de Moscou, à
son entrée dans cette capitale morale et religieuse
de l'empire. Ces courtes et bibliques paroles du
principal dignitaire ecclésiastique de la Russie font
vibrer actuellement le cœur de cinquante millions d'hommes qui resteraient indifférents à des
traités de commerce qui ruineraient leur pays,
ou à la fixation de nouvelles limites occidentales
qui en diminueraient la puissance et l'étendue !
L'autocrate est tout-puissant pour tout ce qui
touche à la fortune publique et privée, à la liberté,
à la vie de ses sujets. Mais il est obligé de compter
avec eux pour tout ce qui touche à leurs senti-

ments religieux. C'est cette obligation pour l'empereur de Russie, qu'il ne faut pas oublier dans chacune des phases de cette grave question d'Orient. »

Ces raisonnements du général de Castelbajac, inspirés par la crainte patriotique qu'il éprouvait à voir la France affronter en 1853, contre la Russie, une lutte que ses souvenirs de 1812 devaient lui représenter comme fort hasardeuse, auraient eu toute leur valeur sans l'obstination des Turcs à refuser la note de Vienne. Mais rien ne devait vaincre cette obstination, soigneusement entretenue d'ailleurs, à Constantinople, on se le rappelle, par l'action passionnée de lord Stratford de Redcliffe, qui ne craignait pas d'engager son gouvernement bien au delà de ses instructions, et qui avait fait, de l'hostilité de la Turquie contre la Russie, son affaire personnelle. On ne saurait donc trop répéter ici, avec M. Thouvenel, qui devait expérimenter par lui-même, de 1855 à 1858, ce qu'était la lutte avec lord Stratford de Redcliffe, sur le terrain de Constantinople, pour quelle part la conduite du célèbre diplomate anglais entra dans la rupture de 1854.

Chaque jour, d'ailleurs, apportait une aggravation dans les rapports de la Turquie et de la Russie.

Aussi M Thouvenel écrit-il mélancoliquement au général de Castelbajac, le 1er octobre 1853 :

« Général, mes tristes prévisions se réalisent et voilà les affaires plus gâtées que jamais! Pourquoi l'empereur Nicolas ne s'est-il pas contenté de se renfermer dans sa dignité où il était inattaquable, et pourquoi a-t-il laissé la parole à M. Labenski? De bonne foi, nous ne pouvons plus contraindre la Porte, et les plus graves complications sont à redouter si la conférence de Vienne n'accouche pas d'un projet de déclaration convenable. Quant à l'entrée de nos flottes dans les Dardanelles, elle produira aussi son effet, à moins qu'à Saint-Pétersbourg on n'ait le bon esprit de se payer des raisons *apparentes* de ce mouvement, sans nous mettre dans la nécessité d'articuler les *vraies*. Le roi de Prusse s'est décidément refusé à aller à Olmutz. C'est l'opinion publique à Berlin qui lui a imposé cette réserve. Je ne fais pas grand fond, au surplus, sur cette volonté capricieuse et vacillante! L'Autriche, de son côté, est fort embarrassée, et nul ne saurait prévoir la conduite qu'elle suivra. Ses intérêts politiques d'avenir l'appellent à nous; ceux de son existence présente, à la Russie. Puisse la révo-

lution ne pas redresser sa vilaine tête! Notre politique est honnête et loyale, et il est des armes,
dites-le hautement, auxquelles nous ne recour-
rons jamais.

» M. de Brunnow est monté sur ses grands chevaux à la nouvelle de l'entrée des quatre frégates
dans les Dardanelles, et il a passé à lord Clarendon une note qui frise l'impertinence On se
dispose à lui répondre sur le même ton. M. de
Kisseleff, plus sage, s'est tu, et j'espère que la
discussion entre nous et la Russie, quoi qu'il
advienne, restera toujours courtoise. Les gros
mots ne sont pas des raisons. Les Anglais, du
reste, sont très montés, et c'est dans les villes
industrielles que l'on se prononce le plus vivement. Le cabinet britannique aurait un compte
sévère à rendre, s'il n'agissait pas, et il le comprend. L'affaire de Khiva a été pour lui un coup
d'éperon. Nous ne voyons, nous, que Constantinople ! L'Angleterre voit l'Inde, et la position
imprudente de la Russie nous rend *forcément* ses
adversaires dans une campagne qui comprend
d'*autres* intérêts que les nôtres. Pourquoi n'a-t-on
pas mieux accueilli nos franches explications sur
les Lieux Saints? *Peut-être aujourd'hui serions-
nous alliés!*

» Vous savez que l'empereur de Russie a accablé, à Olmutz, nos officiers, de témoignages pour notre souverain. Il les a publiquement invités à le suivre à Varsovie. L'empereur a pensé que le moment était mal choisi, et un ordre a rappelé M. de Goyon (général, aide de camp de Napoléon III) « pour affaires urgentes ». M. de Goyon a été trop facile à la séduction. Il n'a pas compris que l'empereur Nicolas jouait son jeu en l'enguirlandant, comme on dit à Saint-Pétersbourg, et nous avons dû le lui faire comprendre Que n'aurait-on pas dit à Londres et que n'aurait-on pas pensé à Constantinople ? Sans la qualité d'aide de camp de l'empereur qu'a M de Goyon, nous aurions laissé faire. Il est entendu, d'ailleurs, qu'en rappelant cet officier général à Paris, nous *ignorions* l'invitation dont il était l'objet. L'avenir est bien incertain, et on semble prévoir, à Londres, comme une chose possible, la rupture des relations diplomatiques. J'espère encore qu'on se trompe — Les quatre cent mille roubles de l'empereur Nicolas nous enlèvent mademoiselle Rachel ! Qui sait si notre tragédienne ne rêve pas un rôle politique !

» L'Orient me fait oublier le reste, mais je dois vous dire que l'Espagne est au plus mal et que

tout est possible à Madrid. Le démêlé de la
Suisse avec l'Autriche ne finit pas, et voilà, d'autre
part, M. d'Apponyi (ministre d'Autriche en Pié-
mont) qui quitte Turin ! Le choléra enfin est à
nos portes, les denrées sont chères, et tout cela ne
constitue pas les éléments d'un hiver fort gai. »

La première année du second Empire finissait
donc dans l'inquiétude. Quant au lendemain,
quelque glorieux qu'il fût pour nos armes, il
devait être chèrement acheté, et ce n'est jamais
sans un serrement de cœur qu'on lance son pays
dans une grande aventure, même quand cette
aventure est courue au nom d'intérêts vieux de
dix siècles et faisant partie du patrimoine historique de la France !

Le général de Castelbajac, fort hostile ainsi
qu'on a pu le voir à l'idée d'une guerre entre la
France et la Russie, persistait plus que jamais
dans la voie qu'il s'était tracée. Le 1er octobre
1853, il écrit à M. Thouvenel :

« Mon cher collègue, je commence à être honteux
de vous dire toujours la même chose, mais il n'y
a d'autre remède à la situation que de faire
avaler aux Turcs, sans indigestion, le salmigondis

européen. Le médecin anglais qui est ici est
maintenant de mon avis, et, pour me rassurer
moi-même, j'avais besoin de l'opinion de sir
Hamilton Seymour, qui est un diplomate intelligent, instruit, expérimenté, méfiant comme ses
compatriotes, et, comme eux, fort peu disposé
en faveur de la Russie. Mais, comme moi, il est
dans les coulisses du théâtre ; il voit de ses yeux,
et commence à le dire. Il m'a montré hier, mais
ceci uniquement pour vous et M. Drouyn de Lhuys,
car les diplomates anglais ne doivent jamais communiquer les dépêches qu'on leur transmet et
qui ne leur sont pas adressées personnellement,
copie d'une lettre de lord Clarendon à lord Westmoreland (ambassadeur d'Angleterre à Vienne)
qui est chargé de voir, s'il le peut, à Olmutz,
l'empereur Nicolas et M. de Nesselrode, et de leur
faire des représentations dont nous ne connaissons
pas le motif et que nous trouvons plutôt nuisibles
qu'utiles. Elles ne sont pas même claires et nettes
et semblent prouver malheureusement que le
cabinet anglais ne s'est pas encore associé à
M. Drouyn de Lhuys pour la présentation à Rechid
Pacha de la *note responsive*, ce qui est cependant
la meilleure démarche à faire.

» Lord Clarendon, croyant voir chez l'empereur

Nicolas, d'après je ne sais quelle dépêche, une interprétation fàcheuse de la note de Vienne acceptée par lui, charge lord Westmoreland de savoir de Sa Majesté ou de M. de Nesselrode, s'il prétend à d'autres droits et à d'autres garanties d'une nature *plus étendue*, ou s'il ne veut que la confirmation des droits consacrés par les traités, et simplement une nouvelle garantie de ces droits, comme il l'a jusqu'ici énoncé. Lord Clarendon a besoin de cette assurance avant de s'engager à peser sur l'opinion du Divan pour l obliger à retirer ses modifications à la note de Vienne. Si lord Clarendon veut seulement cette assurance *verbale*, il l'aura, car l'empereur Nicolas a toujours parlé dans ce sens, à tort ou à raison Mais le ministre anglais échouera certainement, s'il veut faire insérer cette assurance dans la note, car c'est précisément tout changement à la note de Vienne que repousse l'empereur de Russie, parce qu'il la considère comme un *ultimatum*, et que, s'il y avait des modifications à y apporter, il en demanderait bien d'autres ! On ne s'entendra jamais sur toutes ces subtilités, et il vaudrait mieux, ce me semble, laisser les explications dans le vague, cet auxiliaire si utile d'un accommodement. M. de Seniavine n'a eu l'air ni ému ni étonné de l'entrée des dix vaisseaux anglais et français dans les Dardanelles. Son sentiment était plutôt celui d'une espèce de satisfaction d'amour-propre qui semblait dire : « Voyez main-» tenant par vous-même la raison et la modération » des Turcs. »

» La société de Saint-Pétersbourg, et ma femme et moi en particulier, venons de faire une grande perte. La princesse Olga Dolgorouky, femme du ministre de la guerre et née de Saint-Priest, vient de mourir du choléra. C'était une femme d'esprit et d'un grand mérite, qui avait été la cause de ma liaison avec son mari, homme d'honneur et de grand mérite aussi. Je vous quitte pour aller à ce triste enterrement.

» *Post-scriptum*. — Je viens d'apprendre qu'il y a lieu de croire que, non seulement l'empereur Nicolas ne consentira pas aux modifications à la note dont je parlais plus haut, mais qu'il déclarera que si la Turquie continue ses armements, il sera obligé de faire entrer deux nouveaux corps d'armée dans les principautés danubiennes, et qu'alors, ce surcroît de dépenses serait demandé, comme indemnité, au sultan, qui l'aurait rendu obligatoire par ses préparatifs. Voilà, du moins, quelles étaient les intentions de l'empereur de

Russie avant son départ pour Olmutz. Espérons encore que le désir de l'empereur d'Autriche de voir les affaires d'Orient pacifiées, et le désir de l'empereur Nicolas de plaire à ce jeune souverain, pourront amener de meilleures résolutions, mais je ne le crois pas ! Du reste, à l'heure qu'il est, vous devez savoir le résultat de la visite à Olmutz. »

En quittant Olmütz, l'empereur de Russie avait invité l'empereur d'Autriche à venir le rejoindre à Varsovie, où devaient avoir lieu de grande sparades militaires, et où le roi de Prusse, Frédéric-Guillaume IV, devait se rendre également. L'entrevue d'Olmütz, suivie de celle de Varsovie, dans l'état actuel des affaires européennes, était vivement commentée, on le comprendra sans peine, surtout au lendemain de l'entrée de la flotte anglo-française dans les Dardanelles! Le général de Castelbajac écrit à ce sujet à M. Thouvenel, le 7 octobre 1853 :

« Je vois par la correspondance entre lord Cowley (ambassadeur d'Angleterre à Paris) et lord Clarendon, que nous marchons toujours d'accord avec le cabinet anglais. Je le vois aussi par les communications faites à Berlin et à

Vienne, dont une copie a été envoyée à l'impératrice de Russie par la courtoisie d'un agent secondaire. Les paroles de lord Westmoreland « Une » déclaration de guerre de la Russie nous met- » trait à l'aise, » peuvent donc s'interpréter dans un sens collectif et pacifique. L'entrée des flottes dans les Dardanelles est un acte positif qui doit éclairer la question d'un jour nouveau, soit qu'elle ait pour but de continuer à protéger les Turcs, soit de protéger le sultan contre ses sujets révoltés en même temps que nos nationaux et les chrétiens en général. Dans ce dernier cas, la Russie aura forcément la bouche close, et la paix pourra s'ensuivre à notre honneur et au profit de tous, car tout le monde la veut, la Russie, soyez-en sûr, autant que tout le monde ! La meilleure preuve que la Russie, le cabinet il est vrai plus que la nation, a voulu et veut encore la paix, c'est qu'elle n'est pas prête pour la guerre. D'abord, dans les principautés danubiennes il n'y a eu et il n'y a encore que soixante-quinze mille hommes. Ensuite, malgré les demandes réitérées du prince Woronsoff, on n'a, jusqu'ici, envoyé aucun renfort dans les provinces du Caucase. Effrayé de l'exaltation religieuse et du désir de pillage des

Kurdes, ainsi que des rassemblements armés des Turcs à Erzeroum, le prince Beboutoff vient de rassembler à grand'peine huit mille hommes des troupes du Caucase, en Géorgie, et attend avec impatience les douze mille hommes que le prince Menchikoff ne se souciait nullement de lui envoyer. Il y a à Erzeroum vingt-cinq ou trente mille Turcs prêts à appuyer les Circassiens et les Kurdes, et les Russes pourraient bien, si la guerre éclate, éprouver un premier et rude échec sur ce point, ce qui, en raison du Caucase, leur serait très sensible.

» On ne sait pas encore ici si l'empereur Nicolas reviendra directement ou s'il passera par Kiew. Cela dépendra du résultat politique des conférences de Varsovie, où sont arrivés, et arrivés *ensemble*, l'empereur d'Autriche et le roi de Prusse, quoique le prince royal de Prusse eût déclaré à lord Bloomfield (ministre d'Angleterre à Berlin), en partant pour Olmutz, que le roi son frère ne s'y rendrait pas. Le roi ne s'est pas rendu à Olmutz, il est vrai, mais il est à Varsovie, en compagnie de l'empereur d'Autriche, et c'est bien significatif ! Quoi qu'il en soit, nous ne pouvons compter sur l'Autriche et la Prusse que

pour *la paix* et nullement pour *la guerre.* Quant
à l'Angleterre, son cabinet nous suit maintenant,
entraîné par la fermeté de notre gouvernement
» En résumé, sur le terrain de la paix nous
avons avec nous toute l'Europe, et nous sommes
rentrés honorablement, avec une influence réelle,
dans le concert conservateur européen Pour la
guerre, nous finirons par en porter *seuls* tout le
poids et par retomber dans notre isolement de
1830. Quant aux dispositions actuelles de l'empereur de Russie, je crois qu'on peut les déterminer ainsi · désir sincère de la paix; résolution
très arrêtée de repousser vigoureusement les
Turcs, mais, non seulement de ne pas les attaquer, mais encore de ne pas dépasser les frontières de l'empire en Asie, ni la ligne du Danube.
Dans cette position toute défensive, ayant pour
gage les principautés, l'empereur peut attendre
patiemment la lassitude ou la ruine des Turcs. »

A cette même date du 7 octobre, dans la soirée,
le général de Castelbajac, qui était renseigné
heure par heure sur les mouvements du czar,
fait part à M. Thouvenel d'une résolution inopinée de ce souverain, qui devait augmenter
encore l'état fiévreux de l'Europe.

16

« Voici mes dernières nouvelles : l'empereur Nicolas, d'après une dépêche télégraphique adressée à l'impératrice hier soir, est parti ce même jour, hier 6 octobre, pour Berlin. On s'explique d'autant moins ce voyage, dans le monde diplomatique, que le roi de Prusse, venu à Varsovie avec l'empereur d'Autriche, avait quitté cette ville le matin de ce même jour. L'empereur de Russie veut-il influencer M. de Manteuffel (premier ministre prussien), qu'il apprécie? Veut-il donner à la famille royale de Prusse, dont est l'impératrice de Russie, une preuve du retour complet de son amitié, en allant faire une visite à la reine, qu'il aime, du reste, beaucoup? Enfin, y a-t-il à Berlin quelque princesse que l'empereur et le grand-duc Nicolas qui l'accompagne désirent voir, pour en faire une grande-duchesse de Russie? Choisissez entre ces trois motifs ; tant il y a que le père et le fils doivent passer deux jours à Berlin, et revenir par Kœnigsberg et Kowno directement à Saint-Pétersbourg.

» M. de Nesselrode n'a rien mandé des résultats d'Olmutz et de Varsovie à M. de Seniavine. Mais une personne de l'intimité de l'impératrice m'a dit que l'empereur de Russie avait fait

à lord Westmoreland une déclaration très pacifique, qui avait semblé très rassurante. Plus
que jamais, je crois que le cabinet russe a plutôt pour but d'effrayer les Turcs que de les
combattre. C'est une finesse d'Oriental à Oriental, qui n'a pas eu tout le succès désirable. Mais,
si la Russie n'est pas prête en ce moment, elle
le serait assez tôt pour faire repentir les Turcs
de la folie qu'ils feraient en déclarant la guerre;
car alors, en faisant jouer les ressorts religieux,
l'empereur Nicolas obtiendrait tout ce qu'il voudrait en hommes et en argent. Si l'on venait
vous dire qu'en France on peut recommencer
les guerres de religion, vous croiriez tomber
de la lune ! Mais, une guerre de religion, une
croisade, aussi ardente que celle de Philippe-
Auguste, est possible de la part des Russes. Cette
guerre deviendrait nationale, et l'empereur lui-
même pourrait être entraîné au delà de ses
intentions.

» Comme étude du singulier caractère de l'em-
peur Nicolas, je viens de lire avec beaucoup d'intérêt une charmante lettre qu'il a écrite au prince
Dolgorouky, son ministre de la guerre, à l'occasion de la mort de la princesse. Un ami plein de
sensibilité et de délicatesse ne dirait pas mieux !

En finissant, il prie le prince de croire « à toute
son amitié et à toute sa gratitude ». L'empereur
l'aime, en effet, et l'estime, ce qu'il a rarement l'occasion de faire autour de lui. Mais, si le prince
manquait à ses devoirs, il le briserait sans pitié et
ne reviendrait *jamais* sur sa détermination. »

Les entrevues d'Olmutz, de Varsovie, de
Berlin, se succédant à quelques jours d'inter-
valle, pendant qu'à Vienne, les représentants des
grandes puissances, réunis en conférence, s'in-
géniaient à trouver une solution pacifique, et
que, d'autre part, les flottes anglo-françaises
entraient dans les Dardanelles, les entrevues
princières, disons-nous, n'eurent pas le résultat pacifique qu'on en attendait. Peut-être contri-
buèrent-elles à maintenir l'Autriche et la Prusse
dans l'état d'opposition timorée et incertaine
que ces deux puissances gardèrent à l'égard de
la Russie pendant toute la guerre de Crimée ; en
tout cas, l'influence personnelle de l'empereur
Nicolas ne put décider ni l'empereur François-
Joseph ni le roi Frédéric-Guillaume IV à s'unir
à la Russie en face de l'Angleterre et de la
France coalisées. Au contraire, les cabinets de
Vienne et de Berlin, sans sortir de leur neu-

tralité, faisaient parvenir à ceux de Paris et de
Londres les déclarations les plus rassurantes.

Que les souverains d'Autriche et de Prusse
fussent un peu plus réservés que leurs ministres,
dans leurs appréciations de la ligne politique
suivie par l'empereur Nicolas, cela n'est pas fait
pour surprendre, quand l'on pense à la haute
autorité morale dont jouissait le czar sur les
rois de l'Europe, quand l'on pense surtout au
service que ce prince avait rendu à l'Autriche,
en Hongrie, et aux liens intimes qui l'unissaient
à la maison régnante de Prusse ! Mais, de là
à prendre les armes pour une cause commune, il y avait loin ! La politique des intérêts, chez les Autrichiens et chez les Prussiens,
devait l'emporter sur la reconnaissance et la pa-
renté !

Quoi qu'il en soit, le 8 octobre, le czar Nicolas se trouvait à Postdam chez son frère de
Prusse ; le 10 du même mois, le sultan, effrayé,
demandait à la France et à l'Angleterre de faire
passer leurs flottes des Dardanelles dans le Bosphore. Enfin, Omer Pacha, généralissime des
forces ottomanes, sommait le prince Gortchakoff,
général en chef des troupes russes, d'évacuer les
principautés dans les quinze jours, annonçant

« le commencement des hostilités » pour le cas
où sa communication recevrait un accueil négatif.
Les Turcs ne voulaient pas, on le voit, laisser
aux bonnes dispositions de la France et de
l'Angleterre le temps de se refroidir, et ils préci-
pitaient les événements, jusqu'à avoir, dans leur
issue, une responsabilité qui devait leur ôter le
caractère de victimes, pour leur donner presque
celui d'agresseurs. Cette hâte calculée des Turcs
forçait l'alliance anglo-française à s'affirmer. En
présence de ces événements, M. Thouvenel écrit
au général de Castelbajac, le 14 octobre 1853 :

« Nous savons que le général Gortchakoff a
reçu, le 9, la sommation de la Porte et l'a transmise à Saint-Pétersbourg, où elle aura produit
un bel effet. Nous voilà décidément embarqués
dans une grosse affaire ! Notre flotte et celle des
Anglais doivent être à Constantinople, et elles se
montreront dans la mer Noire si la flotte russe
quitte ses ports. Nos amiraux sont autorisés à
annoncer leur mission au commandant des forces
navales en rade de Sébastopol. Je crois qu'il
ne se passera rien de bien important sur le
Danube ; mais je pense, avec vous, que l'action
pourra être chaude du côté de l'Asie. L'Angle-

terre a tout intérêt à détourner les événements,
et elle ne s'y épargnera pas. La véritable question d'Orient, pour elle, c'est la question de
l'Inde, et je regrette profondément que la Russie
se soit conduite de façon à nous mettre contre
elle, dans une cause où il lui eût été facile de
nous avoir 'pour amis, ou tout au moins pour
spectateurs bienveillants de sa lutte! Nous n'a-
vons encore que de vagues renseignements sur
les entrevues d'Olmutz, de Varsovie et de Berlin ;
mais nous en savons assez pour être certains
que le principe d'une coalition entre les souverains du Nord n'y a pas été pose. La réduction
de l'armée autrichienne, dans de pareilles circonstances, équivaut à une déclaration de neutralité. La Prusse nous fait dire, sur tous les tons,
qu'elle n'a d'engagement avec *personne*. Cela ne
veut pas dire assurément qu'il faille compter sur
la persistance de ces deux cours dans la ligne
qu'elles se sont tracée ; mais, à coup sûr, leur
neutralité, au début d'une si grosse affaire, est
plutôt en notre faveur qu'en celle de la Russie.

» A Vienne, à Berlin, on est *affligé* de notre
attitude, *mais on ne la blâme pas*, et, à Vienne
même, on regrette moins qu'on n'en a l'air notre
entrée dans les Dardanelles. C'est un moyen

d'action dont on compte se servir à Saint-Pétersbourg, sans en avoir la responsabilité. J'ai bon
espoir que tout ira bien de ce côté, si Mazzini
et Kossuth ne se mettent pas de la partie ! Le
slavisme a fait tant de progrès sur les bords du
Danube, que l'Autriche sent bien que ses intérêts d'avenir ne sont pas dans une alliance russe
ni dans des compensations territoriales, qui ne
feraient qu'accroître le nombre de ses sujets mécontents.

» Madame la marquise de Castelbajac m'a fait
l'honneur de venir me voir. Elle venait aux nouvelles, et je lui ai dit tout ce que je savais. Elle
n'en part pas moins pour vous rejoindre Je désire vivement que le proverbe latin : *audaces for-
tuna juvat*, lui soit applicable, et que les choses
tournent de façon que vous restiez à votre poste
et que M. de Kisseleff demeure au sien. Nous
ne prendrons certainement pas l'initiative d'une
rupture des relations diplomatiques. »

S'empressant de faire part au général de
Castelbajac de tous les renseignements qui
pouvaient l'éclairer sur le résultat des dernières entrevues impériales et royales, M. Thouvenel lui écrit encore, le 15 octobre 1853 :

« Le roi de Prusse n'avait pas envie d'aller à
Varsovie, mais il y a été mandé à deux reprises.
Le prince royal de Prusse avait été plus que
froid à Olmutz. L'empereur Nicolas, n'ayant rien
tiré des personnes royales, a tenu à voir M. de
Manteuffel, qui a complètement refusé d'engager
l'avenir. M. de Moustier (ministre de France à
Berlin) nous le dit dans une dépêche arrivée ce
matin. Le président du conseil de Prusse a *confié*
à notre ministre qu'il avait été un instant question d'un nouveau pacte entre les trois souverains du Nord, pour s'assurer mutuellement leurs
provinces polonaises contre les chances, non d'une
guerre, mais de l'insurrection. Cette ouverture a
été déclinée. M. de Manteuffel, du reste, affirme,
comme vous, que l'empereur Nicolas veut la paix,
et que Sa Majesté emporte, de son voyage en
Allemagne, des « impressions salutaires ». J'espère donc encore que la guerre ne sortira pas
de cet imbroglio. Tout le monde, il est vrai, s'est
un peu avancé, et tout le monde doit s'aider
pour reculer. Si le cabinet de Saint-Pétersbourg
le comprend et reconnait que sa dignité n'est
pas en jeu *toute seule*, je dirai avec le *Times* que la
diplomatie, en ne trouvant pas un moyen honorable d'accommodement, se couvrirait de honte. »

Par malheur, la précipitation des Turcs à entrer
en guerre ne laissait plus que bien peu de
chances ouvertes à une action pacifique, et cet
état bizarre, qui n'était plus la paix, mais n'était
pas encore la guerre, à proprement parler, ne
pouvait durer longtemps.

Le général de Castelbajac le sentait bien, malgré le désir ardent qu'il avait de voir la paix
maintenue ; mais il devait, jusqu'au bout, rester
fidèle à sa manière de voir; le courant, qui
entraînait l'Europe sur une pente belliqueuse,
ne l'en détourna pas un instant. Aussi écrit-il à
M. Thouvenel, le 19 octobre 1853 :

« Mon cher collègue, vous connaissez l'attitude
et les déterminations de l'empereur Nicolas à
propos des Turcs et de nos flottes. J'ai beau retourner la situation de tous les côtés, je n'y puis
voir la nécessité et encore moins l'intérêt de la
guerre pour la France, tandis que les inconvénients les plus graves et les conséquences les
plus funestes peuvent en sortir pour elle. L'Angleterre est à l'abri de ces conséquences, du
moins des conséquences révolutionnaires, qui
sont, à coup sûr, les plus importantes à éviter.
Elle a aussi deux intérêts que nous n'avons pas :

la destruction des flottes de toutes les nations, et
le détournement de la marche des Russes vers
l'Inde. Il me semble donc que tout doit nous
engager à ne pas aller trop loin à la suite de
l'Angleterre, qui aura toujours des intérêts commerciaux différents de ceux des puissances conti-
nentales. Je ne demanderais pas mieux que de
donner une bonne leçon à la Russie, mais je crois
qu'elle l'a reçue déjà dans une mesure suffisante,
et que, la donner plus forte, ce serait nous exposer à en recevoir de terribles, de la révolution,
et peut-être de l'Angleterre elle-même, car lord
Aberdeen et lord Clarendon ne font pas ce qu'ils
veulent, et ne seront pas toujours au timon des
affaires. La presse pousse aujourd'hui l'Angleterre vers la guerre, et le haut commerce tour-
nera bientôt à la paix, dont il ne peut se passer
sans se ruiner.

» S'il y a dans notre politique des intentions
cachées que je ne connais pas, et qu'on veuille
réellement, ainsi qu'on commence à le dire en
Allemagne, reprendre la Belgique et la ligne du
Rhin, alors c'est différent! Jouons notre va-tout
et à la grâce de Dieu! Mais, dans ce cas, aver-
tissez-moi, pour que je puisse, sans retard, dé-
crocher ma vieille épée de Wagram et de la Mos

kowa, hélas! bien rouillée. Mais laissons là les
idées guerrières et revenons aux cancans, pour
nous calmer et nous distraire, car Pétersbourg
est, par excellence, le pays des cancans. Ap-
prenez donc que la grande-duchesse Marie de
Leuchtenberg est, en ce moment, *incognito* à Paris
et qu'un agent diplomatique français, qui n'a
passé ici que quarante-huit heures, est arrivé, il
y a quelques jours, porteur de paroles secrètes
de l'empereur Napoléon à l'empereur Nicolas.
Soixante mille Russes sont en marche vers l'Inde,
et soixante mille Persans sont à leur disposition,
soit contre l'Inde, soit contre les Turcs Voilà ce
qu'on raconte à Saint-Petersbourg.

» La guerre effraye les têtes élevées et exalte
le peuple, les vrais croyants et l'armée. Il y a,
comme en Turquie, le parti de la guerre ; mais
l'empereur Nicolas a la main plus ferme que le
sultan, et il veut la paix. Voilà la vérité. C'est à
vous, *qui voyez*, à savoir si elle peut vous être
utile. C'est, en tout cas, un singulier pays que
celui-ci, très peu connu, et qu'il ne faut pas juger
d'après nos règles.

» Croiriez-vous qu'à la cour et à la ville, chez
les généraux comme chez les conseillers d'État,
l'incident du général de Goyon, dont vous m'avez

parlé, a produit une bien plus grande impression que la déclaration de guerre des Turcs?
Mais l'incident Goyon, déjà oublié chez nous,
touche de plus près que la guerre à *la personne*
du czar, et, ici, c'est l'homme qui est tout! Voilà
le pays. Les articles des journaux qui insultent
l'empereur Nicolas produisent un plus grand
effet, une plus grande irritation, qu'une déclaration de guerre, et nous devrions bien les empêcher, surtout quand ils sont absurdes comme
ceux du *Constitutionnel*, parlant « de la croix
» grecque sur la poitrine de Nicolas » et « du ser-
» vice divin à Saint-Isaac »! Or, la croix grecque
n'existe pas, ici du moins, et Saint-Isaac, en
construction, rempli d'échafaudages, n'aurait
pour archevêque que l'architecte Monferrand et
pour diacres que les maçons! Je conçois l'affaire
Goyon. Elle aurait été plus simple si, comme vous
le dites, il ne se fût pas laissé « enguirlander »
et qu'il eût refusé de lui-même. On a donné
une leçon méritée, en montrant au czar qu'il
ne suffisait pas d'un sourire, d'une prévenance capricieuse ou intéressée, pour que nous
oublions le passé et accourrions au moindre
signe. Seulement, le rapprochement, dans ce
genre de courtoisie, sera maintenant difficile.

Quel est celui de nous deux qui voudra commencer? »

Pendant ce temps, à Constantinople, sur les ordres précis des représentants des grandes puissances siégeant à Vienne en conférence, MM. de Brück et de Wildenbrück, ministres d'Autriche et de Prusse auprès du sultan, continuaient à faire des efforts désespérés pour imposer aux Turcs la fameuse note de Vienne. Leur insistance venant se briser contre les idées belliqueuses du cabinet ottoman, l'Angleterre tenta, par l'intermédiaire de l'ex-prince de Samos, Stephanaki Bey Vogoridès, de faire accepter par la Porte une nouvelle note, sorte de terme moyen entre les dernières propositions du prince Menchikoff et la note de Vienne. La diplomatie se raccrochait au plus mince espoir, et M. Thouvenel écrivait, le 2 novembre 1853, au général de Castelbajac :

« Si rien d'énorme ne se passe du côté du Danube, j'espère encore que l'embryon de conférence qui se tient à Vienne se développera, et que la paix sera sauvée. Les Russes sont servis par la folie des Turcs qui, sans doute, se feront battre, et leur honneur militaire sera sauf; j'en-

tends l'honneur des Russes, qui ne sauraient rester
sur un échec, tandis que les Ottomans mettraient
leur défaite sur le compte du dieu Destin !

» L'orage qui menaçait ce pauvre M. de Lacour
vient d'éclater. Le général Baraguey d'Hilliers
part ce soir pour Constantinople, en qualité
d'ambassadeur. De vous à moi, ce choix plaira
moins encore à Londres qu'à Saint-Pétersbourg,
car lord Stratford de Redcliffe aura, à l'avenir,
une volonté en face de la sienne. »

Le choix du général Baraguey d'Hilliers pour
le poste de Constantinople, dans les circonstances
périlleuses où l'on se trouvait, ne fut pas heureux, il faut le reconnaître, et les détails que
nous donnerons plus loin sur sa mission prouvent, une fois de plus, que les qualités hors ligne
de l'homme de guerre, que possédait l'illustre
général et bientôt maréchal Baraguey d'Hilliers,
n'ont aucun rapport avec les qualités plus modestes nécessaires à un diplomate. D'autre part,
dans les journées des 2 et 3 novembre 1853,
l'armée turque prit contre l'armée russe une
vigoureuse offensive, et remporta sur les troupes
du czar un succès réel à Olténitza, ville située
en Valachie, entre Routchouk et Silistrie, à dix-

huit lieues de Bucharest. Dans de semblables conditions, on juge des chances de succès que pouvaient avoir, à Constantinople, les pourparlers pacifiques ! Mais n'anticipons pas sur les événements, et lisons encore cette lettre de M. Thouvenel au général de Castelbajac, portant la date du 10 novembre :

« Nous sommes convaincus que nous ne sortirons de peine que par une conférence élevée à la hauteur d'un congrès, et munie de pouvoirs suffisants pour décider souverainement. Reste à savoir seulement si nous amènerons les Russes, et même les Turcs, tant que la première effervescence ne sera pas calmée, à s'asseoir, avec nous, autour d'un tapis vert. Je crains bien que, d'ici à quelques mois, la diplomatie ne soit plus maîtresse des événements! Nous sommes toujours contents des dispositions de Vienne et de Berlin. M. de Bourqueney (ministre de France à Vienne) nous garantit la neutralité *bienveillante* de l'Autriche. « Je ne vois, aurait dit le jeune empereur, » que deux cas de guerre pour nous. Ce serait si » on m'attaquait en Italie, ou si les Russes pré- » tendaient rester dans les principautés danu- » biennes. » Ce dernier membre de phrase est

assez significatif, et il ne serait pas de toute
impossibilité que les idées de Rechid Pacha
fissent fortune à Vienne. Que dites-vous de ce
qui se passe à Bucharest et à Yassy ? Cette façon
des Russes, de *protéger* deux provinces chrétiennes,
est des plus originales, et l'empereur Nicolas,
pour redresser des torts, n'aurait pas besoin
de passer le Danube! Je crains un peu, je vous
l'avoue, que la déclaration contenue dans les
journaux de Saint-Pétersbourg, si elle est vraie,
n'amène bientôt des explications sur nos flottes,
et, peut-être, une suspension des rapports diplomatiques. La communication amicale de sir Hamilton Seymour est, à cet égard, une maladresse,
et il eût mieux valu laisser les choses dans le
vague. La saison, il est vrai, rendra les opérations fort difficiles dans la mer Noire, et j'espère
que l'escadre russe restant à Sébastopol, nos
flottes hiverneront dans le Bosphore. Comme je
vous l'ai dit, nous ne rechercherons pas un
conflit: mais du jour où le Danube serait franchi
par les Russes, nous serions dans la nécessité
d'agir. Il en serait de même si Batoum ou Tré-
bizonde tombaient dans leurs mains, car c'est là
aussi une des routes de Constantinople

» Je connais intimement le comte Esterhazy

que l'Autriche envoie à Saint-Pétersbourg. C'est le
meilleur et le plus aimable des collègues. Je pars
le 14 avec le ministre pour Fontainebleau. N'at-
tendez donc rien de nous par le courrier du 15.
J'ai fait démentir, dans l'*Indépendance Belge*, les
faux bruits que ce journal avait fait courir sur
votre rappel et sur celui de Bourqueney. »

La déclaration de l'empereur Nicolas à laquelle
M. Thouvenel fait allusion dans cette lettre, et
qui avait produit un si mauvais effet à Paris,
était datée de Tsarkoe-Sélo 1er novembre. Le
czar s'adressait à son peuple dans les termes
les plus mystiques, et, après avoir invoqué « le
Très-Haut, afin que sa main daignât bénir les
armes russes dans la sainte et juste cause qui a
trouvé de tout temps d'ardents défenseurs dans
ses pieux ancêtres », il terminait par ces mots
latins : « *In te, Domine, speravi : non confundar in
æternum.* »

Le général de Castelbajac avait bien raison
de dire que l'esprit qui avait déterminé les croi-
sades en France s'était réfugié en Russie ! Dans
ces circonstances, la mission conciliatrice de la
dernière heure, donnée par l'empereur d'Autriche au comte Esterhazy, l'un des grands per-

sonnages de l'empire, était vouée, d'avance, à
un échec infaillible, malgré l'importance et les
qualités du négociateur. La nomination du général
Baraguey d'Hilliers à Constantinople contribuait
également à inquiéter la Russie. Le général de
Castelbajac écrit à ce propos à M. Thouvenel, sous
la date du 11 novembre 1853, la lettre suivante :

« Mon cher collègue, la nomination du général
Baraguey d'Hilliers, avec une espèce d'état-major
d'armée — car on exagère toujours — avait
produit ici une grande sensation, et avait été
comparée à l'ambassade du général Sébastiani.
Je vois que lord Cowley s'en était un peu ému,
de son côté, mais qu'il a été rassuré par deux
longues conversations avec le général, et qu'il lui
a même donné une *lettre d'introduction* auprès
de lord Stratford de Redcliffe ! Espérons donc
qu'ils marcheront d'accord ; c'est bien important,
car, maintenant que le vin est tiré, il faut le
boire ensemble, doux ou amer, à Constantinople,
à Paris, à Pétersbourg et partout. Ici, sir Hamilton et moi marchons bien d'accord, et, s'il m'a
d'abord caché la proposition de la nouvelle note
(la note anglaise dont nous avons parlé plus haut,
remise à la Porte par Stephanaki Bey Vogoridès),

c'est qu'on ne la lui avait pas donnée comme
faite de concert avec nous. En effet, elle appartient en entier au cabinet anglais, qui, heureusement, vous l'avait communiquée. Du reste, les
hostilités étant commencées, je crois que les événements de la guerre modifieront nécessairement
les notes et propositions déjà faites, et qu'il faut
attendre les premiers résultats de l'attaque des
Turcs, car ils influeront nécessairement sur les
déterminations de l'empereur Nicolas et du sultan. Je crois que le premier sera plus accommodant après une victoire, et le second, après une
défaite. Ce résultat, en définitive, est celui auquel nous devons nous attendre Il ne faut donc
pas se faire d'illusion comme le *Constitutionnel*
et la plupart des journaux étrangers, qui représentent Schamyl « attaquant Tiflis et descendant
» dans les plaines de la Géorgie à la tête de vingt
» mille montagnards indomptés » Cela n est ni
vrai ni possible ; et, certes, je n'aurais pas omis
un fait si important dans le compte que j'ai rendu
de la situation militaire de la Russie! J'ai donné
à l'action de Schamyl son vrai degré d'importance, importance très réelle ; mais ce serait une
grave erreur de croire « qu'il fait trembler le
» prince Woronsoff dans Tiflis », et que le géné-

ral russe « demande un secours de cent vingt
» mille hommes ».

» Cette victoire de Schamyl est une fable
inventée à Constantinople. Le prince Woronsoff,
ne pouvant rassembler que dix à douze mille
hommes en Géorgie, sans dégarnir ses lignes
d'opérations du Caucase, qui sont formées de
cent quatre-vingt mille hommes, avait, très justement, demandé des renforts. On lui a envoyé
douze mille hommes du corps de Lüders. On
aurait pu et dû, selon moi, lui en envoyer davantage; mais, moyennant le judicieux changement qu'il a opéré, il assure pouvoir parer à
toutes les éventualités de sa position défensive.

» Le prince Woronsoff, dont j'ai vu hier le fils
qui va rejoindre son père, ne semble pas inquiet
de l'entrée des Turcs dans la Gourie, près de
Batoum. Il est étonné seulement que les Turcs
aient choisi une contrée montueuse, très boisée,
et surtout un district habité par des chrétiens
très guerriers, qui, à eux seuls, prétend-il, seraient en état de détruire dix mille Turcs. Pour
ce dernier motif, le prince est porté à croire que
ce n'est là qu'une fausse attaque pour détourner
son attention d'un autre point. Quant au passage
du Danube par l'armée d'Omer Pacha, on ne sait

encore ici rien de positif. Les Turcs, s'étant décidés à la guerre, sont dans une position qui leur commande de tout oser, et ils ne doivent pas, ce me semble, laisser arriver le froid, intense à la fin de novembre, pour détruire ou disperser une armée bien moins précautionnée que ne l'était la nôtre, en 1812, contre ses rigueurs, plus tardives, mais souvent aussi grandes sur les bords du Danube que sur les bords de la Moskowa.

» Il faut, du reste, que le sort de l'armée turque se décide promptement. La Russie *seule* a intérêt à gagner du temps. Ce n'est qu'après un résultat positif qu'on pourra reprendre efficacement les négociations. Le mieux, sans doute, serait une conférence des grandes puissances, y compris la Russie et la Turquie ; mais on aura de la peine à amener l'empereur Nicolas à ce mode de négociations. Je ne serais pas surpris, si, après une victoire des Russes, il aimait encore mieux accorder, *de lui-même*, à la Turquie, tout ce qu'un arbitrage européen pourrait lui imposer.

» M. de Nesselrode nous a donné, hier, un très bon et très agréable dîner d'*amis*, en cravate noire, sans cérémonie, et dont aucune préoccupation politique n'a semblé troubler l'harmonie et la gaieté. Les amis diplomatiques étaient : les

ministres de France, d'Angleterre, de Naples et de
Grèce, et, les amis indigènes, le comte Kisseleff,
le comte Woronsoff-Daschkoff, le fils du prince
Woronsoff partant pour la Géorgie, M. de Seniavine, et mon hôte, Jean Tolstoï écuyer du grand-
duc héritier. Si on a voulu nous « enguirlander »,
comme vous dites, sir Hamilton et moi, nous
avons prêté la tête de bonne grâce, mais soyez
tranquille, nous ne l'avons pas perdue, malgré
le bon vin du chancelier, et les joyeux propos du
comte Kisseleff. Il dit que le peuple de Paris est
admirable pour la justesse de ses appréciations,
et qu'il est enchante d'avoir maintenant à Constantinople son *Menchikoff* en la personne du général Baraguey d'Hilliers. Il faut bien rire un peu
de cette éternelle affaire d'Orient, qui finit par
fatiguer tout le monde, et que, cependant, personne ne peut faire finir. Il est même douteux
que l'épée du prince Gortchakoff et le grand sabre
d'Omer Pacha puissent en venir à bout.

» Le courrier est arrive avec ma femme, que
l'on avait effrayée à Berlin. Elle n'a cependant
pas voulu faire une retraite compromettante, et,
en vraie diplomate, elle a disparu de Berlin, pour
aller attendre ma réponse définitive chez la duchesse de Sagan comme si son intention avait

toujours été de s'arrêter chez elle. Son retour ici
fait un très bon effet. »

Malheureusement pour la cause de la paix, la
période des nuances diplomatiques était passée,
et, si la courtoisie la plus correcte devait constamment signaler les rapports des gouvernements
français et russe, à la veille comme au lendemain
de la rupture, ces allures chevaleresques n'eurent
aucune influence sur la marche lentement mais
fatalement progressive des événements. En Asie,
la guerre entre les Russes et les Turcs s'accentuait.
Le 14 novembre, le général de Castelbajac écrit
à M. Thouvenel :

« Le prince Woronsoff ne se trompait pas en
pensant que l'invasion des Turcs par la partie
montagneuse de la Gourie était une fausse attaque.
La véritable attaque a eu lieu par mer, et
pendant une nuit obscure. Cinq ou six mille
hommes d'infanterie se sont embarqués à Batoum,
sur des bateaux plats, ont débarqué près du port
de Saint-Nicolas, où les Russes avaient un dépôt
provisoire de vivres, gardé par deux compagnies
d'infanterie et deux pièces de canon. Ce poste a
été surpris et enlevé après une vive résistance,

qui a coûté beaucoup de monde, et dans laquelle
les deux compagnies ont succombé bravement,
excepté trois officiers et une trentaine d'hommes,
qui se sont fait jour à la baïonnette à travers
l'ennemi. C'est la traduction, faite très rapidement, du rapport officiel qui vient de paraître
dans l'*Invalide russe*, journal dans lequel l'empereur Nicolas a ordonné que les rapports de ses
généraux fussent toujours publiés en entier. »

L'échec des Russes à Oltenitza sur le Danube,
celui de Saint-Nicolas à l'autre extrémité de l'empire, devaient porter un coup sensible à l'orgueil
de l'empereur Nicolas, et enlever de son esprit
les derniers germes pacifiques qui pouvaient s'y
trouver encore. A Paris, l'hostilité officielle contre
la Russie grandissait chaque jour, et le général
de Castelbajac, dont on connaissait les idées,
était en butte à de vives attaques. M. Thouvenel,
qui, sur plus d'un point, on a pu s'en convaincre,
différait de sentiment avec notre représentant à
Saint-Pétersbourg, dans la question orientale,
loin de s'associer à ces ardentes critiques, trouvait, au contraire, qu'il y avait avantage à maintenir *in extremis*, à Saint-Pétersbourg, dans les
délicates circonstances où se trouvait la France,

un ministre dont la personne était agréable à
l'empereur Nicolas et au chancelier de Nesselrode.
Le général connaissait parfaitement la situation
et il écrit à M. Thouvenel, le 16 novembre 1853.

« Il paraît que certains acteurs sans emploi,
ou quelques belliqueux conseillers, trouvent que
le rôle que je remplis sur le théâtre de Saint-
Pétersbourg se maintient trop longtemps. Les
vicissitudes de la vie durent pour moi depuis
quarante-six ans, et ce n'est pas après cette longue
et souvent pénible expérience, qu'elles pourraient
me prendre au dépourvu. Ce n'est pas, d'ailleurs,
une *place* que je suis venu chercher dans ce vilain
climat, mais un devoir sérieux, difficile, et important à remplir, dans l'intérêt de mon pays,
et je le remplirai jusqu'au bout, sans défaillances
ni flatteries, et toujours prêt à céder le pas à un
observateur plus clairvoyant ou plus guerrier
que moi. A ce sujet, je me souviens d'un vieux
serviteur dévoué de ma famille, qui prêchait toujours l'ordre et l'économie, pour les réparations
d'un vieux château que la Révolution avait rendu
tout délabré à ma mère. Les jeunes femmes, les
élégants, conseillaient d'aller de l'avant, de finir
vite, pour jouir plus tôt! A ces propos, le vieux

Jacques branlait la tête, et disait dans son français provençal : « Madame, les conseilleurs ne sont
» pas les payeurs. »

» Quoi qu'il en soit, d'ailleurs, du parti de la
paix ou du parti de la guerre, ce n'est pas à
moi de trancher la question, mais c'est à moi de
bien observer, sans prévention. Si c'est la force
seule qui doit décider, c'est plus commode. Il n'y
a plus qu'à mettre l'épée à la main et à marcher
en avant. C'est mon ancien métier, et je ne serai
pas le dernier à m'en souvenir, si c'est nécessaire
à l'honneur et aux intérêts de mon pays Mais,
en attendant, je vis avec mes *ennemis* comme s'ils
pouvaient redevenir mes *amis,* et ce système me
rend ici les relations moins pénibles qu'à bien
d'autres, et les investigations plus faciles. Je dois
même rendre cette justice à la société russe. Elle
évite de rien dire devant moi, qui puisse me
blesser, même indirectement. Il faut dire aussi
que, en ce moment, les Russes, ordinairement vantards et arrogants, ont l'oreille basse, et que si
le peuple et l'armée poussent a la guerre à outrance, les grands seigneurs, qui payent, désirent
la paix Parmi eux, les vieux orthodoxes seuls,
et quelques ambitieux, sont du parti du peuple
et de l'armée.

» Sir Hamilton est plus impressionnable et plus agité que moi, mais nous sommes très liés et nous marchons bien d'accord. Dans le bulletin russe, on ne sait pas ce que sont devenus les quarante-trois mille Turcs d'Oltenitza Cependant quarante-trois mille hommes, même Turcs, ne se perdent pas comme une épingle ! Peut-être en aurez-vous des nouvelles ? »

Aux renseignements que nous devons, sur la situation en Russie, à la plume féconde du général de Castelbajac, vont se joindre maintenant les indications transmises, de Constantinople, à M. Thouvenel, par le général Baraguey d'Hilliers. Cet illustre soldat, fourvoyé un peu malgré lui dans la carrière diplomatique, s'exprimait volontiers, aussi bien en paroles que la plume à la main, dans un style familier et souvent facétieux, contrastant de la manière la plus singulière aussi bien avec les formes usitées qu'avec la gravité des circonstances. D'ailleurs, il devait l'avouer lui-même bientôt, le commandement d'un corps d'armée était bien plus son fait que l'ambassade de Constantinople. Après avoir pris possession de son poste, le général Baraguey d'Hilliers écrit à M. Thouvenel :

« Monsieur, les Turcs, soyez-en sûr, ne demanderont pas la lune puisqu'ils l'ont déjà dans leurs armes : ils ne demanderont pas le soleil, quoiqu'ils aient grand besoin d'être éclairés ; ils ne demanderont rien de bien difficile à obtenir. Depuis mon arrivée ici, je n'ai fait que verser de l'eau sur les têtes échauffées des musulmans. Ils doivent me prendre pour un prophète de malheur ! Je leur répète à chaque instant que ces premiers succès ne décident rien, qu'il faut beaucoup de prudence. se maintenir sur la défensive, et ne pas tenter d'autres projets dans lesquels échouerait une armée mieux organisée et mieux pourvue que l'armée turque.

» J'ai vu hier Rechid Pacha au sujet de la proposition du comte de Buol (tendant à peser sur la Porte pour l'adoption de la note de Vienne). Nous l'amènerons a traiter, mais si lord Stratford ne s'y oppose pas. Il perd de son influence, et j'espère bien hériter un peu de ce qu'il s'enlève à lui-même par une pression inconsidérée sur le Divan. Les Turcs, si l'on en croit leurs rapports, obtiennent d'assez grands succès en Asie ; mais je les crois Gascons. Quant à la ligne du Danube, Omer Pacha a pris ses cantonnements d'hiver. Il est impossible d'opérer dans cette saison et les Russes veulent se tenir sur la défensive. »

L'Angleterre, qui avait longtemps hésité avant de prendre un parti, une fois ce parti pris, ne gardait plus aucun ménagement dans ses relations avec la Russie. Sir Hamilton Seymour recevait les instructions les plus énergiques. Le général de Castelbajac, qui avait ordre, tout en ne cédant pas sur le fond, d'être plus doux dans la forme, et qui, d'ailleurs, puisait dans ses sentiments intimes des arguments en faveur de la modération, écrit à M. Thouvenel, le 26 novembre 1853 :

« Le ministre d'Angleterre a protesté contre l'*incorporation* des principautés danubiennes. Cette protestation me paraît intempestive. Elle vient trop tard pour le passé, et trop tôt pour l'avenir, car la Russie déclare aujourd'hui, comme dans le principe, qu'il ne s'agit que d'une occupation *momentanée*, peu justifiée sans doute, mais non pas d'une *prise de possession*. Cette protestation a donné lieu à des discussions pleines d'aigreur et de susceptibilité de part et d'autre, ce qui n'est guère propre à arranger les affaires : « C'est un « parti pris, a dit le chancelier de Nesselrode, de

» trouver mauvais tout ce que fait la Russie, et
» très bien tout ce qu'a fait la Porte. » Il a ajouté,
en terminant, avec plus de calme : « Croyez,
» mon cher sir Hamilton, que nous voulons la
» paix aussi sincèrement qu'aucune autre puis-
» sance, mais, si vous la voulez de votre côté, il
» faut peser davantage sur la Porte, et moins sur
» la Russie. »

» Dans les circonstances actuelles, M. de Nesselrode pourrait avoir raison. Il est important, pour
arriver à une solution pacifique avant le printemps, que la Russie puisse rester sur la défensive. La retraite des Turcs sur la rive droite du
Danube, et l'hiver déjà arrivé, assurent désormais, en Europe, cette position à l'armée russe,
tout en mettant obstacle à une nouvelle attaque
des Turcs qu'ils auraient bien dû ne pas faire,
puisqu'ils ne pouvaient pas pousser plus loin. Il
semble qu'ils n'aient eu d'autre intention que
d'envenimer le débat. Mais, en Asie, il n'y a
point de Danube pour séparer les combattants!
Il serait donc important de *peser* sur la Porte
pour empêcher, de ce côté, une nouvelle agression de sa part. »

Deux événements d'une haute portée, l'un en

faveur de la paix, l'autre en faveur de la guerre, devaient signaler la fin du mois de novembre 1853. Le premier, c'était la signature, a Vienne, où la conférence européenne siégeait toujours, d'un protocole adopté *en commun* par l'Autriche, la France, la Grande-Bretagne et la Prusse, protocole ayant pour but de faire *collectivement* une communication à la Sublime Porte, lui exposant : « le vœu des puissances de contribuer, par leur intervention amicale, au rétablissement de la paix », et mettant la Turquie en état : « de faire connaître les conditions auxquelles elle serait disposée à traiter ». Les représentants des quatre grandes puissances, à Vienne, rédigèrent en conséquence une « note collective » dans ce sens, adressée à la Sublime Porte, et les représentants des quatre puissances, à Constantinople, furent invités à insister auprès de Rechid Pacha pour la signature d'un armistice et le choix d'une ville neutre, où les plénipotentiaires de la Turquie et de la Russie pussent se rencontrer avec les ambassadeurs des quatre grandes puissances.

Le second événement, plus significatif malheureusement dans sa brutalité, c'était la destruction, le 30 novembre, à Sinope, par l'amiral

russe Nachimoff, de sept frégates et de deux cor-
vettes turques, qui succombèrent après cinq heures
d'une lutte héroïque. Mais n'anticipons pas sur
les événements. La signature *à quatre* du protocole de Vienne laissait une chance ouverte à la
paix. M. Thouvenel écrit à ce sujet, le 1er décembre 1853, au général de Castelbajac :

« La signature du protocole, *tel qu'il est*, serait
un si beau triomphe, que je n'ose m'en flatter.
Du reste, un morceau de papier, quel qu'il soit,
signé par l'Autriche et la Prusse en même temps
que par l'Angleterre et la France, aura toujours
une grande signification. Il constatera l'intervention *européenne* dans une affaire que la Russie
voulait faire passer pour une querelle domestique
avec la Porte. Je présume que l'article dont nous
avons fait précéder, dans le *Moniteur*, la publication du manifeste de l'empereur Nicolas, n'aura
pas eu, à Saint-Pétersbourg, le même succès
qu'ailleurs. Il nous en revient des compliments
de tous les côtés.

» Quoi qu'il advienne maintenant, le prestige
moral de la Russie est atteint, et la campagne
ne tourne pas trop mal pour nous. Les petits
succès du Danube et de l'Asie ont fait tourner

les têtes à Constantinople. Nous chargeons le
général Baraguey d'Hilliers de crever ces ballons
gonflés d'illusions. Nous voulons sauvegarder
raisonnablement l'indépendance et l'intégrité de
la Turquie, mais nous nous opposerons à ses
folies, et nous ne nous mettrons pas à sa suite
dans la carrière des aventures. L'intention de
l'empereur est formelle à cet égard, et il est difficile d'avoir plus de sagesse et de fermeté que
Sa Majesté. Le tort de M. de Kisseleff est d'avoir
puisé ses impressions dans les coulisses de la
Bourse Il a égaré l'opinion de son gouvernement Il est très vrai que nous désirons ne pas
nous brouiller avec la Russie, mais nous ne
pouvons regretter d'avoir pris, les premiers, une
attitude autour de laquelle tout le monde vient
se ranger. La véritable faute est au cabinet de
Saint-Pétersbourg, qui a si mal répondu à nos
ouvertures au sujet des Lieux Saints, et qui
aurait mis les rieurs de son côté, s'il se fût contenté des firmans Menchikoff. La Suède et le
Danemark sont dans l'effroi de se voir pris entre
deux colosses! Nous leur avons fait savoir que
nous ne leur demanderions jamais que leur
loyale neutralité. Cette communication les a un
peu rassurés.

» Aux dernières nouvelles de Constantinople, aucun bâtiment français ou anglais n'était entré dans la mer Noire. Les deux ambassadeurs, tou- tefois, avaient donné aux amiraux l'autorisation de faire surveiller la côte jusqu'à Varna. Peut- être ne l'auront-ils pas jugé nécessaire.

» Qu'a-t-on pensé, à Saint-Pétersbourg, de la visite du duc de Nemours à l'armée russe en Valachie? Qu'a-t-on dit surtout de la conduite de l'armée turque? Le général Aupick ne cessait de nous affirmer que cette armée fournirait honora- blement une campagne et que son artillerie était vraiment bonne. Nous ne voulions en rien croire Peut-être est-il fâcheux que nous n'ayons pas eu raison! Nous persistons, au surplus, dans notre scepticisme, et la Porte fera bien de s'en tenir au combat d'Oltenitza.

» Que dites-vous de la fusion? La nouvelle, de vous à moi, nous en a été donnée par le comte de Buol, *et par écrit*, le jour même où le duc de Nemours l'a annoncée à l'empereur François-Joseph. La maison d'Autriche est plus lorraine que légitimiste. Ici, à part quelques vieux hommes d'État qui ont embrassé les vénérables joues de quelques femmes de même profession, légitimistes et orléanistes sont mécontents. Les uns

trouvent M. le comte de Chambord trop magna-
nime. Les autres disent que les fils du roi Louis-
Philippe font trop bon marché de leur père Je crois
consciencieusement que l'on a raison des deux côtés.
Mais ce n'est pas là le moyen de cimenter un
rapprochement, auquel, du reste, madame la
duchesse d'Orléans paraît être étrangère.

» Je vous remercie, en finissant, de vos bonnes
lettres. Grâce à vous, nous nous trouvons à
Saint-Pétersbourg Chassez donc, permettez-moi
de vous le dire, les idées cornues que *l'Indépendance Belge* vous a mises en tête. J'ai eu soin,
d'ailleurs, que ce journal réfutât *lui-même* ses
nouvelles saugrenues. Personne ne songe à vous
rappeler de Russie, croyez-le bien. »

A cette même date du 1ᵉʳ décembre 1853,
M. Thouvenel écrivait à M. Mercier de Lostende,
alors ministre de France à Dresde, le billet suivant qui nous éclaire sur l'attitude des petites
cours d'Allemagne, et en particulier sur le sentiment intime du comte de Beust, alors premier
ministre du roi de Saxe, dont les déclarations
contrastaient, en tout point, avec les dispositions
officiellement manifestées par les deux grandes
puissances allemandes

« Mon cher ami, la question d'Orient fait un
peu de tort à notre correspondance courante,
mais vous me pardonnerez, je n'en doute pas,
de ne pas vous retourner vos dépêches. M. de
Beust est toujours seul de son avis parmi les ministres des cours secondaires. La Saxe est donc
très mal notée dans nos papiers, et nous en ferions, sans sourciller, cadeau à la Prusse ou à
l'Autriche. On n'en est pas là heureusement, et
je persiste à espérer que tout finira sans changement d'aucun genre pour la carte d'Europe.
Nous sommes contents de Vienne et de Berlin,
et je crois les *quatre* puissances à la veille
de former un lien collectif qui les placera
toutes sur la même ligne, diplomatiquement du
moins.

» M. de Bourqueney nous a fait faire, sur ce
terrain, de grands progrès, et, la question d'Orient
n'eût-elle servi qu'à cela, nous devrions remercier l'empereur Nicolas de l'avoir soulevée ! Sa
Majesté russe, à ce qu'il paraît, s'en doute un
peu. On dit son humeur détestable.

» Dites-nous ce que vous savez de la fusion.
Vous pouvez, par Gotha, en apprendre quelque
chose. L'Autriche a été fort bien pour nous dans
cette circonstance »

A Saint-Pétersbourg, où l'on ignorait encore,
aussi bien qu'à Paris, l'affaire de Sinope, les dispositions etaient chaque jour plus sombres. Nous
en trouvons le reflet dans cette lettre du géné-
néral de Castelbajac à M. Thouvenel, portant la
date du 2 décembre 1853 :

« Mon cher collègue, avant la grande visite
que m'a faite, officiellement en quelque sorte,
M. de Nesselrode, j'avais eu avec lui une conversation plus familière et dans laquelle il avait
fini par me dire : « Eh bien, mon cher général,
» savez vous, malgré tous ces bons vouloirs et
» cette impartialité, ce que je vois venir de loin
» comme un parti pris? On s'occupe à Londres
» d'un projet de traité. Il sera, comme de rai-
» son, entièrement en faveur des Turcs! On le
» leur fera accepter, ce qui ne sera pas difficile.
» Ensuite, on le présentera à notre acceptation
» comme un *ultimatum*, et, si nous le refusons,
» l'Angleterre et la France nous déclareront la
» guerre. C'est triste d'en être arrivé là à la fin
» de ma carrière, moi qui ai toujours été l'apôtre
» de la paix! Voilà ce qu'aura produit l'orgueil
» de lord Stratford de Redcliffe ! Probablement,
« une conflagration générale de l'Europe, à la-

» quelle nous ne pouvons tous que perdre, et
» dont les révolutionnaires seuls peuvent profi-
» ter. N'aurez-vous pas avec eux les légitimistes
» et les orléanistes, qui viennent de s'unir pour
» augmenter vos embarras? Et nous, pour aug-
» menter les nôtres, n'aurons-nous pas aussi sur
» les bras les chrétiens d'Orient, qui croiront
» faire merveille, et nous aider, en se révoltant?
» Tout cela est bien déplorable et vraiment
» absurde. »

» Il serait trop long de vous dire ce que j'ai
répondu, et vous pouvez facilement le penser.
Cependant, je dois dire que je suis de l'avis de
M. de Nesselrode dans ses dernières considérations. Je l'ai trouvé plus calme, moins découragé
et moins noir, dans sa dernière visite. Le chancelier est, du reste, vivement attaqué par le vieux
parti russe, et l'on ne parle de rien moins que
de son remplacement. Mais l'embarras est de
trouver le *vieux Russe* propre à ce poste important. Mais je ne crois pas que ce désir soit par-
tagé par l'empereur Nicolas, quoiqu'il soit bien
moscovite quelquefois ! »

Sur ces entrefaites, la destruction de la flotte
turque, à Sinope, fut connue en Europe, où cette

nouvelle produisit la plus vive sensation. On se
rappelle le mot du sultan Sélim II à l'ambassadeur de Venise, après la bataille de Lépante :
« Quand nous vous prenons une province, c'est
un bras que nous vous arrachons ! Mais quand
vous détruisez notre flotte, c'est la barbe que
vous nous rasez ; elle repoussera ! »

Quoique l'événement ait prouvé que le vaincu
de Lépante ne se trompait pas, même à plus
de deux cents ans de date, le coup porté à
la marine ottomane dans la mer Noire n'était
pas moins sensible, et il fallut les prodigali-
tés du sultan Abd ul Aziz pour remettre la flotte
turque en état. A Paris, l'affaire de Sinope
eut un retentissement profond. A Londres, elle
porta au paroxysme l'exaspération des Anglais. M. Thouvenel écrit au général de Castelbajac, le 15 décembre 1853 :

« Nous avons eu à écrire à Londres des choses
très sérieuses, et je ne puis ajouter que quelques
mots à la dépêche. L'événement de Sinope a
produit l'impression la plus vive sur l'empereur,
et je crains que nous ne soyons maintenant sur
une pente belliqueuse. A la nouvelle du désastre,
nos ambassadeurs ont expédié quatre frégates

dans la mer Noire, deux à Sinope, deux à
Bourgas. Au retour de ces bâtiments, leur intention est de faire sortir les escadres et de les
employer au ravitaillement de la côte d'Ana-
tolie. Ces projets sont approuvés à Londres et
à Paris, et je me demande si leur exécution
ne sera pas considérée comme une déclaration
implicite de guerre. Que deviendront les conférences de Vienne au milieu de tout cela? Nul
ne saurait le dire, mais je souhaite vivement que
la Porte ait accepté nos ouvertures. Je ne vois
pas, pour le moment, d'autre moyen de sauver
la paix.

» Voilà la Perse qui s'ébranle, et c'est contre
la Turquie. Si les affaires se gâtaient complètement, nos vaisseaux seraient impuissants contre
ce déluge d'hommes, et il faudrait que l'Autriche se déclarât »

Malgré l'affaire de Sinope, le général de Castelbajac continuait à repousser, comme un fan-
tôme importun, l'idée d'une guerre entreprise par
la France, même d'accord avec l'Angleterre et
avec l'appui aujourd'hui moral, mais peut-être
effectif demain, de l'Autriche et de la Prusse.
Il était intraitable sur cette question, et il y

avait un réel courage à défendre avec autant
d'indépendance, une thèse qui n'était pas à l'ordre
du jour, et sur laquelle, s'il est permis, à trente-
sept ans de date, d'avoir deux opinions, il n'était
guère de mise en 1853 d'avoir un avis différent
de celui de l'Europe entière. Le 10 décembre, le
général de Castelbajac écrivait à M. Thouvenel :

« Pour le moment, la Russie reste sur la défensive. Tout ce qu'elle désire, c'est d'éviter un
conflit avec la France et l'Angleterre. Voilà maintenant la France d'accord avec les trois grandes
puissances, et en voie de devenir la puissance
pouvant le plus influer dans le sens d'un arrangement honorable, ce qui nous placerait dans la
meilleure position possible vis à-vis de l'Europe
entière. Car tout le monde veut la paix, et l'alliance de la Prusse et de l'Autriche n'a pas
d'autre signification. Il faut donc espérer que
cette heureuse alliance pèsera d'un assez grand
poids sur l'esprit opiniâtre de l'empereur Nicolas
pour le décider à ne pas risquer de mettre toute
l'Europe contre lui !

» Sous tous les rapports, nous avons intérêt
à la paix, et il faut *aider* l'empereur de Russie
à conclure un arrangement honorable, car, sans

cette condition, l'empereur Nicolas n'y souscrira
jamais et risquera plutôt la guerre avec la France
et l'Angleterre, bien persuadé qu'il est, malgré
son irritation contre elles, que jamais l'Autriche
et la Prusse n'en viendront à la guerre contre
lui. Il faut donc envisager les chances générales
et françaises d'une guerre franco-anglaise contre
la Russie. Certes, ce serait la perte du commerce
et de la marine russes, du moins en grande
partie. Mais il ne faut pas juger le peuple russe
et son souverain comme les peuples occidentaux.
Les Russes ne sont pas encore assez civilisés et
assez industrieux pour faire, des intérêts matériels, tout le cas que nous en faisons, et jamais
un Russe n'a été arrêté dans ses désirs et ses
projets par une considération d'argent. Quant
à la perte de sa marine, elle serait très sensible
à l'empereur Nicolas, qui l'a créée, et qui s'en
amuse comme des manœuvres de Krasnoë-Sélo.
Mais, les Russes éclairés trouvent qu'elle coûte
inutilement beaucoup d'argent, et que la perte
des trois quarts de leurs vaisseaux de guerre
serait un profit réel pour la nation. D'ailleurs,
les flottes russes se bornant à défendre Sébastopol d'un côté, et Kronstadt de l'autre, quel
grand mal pourrions-nous leur faire?

» Les dépenses de nos armements et les pertes
de notre commerce seraient plus nuisibles pour
nous que toutes les pertes que pourrait faire la
Russie ne le seraient pour elle D'ailleurs, si,
comme cela paraît décidé, la Russie reste sur la
défensive sur terre et sur mer, il faudra donc que
nous lui déclarions la guerre pour l'occupation
des principautés? Or, sans le concours de l'Autriche, comment la forcerons-nous à les évacuer?
Elle restera impassible sur le Danube et en Asie,
ses côtes en bon état de défense, laissant les Turcs
s'épuiser eux-mêmes, et nos flottes se lasser de
leur séjour à Constantinople ou de leurs croisières
sans résultat, peu nuisibles pour un pays comme
la Russie. tout autrement constitué que les États
européens. Enfin, si elle était poussée à bout par
l'Angleterre, ses relations avec la Perse, et la
position qu'elle a prise dans le Turkestan, sur le
Syr Daria et l'Amou Daria, lui rendraient très possible l'envoi d'une armée de cent mille hommes
dans l'Inde. Il en arriverait cinquante mille, et
ce serait suffisant pour enlever l'Inde à nos alliés
et changer la face du monde!

» Les Turcs ne valent pas tous les contre-coups
que nous pourrions ressentir de ces lointaines ou
prochaines éventualités Faisons donc la paix,

honorablement pour nous. L'ours du Nord est assez
muselé. S'il se montre raisonnable, ne le poussons pas à bout. Nous ne pourrions qu'y perdre. »

Ces appréciations du général de Castelbajac
n'ont qu'un tort, c'est de porter la date de 1853.
Il est vrai que ce tort peut se transformer en
mérite pour quelques-uns, et que notre représentant à Saint-Pétersbourg va peut-être passer
aux yeux des lecteurs de cette étude pour le
précurseur, à quarante ans de date, de l'alliance
russe. Sans vouloir diminuer en rien le mérite du
général de Castelbajac à avoir eu des idées arrêtées et les avoir défendues avec énergie et logique, on nous accordera cependant que les intérêts de la France de 1853 étaient bien différents
de ceux de la France de 1891 ! Quarante années
d'histoire, surtout de notre temps, modifient bien
des situations. Napoléon Ier, mourant à Saint-Hélène, avait prononcé ce mot célèbre : « Dans
cinquante ans, l'Europe sera républicaine ou
cosaque. » Qui sait si l'attitude de la France en
1853 n'a pas empêché l'Europe de devenir
cosaque ? Quant à la première partie de l'aphorisme du grand empereur, elle semble en train
de devenir une vérité

Pour ce qui touche à l'appréciation que notre représentant auprès du czar Nicolas fait de la marine russe, d'après le dire même, a-t-il soin d'ajouter, « des Russes éclairés », elle doit paraître étrange, mais le document que nous allons citer ne peut laisser aucun doute sur son authenticité

Le 31 mars 1855, quinze mois après les événements que nous racontons, six mois avant la prise de Sébastopol, en pleine guerre de Crimée, le général de Castelbajac retiré dans son château de Caumont, en spectateur philosophe et quelque peu désabusé des événements, désireux de mettre au service de la diplomatie française les observations qu'il avait recueillies, écrivit à M Thouvenel la lettre qu'on va lire :

« J'ai pensé, mon cher ministre, que le renseignement suivant, que je retrouve dans mes souvenirs, pourrait peut-être vous être de quelque utilité dans les circonstances actuelles des négociations de Vienne. L'empereur Nicolas tenait infiniment à ses flottes, même à celle de Kronstadt, quoique les glaces la lui rendissent inutile pendant plus de la moitié de l'année, et que, pour ce motif, ses matelots fussent inexpérimentés, et

ses vaisseaux d'une courte durée. Mais la plupart des hommes de son gouvernement, et, entre
autres, M. de Nesselrode, trouvaient que la marine russe coûtait à l'État bien au-dessus de son
utilité réelle. Je me souviens qu'un jour, dans
une conversation intime, le chancelier me dit :
« Eh bien! si vous détruisez la moitié de notre
» marine, vous nous rendrez peut-être un grand
» service, à moins, ajoutait-il en riant, qu'il ne
» prît fantaisie à l'empereur de faire reconstruire
» à grands frais les vaisseaux pris ou brûlés, ce
» qui pourrait bien arriver! L'empereur Alexandre
» n'avait pas le quart de cette flotte, et nous ne
» nous en trouvions pas plus mal. »

Les Moscovites, pour parler comme le général de
Castelbajac, trouveront sans doute que le chancelier de Nesselrode s'exprimait là plutôt en Allemand et en luthérien qu'il était, qu'en vrai Russe!
Toutefois, l'opinion d'un homme d'État illustre,
conseiller favori et toujours écouté de deux empereurs tels qu'Alexandre et Nicolas, et qui dirigea
pendant plus de quarante années la politique
extérieure de la Russie avec honneur et succès,
nous a paru bonne à citer.

Mais revenons aux derniers jours de l'an-

née 1853. Le 17 décembre, le général de Castel
bajac écrit à M. Thouvenel :

« Mon cher collègue, il y a eu hier un *Te Deum*
à la chapelle du palais, mais c'était la fête de
l'empereur Nicolas, et on n'a pas annoncé si cette
solennité avait un but déterminé. Comme de coutume, le corps diplomatique n'a point été invité
à cette cérémonie d'église et de cour. Mais,
comme de coutume aussi, les ministres de Prusse,
d'Autriche et de Grèce, ont été invités *officieuse-
ment* et ont assisté à la cérémonie d'église.

» Je vous ai fait connaître, dès le principe des
hostilités en Asie, que l'empereur de Russie n'a-
vait pas voulu accorder au prince Woronsoff
l'autorisation de marcher en avant sur Erzeroum,
et qu'il lui avait recommandé de se tenir sur la
défensive et de n'en sortir que pour assurer sa
ligne de défense, et seulement d'une façon momentanée. Après le succès obtenu par le prince
Béboutoff sur le séraskier, le prince Woronsoff a
écrit que le meilleur moyen d'empêcher le renouvellement des attaques de l'ennemi et de détruire
son influence sur les Kurdes et les autres populations musulmanes, non sujettes de la Porte,
était de s'emparer de Kars, quartier général du

séraskier, et d'Erzeroum, principal siège de la
puissance civile et religieuse de la Porte dans ces
provinces. L'empereur Nicolas a répondu que son
intention bien arrêtée était de se tenir sur la
défensive ; qu'il ne voulait pas qu'on poussât sur
Erzeroum, et *que tout ce qu'il pourrait permettre,*
ce serait la prise de Kars, mais seulement dans
le cas où cela serait indispensable pour le succès
des opérations militaires.

» J'ai vu les deux derniers officiers qui ont
apporté les nouvelles des dernières affaires auxquelles ils avaient assisté, et j'ai vu aussi un officier attaché au ministère de la guerre revenant
des principautés danubiennes. Je sais bien que
les Russes sont très patriotes et un peu vantards,
mais vous pouvez tenir pour certain, qu'à Constantinople, il y a des fabricants de victoires en
faveur des Turcs, et que leurs premiers succès,
même celui d'Oltenitza sur le Danube et de
Saint-Nicolas en Asie, ont été exagérés d'une
manière tout orientale! D'ailleurs, la Russie fait
de grands préparatifs militaires, et, à Varsovie,
le maréchal Paskiewitch y contribue de son mieux.

» Quant à la Pologne, on prendra tous les
moyens pour la contenir ; mais il ne faut pas se
faire d'illusions, la noblesse seule est hostile à

la Russie. Le paysan, la masse est plutôt hostile
à sa propre noblesse qu'au gouvernement russe,
et il serait facile, dans un cas extrême, de renouveler, sur plusieurs points de ce royaume, les
scènes affreuses des paysans de la Galicie! Mais je
suis persuadé que l'empereur Nicolas n'en viendra
jamais à ces détestables moyens révolutionnaires.

» Si les circonstances amenaient le départ de
la légation et que les consuls restassent, je crois,
dans l'intérêt politique, qu'il faudrait prolonger
ici l'intérim de M. de Castillon, qui est un
homme bien élevé, ayant de bonnes relations so-
ciales, agréable à M. de Nesselrode, et en état plus
qu'aucun autre consul de nous être utile en Russie, indépendamment de la connaissance spéciale
qu'il a acquise de la langue et des mœurs du pays.

» M. de Nesselrode est malade. J'espère qu'il
n'a rien de grave. Sa santé, en ce moment surtout, intéresse l'Europe entière. »

Dans sa correspondance privée avec M. Thouvenel, la seule qui nous occupe ici, le général
de Castelbajac, on l'aura sans doute remarqué,
passe sous silence l'affaire de Sinope. Il avait trop
d'esprit pour ne pas comprendre que la brutale
destruction de la flotte turque par l'amiral Nachi-

moff était un fait qui enlevait à ses raisonnements
la plus grande partie de leur bien fondé. Aussi
préféra-t-il ne pas chercher à atténuer la portée
d'un événement dont les conséquences ne pouvaient que s'aggraver par la discussion.

A Paris, le désastre subi par la marine ottomane, à quelques lieues du point où mouillaient
les flottes anglaise et française, commandées
par les amiraux Dundas et Hamelin, piqua au vif
l'amour-propre national. Le 29 décembre, M. Thouvenel écrit à notre ministre, à Saint-Pétersbourg :

« Général, nos dépêches sont trop explicites
pour que ma lettre particulière puisse rien vous
apprendre. Nous voilà arrivés au moment de
fondre la cloche. C'est une extrémité que je regrette profondément, mais à laquelle je me suis
attendu, du jour où cette triste affaire a commencé. Si l'empereur Nicolas a sa dignité, nous
avons la nôtre, que l'affaire de Sinope a entamée. Tout peut encore s'arranger, si, à Saint-
Pétersbourg, on accepte les conférences à *six*.
Dans le cas contraire, nous aurons la guerre au
printemps.

» Du moment où tout le monde reconnaît que
la Turquie doit exister, elle doit vivre en Europe

sur le même pied que les autres puissances. En échange de son entrée dans la grande famille, nous pourrons lui demander des garanties pour les chrétiens; si, au contraire, nous traitons les Ottomans comme un peuple barbare, si nous les déclarons indignes de s'asseoir avec nous autour d'un tapis vert, de quel droit leur demandons-nous d'avoir des égards pour ceux de nos core-ligionnaires qui sont leurs sujets? Leur exclusion du monde civilisé serait la conséquence de leur exclusion, en principe, des conférences euro-péennes. Les deux choses se tiennent. C'est là, général, ce que vous avez à faire comprendre à l'empereur Nicolas. Puisse-t-il être assez bien inspiré pour vous écouter! En Angleterre, on s'attend à votre renvoi et à celui de sir Hamilton Seymour. J'espère encore qu'on se trompe. C'est M. de Reiset qui vous porte nos plis. Il a vu l'empereur et le ministre et il est bien au courant de leurs idées.

» C'est dans trois jours le nouvel an! Que nous réserve-t-il? On peut toujours, du moins, faire des vœux pour ses amis, et ceux que je vous adresse, général, sont aussi sincères que les sentiments de cordiale affection que je vous ai voués. »

Il n'y avait pas grand'chose à objecter à la dialectique serrée et concise de cette lettre de M. Thouvenel, qui résume en quelques mots toute une situation politique. En tout cas, si M. Thouvenel et le général de Castelbajac n'avaient pas des vues identiques sur le différend turco-russe, on a pu se convaincre du ton de parfaite courtoisie et d'estime réciproque employé par les deux correspondants. Cette douceur de mœurs, qui n'enlevait rien du reste à la profondeur des convictions et dont nous retrouvons la trace jusque dans les rapports de la France et de la Russie, avant, pendant et après la guerre de Crimée, devait rendre la vie politique assez agréable, même entre adversaires, aux environs de l'année 1854. Nous avons marché depuis. Reste à savoir si, à ce point de vue, c'est dans le sens du progrès !

Le rideau de l'année 1853 tombe sur l'affaire de Sinope. Avec l'année 1854 nous arrivons à la période ouvertement belliqueuse. Les événements militaires de la guerre de Crimée sont trop connus pour que nous songions même à revenir sur des épisodes aujourd'hui historiques. Ce n'est donc qu'incidemment que nous toucherons aux faits de guerre. Mais la partie diplomatique de

cette période laisse encore un vaste champ ouvert
aux investigations. C'est sur ce terrain que
nous cherchons à nous maintenir, en puisant
dans les documents inédits qui sont entre nos
mains.

Bien que le rôle de la Prusse et l'attitude
ambigue de son roi pendant le conflit oriental
aient déjà été l'objet d'études spéciales, nous
croyons intéressant d'inaugurer la série des documents que nous possédons sur l'année 1854, par
la lettre particulière suivante, adressée à M. Thouvenel par le marquis de Moustier, qui représenta
la France à Berlin avec clairvoyance et habileté
pendant cette délicate période. Quand il s'agit
d'un tableau historique, il faut y grouper le
plus de personnages possible. La figure intelligente et fine du marquis de Moustier prend naturellement sa place au milieu de celles des diplomates de cette époque. Notre ministre à Berlin
écrit à M. Thouvenel, le 5 janvier 1854

« Mon cher collègue, j'ai peur que le prince
Gortchakoff et le colonel Manteuffel n'aient
exploité tout ce qui s'est passé à Vienne, de
manière à rassurer le roi de Prusse en lui rendant ses illusions sur la paix, et à l'arrêter dans

l'évolution qu'il accomplissait, bien lentement et de mauvaise grâce, d'ailleurs, de notre côté. Ces espérances pacifiques, M. de Manteuffel disait hier encore que le roi les avait perdues tout à fait, et il faisait entendre que ses idées en éprouvaient une notable modification, qu'il l'écoutait beaucoup plus en se cachant du général de Gerlach. Tant que le roi Frédéric-Guillaume IV croira que les coups de fusil entre l'Autriche et la Russie pourront être évités, à quelque prix que ce soit, on ne fera rien de lui! Il veut que l'alliance du Nord, aujourd'hui à demi déchirée par la plume, ne soit pas définitivement tranchée par l'épée. Il saisit avec bonheur toute apparence d'hésitation de la part de l'Autriche, et croit l'intimider en lui faisant craindre l'absence de tout concours de sa part.

» Je suis convaincu néanmoins, et le comte Esterhazy paraît l'être aussi, et écrit dans ce sens, que le premier coup de canon autrichien fera crouler, en Allemagne, toutes les petites résistances, celle de la Prusse comprise, qui n'ont pour but que d'empêcher l'empereur François-Joseph d'avancer et de tirer ce premier coup de canon. Le cabinet de Vienne semble en tenir parfois trop de compte. »

Ces quelques phrases du marquis de Moustier
résument toute l'histoire des tergiversations du
roi de Prusse pendant la crise de 1854. Elles
avaient tout naturellement leur place ici.

Retournons maintenant à Saint-Pétersbourg, où
nous trouvons encore le général de Castelbajac, un
peu désabusé, de plus en plus triste de l'insuccès
de ses efforts, mais inébranlable dans sa manière
de voir, et conservant dans sa correspondance
privée cette liberté d'esprit et ce tour anecdotique
qui semblent être le propre des hommes d'âge,
et d'expérience aimable, ayant beaucoup vu et
ne s'étonnant plus de rien. A la date du 9 janvier 1854, le général écrit à M. Thouvenel :

« Mon cher collègue, je ne crois pas qu'on
nous donne nos passeports. Si la fierté moscovite se
révolte, ce sera avec réflexion. Ainsi donc, je pense
que nous aurons le temps de respirer, et de
prendre nos précautions pour notre retraite de
Russie! Quoi qu'il arrive, je suis prêt à exécuter
résolument et consciencieusement les ordres du
ministre. Cela me sera même plus facile que d'être
en désaccord avec tout l'Occident sur l'appréciation des faits qui concernent la Russie et les
intentions de son souverain. Mais, en cela, je

dois toujours, avant, pendant et après, agir suivant ma conscience, n'ayant pas, Dieu merci, la
sotte prétention de diriger en quoi que ce soit
la politique de l'empereur Napoléon, tout en étant
un disciple fervent de son œuvre!

» Le fils du prince Woronsoff, que l'empereur
Nicolas avait récemment envoyé près de son père,
est de retour ici depuis deux jours. Le prince,
dont la santé s'est un peu améliorée, s'est décidé
à conserver la direction des affaires du Caucase
et de la guerre d'Asie, en ayant sous ses ordres
trois officiers généraux, hommes d'expérience, le
prince Bariatinski, Russe très éclairé, et les princes
Andronikoff et Béboutoff, deux Géorgiens influents
et dévoués. Le jeune Woronzoff a donné beaucoup de détails intéressants, sur la guerre d'Asie,
à une personne qui m'est dévouée et qui est
venue me les répéter hier soir. Jusqu'à la déclaration de guerre des Turcs, l'empereur Nicolas
avait résisté à toutes les demandes de renfort
que lui avait plusieurs fois adressées le prince
Woronsoff, « craignant, disait Sa Majesté, d'alar-
» mer l'Europe et ne croyant pas à la guerre ».
Il en est résulté que l'alarme s'était répandue,
dans le premier moment, jusqu'à Tiflis, et que
si les Turcs avaient marché résolument, au lieu

de diviser leurs forces et de faire des attaques de détail, sur cette capitale, ils auraient probablement, dans le principe, obligé le prince Woronzoff à évacuer la Mingrélie et la Géorgie.

» J'avais donc raison quand je vous disais que l'empereur Nicolas avait voulu *effrayer* seulement les Turcs, pour obtenir ses concessions religieuses de haute lutte, mais *qu'il ne voulait pas la guerre* et qu'il n'y était pas réellement préparé. Vous avez bien vu aussi que les prétendus cent quinze mille neuf cent quatre-vingt-six hommes, campés, dès le principe de l'occupation, sur les bords du Danube, sans compter le reste à Bucharest et ailleurs, n'existaient que dans l'imagination des agents français et anglais en Valachie, et qu'en réalité, il n'y avait que cinquante-cinq mille hommes, répartis dans les deux principautés. Il en a été de même de la prétendue *marche* du deuxième corps, qui n'avait pas quitté la Pologne, marche qui, cependant, d'après les rapports du consul anglais à Varsovie, et de lord Bloomfield à Berlin, a décidé l'entrée des flottes combinées dans la baie de Bésika! Tout cela est déjà du passé, mais pour le présent et l'avenir, il n'est pas indifférent de savoir que l'intégrité de la Turquie n'est pas menacée et qu'il ne s'agit que de

trouver une formule pour la question religieuse.
Si même l'on désire saisir l'occasion présente pour
diminuer l'influence de la Russie en Orient et en
Europe, je crois, vu la nature des rapports de la
Russie avec l'Autriche et la Prusse, que ce but
sera plus réellement atteint par la paix que par la
guerre. Voilà ce qui me fait prêcher la paix, sans
compter la considération très importante de l'état
social de l'Europe, qui, je l'avoue, passe en ce
moment, pour moi, avant toute autre considération. Je suis tourmenté aussi des dangers de tempête pour nos flottes dans la mer Noire, si dange-
reuse dans les mois de janvier et de février, et
si peu connue de nos marins de la flotte militaire. Je ne me consolerais pas d'un désastre dû,
encore une fois, aux éléments protecteurs de ce
sauvage et vaste Empire! Le froid de 1812 me
revient tristement à la mémoire et se convertit,
dans mon imagination, en tempêtes et en nau-
frages!

» Mais laissons les tempêtes, le meurtre et le
carnage à mademoiselle Rachel qui en fait de
très grands dans les cœurs et, surtout, dans la
bourse des grands seigneurs russes! Ils cèdent
toujours, sans mesure, à l'entraînement de nos
modes et des passions du moment, et, tout cela,

en s'exaltant dans leur orgueil moscovite et dans leur haine de circonstance contre la France et surtout contre l'Angleterre. Mais, si nous avons des ennemis, nous avons aussi des défenseurs, et de la plus belle espèce!

» Avant-hier, dans un dîner chez M. de Nesselrode, la femme d'un ministre allemand disait que ses enfants, et elle-même, s'étaient fort amusés, la veille, chez lady Seymour. « Comment, » dit un courtisan très connu, un peu en riant » à la vérité, vous avez conduit votre famille en » Angleterre! » La dame est Italienne, et très connue de vous, mon cher collègue; elle repondit « qu'elle n'était l'ennemie ni de la France ni » de l'Angleterre ». Là-dessus, moitié en riant, moitié sérieusement, on parla politique, et madame Kalergis (nièce du chancelier Nesselrode) prit chaudement le parti de la France, mais surtout de l'empereur Napoléon et de l'impératrice Eugénie. S'adressant à M. de Seniavine, moscovite et orthodoxe pur sang : « Vous ne semblez » pas de mon avis ? dit-elle. — Pas tout à » fait, je l'avoue. — Eh bien, repartit madame Kalergis, vous avez tort, car tout ce que » je viens de dire de l'empereur Napoléon et » de l'impératrice Eugénie, comme homme,

» comme femme, comme souverains, est de la
» plus exacte vérité, et je ne puis rien en
» rabattre. » M. de Nesselrode mit fin à la discussion en plaisantant *l'animation* de sa nièce
contre Seniavine, mais sans la moindre mauvaise
humeur, et en approuvant tout le bien qu'elle
avait dit de l'empereur et de l'impératrice.

» Ce dîner m'a été raconté par un de mes
collègues, qui en faisait partie. Cette scène ne
contribuera pas à mettre M. de Nesselrode et sa
famille en odeur de sainteté près des orthodoxes,
qui le damnent tous les jours, dans ce monde
et dans l'autre, tout autant que lord Stratford
de Redcliffe et lord Palmerston. Votre tour, le
mien et celui de M. Drouyn de Lhuys n'est pas
encore venu. Mais patience, il arrivera, après la
promenade ou plutôt la faction de nos vaisseaux
dans la mer Noire. M. Drouyn de Lhuys sera,
comme de raison, en première ligne: à tout seigneur, tout honneur! Faites-lui agréer et agréez
vous-même, mon cher collègue, l'hommage du
dévouement de votre serre-file, qui ne vous fera
pas défaut dans l'action, quoiqu'il trouve que
vous l'engagiez un peu trop témérairement. Cependant, malgré mes cheveux gris, l'*audaces for-
tuna juvat* n'est pas encore sorti de ma mémoire

ni de mon cœur français, et je remets en lui mon espérance patriotique si ce n'est conservatrice.

» Le consul d'Odessa me mande que, sur la nouvelle des intentions redevenues pacifiques du Divan, les ulémas et les softas ont prêché la révolte. Voilà des *conservateurs* qui nous aideront singulièrement! Il faut espérer que les chrétiens seront plus sages!

» On a reçu ici, et les ministres de Suède et de Danemark m'en ont donné communication, l'acte de neutralité de leurs cours. Il me semble que ces deux pays se sont bien pressés de sonner la cloche d'alarme, à moins que ce ne soit une manière de répondre aux demandes indiscrètes de la Russie. Le chancelier de Nesselrode a reçu très froidement la déclaration de neutralité de la Suède, et il a dit : « Heureusement qu'elle sera » sans application! » Quant au Danemark, il y a eu délibération dans le conseil, dès le 10 décembre. Un ministre, parent de M. de Plessen, et, comme lui, plus Russe que Danois, a voté, le premier, pour l'alliance avec la Russie. Un second a voté de même, mais les six autres ont voté pour la neutralité, avec des sympathies très prononcées pour la France. Ici, nous avons le

ministre danois très prononcé pour la Russie,
mais M. de Moltke (aujourd'hui ministre de Danemark à Paris), secrétaire de légation, Danois
pur sang, sans mélange de Russe ni d'Allemand,
est très bien disposé pour la France. »

Il est extrêmement intéressant, à la veille de
la guerre de 1854, de se rendre un compte exact
des dispositions de l'Europe, et c'est à ce titre
qu'il nous semble utile d'insérer ici la lettre
suivante, datée du 9 janvier 1854, que le
marquis de Moustier adresse, de Berlin, à
M. Thouvenel. C'est un tableau fidèle des dessous
de la politique prussienne à cette époque. Le
marquis de Moustier le trace avec une habileté
de main très remarquable :

« Mon cher collègue, je vous suis très reconnaissant du soin que vous avez mis à me tenir
au courant du langage de M. de Buol. J'aurais
pu, sans cela, prendre de fausses impressions.
On n'a ici nulle confiance dans les intentions de
l'Autriche; on me fait entendre sur tous les tons
que M. de Buol nous amuse par de beaux discours, et, il faut le dire, le ton des journaux du
midi de l'Allemagne, comparé à celui des jour-

naux prussiens, le langage, modifié il est vrai un
peu en ce moment, des ministres de Saxe et de
Wurtemberg, l'attitude de M. de Thun, la part
active que prend aux menées russes, la reine,
qu'on sait en correspondance suivie avec sa sœur
l'archiduchesse Sophie, tout cela forme certainement un contraste avec les dépêches de Vienne !
» Malgré la mobilité du roi de Prusse, malgré
les efforts de la légation de Russie, de la reine,
et d'une demi-douzaine de personnes, notre position ici se maintient et s'améliore. L'arrivée du
prince de Prusse (depuis l'empereur Guillaume Ier),
dans cinq ou six jours, sera pour nous une
garantie de plus. Que M. de Manteuffel travaille
à soustraire la Prusse à l'influence russe et à la
rapprocher de nous, cela ne me semble guère
douteux. C'est le fonds même de sa politique.
Pour qu'elle changeât, il faudrait qu'il fût renversé, et il ne peut être remplacé. Sa chute sur
la question russe serait le commencement d'une
révolution, tant le courant d'opinion qui le
pousse, dans cette question, paraît prendre de
force chaque jour ! Pouvons-nous, toutefois, attendre mieux qu'une neutralité sincère et même
bienveillante pour nous ? Oui, si la Prusse y voit
un intérêt évident. Si, par exemple, l'Autriche

eût fait cause commune avec la Russie, M de Manteuffel, j'en suis convaincu, eût conseillé au roi de former une triple alliance avec la France et l'Angleterre. Il eût fait briller à ses yeux l'espoir de ressaisir le premier rang en Allemagne, de se débarrasser de la prépondérance russe et autrichienne, et peut-être de s'entendre avec nous sur des remaniements territoriaux après lesquels la Prusse soupire bien bas, mais bien ardemment J'irai plus loin. J'ai lieu de croire, qu'à Londres comme à Berlin, cette idée d'une triple alliance avait fait un certain chemin. Cela m'oblige à beaucoup de prudence, car, en me mettant sur un pied d'intimité et de confiance trop grand avec M. de Manteuffel, en lui donnant trop d'assurances et d'encouragements, j'aurais pu forcer la mesure, et l'amener à nous proposer plus que notre politique générale ne nous permettrait peut-être d'accepter. Si l'Autriche se joint à nous, la Prusse n'a plus les mêmes espérances. Il vaudrait mieux pour elle, alors, réserver ses troupes et son argent, et garder la neutralité. Mais le pourrait elle, et voudrait-elle laisser l'Autriche prendre sur elle l'avantage? Voilà la question.

» Je ne vous soumets ces considérations qu'avec

une extrême défiance de moi-même. Pour revenir
à des choses plus immédiatement pratiques, je
crois que nous devons, dans nos rapports avec la
Prusse, tenir grand compte de sa rivalité avec
l'Autriche. Cette rivalité entre les deux pays
agit d'une manière incessante. Elle nous sert à
stimuler la Prusse par l'émulation, mais je me
suis aperçu que c'est un moyen dont il faut user
avec beaucoup de ménagements pour ne pas
blesser M. de Manteuffel. Il veut bien marcher
parallèlement au cabinet de Vienne, mais non
aller à sa remorque. Il veut jouer véritablement
le rôle qui appartient à une grande puissance.
C'est une prétention que le cabinet de Vienne,
appuyé en cela par la Russie, et soutenu par les
États du sud de l'Allemagne, lui conteste sans
cesse. Il faut chercher là l'explication du voyage
de M. de Prokesch (ministre d'Autriche à la Diète
de Francfort) à Berlin, de sa proposition à la
Diète, du refus de la Prusse de s'y prêter, du
voyage de M. de Beust (premier ministre de
Saxe) à Munich, qui en a été la conséquence.
Tout cela avait pour but de forcer la Prusse à
naviguer dans les eaux de l'Autriche, quoi qu'il
advînt! Il ne faut donc pas s'étonner si, ici, on
contrôle Vienne, si, lorsqu'on affecte à Vienne

la confiance, on affecte la défiance à Berlin :
« Nous croyons à la paix, disait M. de Prokesch
» à la Diète de Francfort, et notre confiance est
» fondée sur les assurances de l'empereur de
» Russie. » — « Nous ne pouvons nous dissi-
» muler, disait M. de Manteuffel aux Chambres
» prussiennes, que la paix est gravement me-
» nacée, et notre crainte est fondée sur des
» faits. »

» J'en conclus que, dans certaines circonstances
où nous sommes satisfaits du cabinet de Vienne,
il ne faut pas s'alarmer de voir celui de Berlin
agir d'une façon différente. Ce n'est pas un pas
fait vers la Russie, c'est l'envie d'être *indépendant*.
Ne pas encourager ces velléités jusqu'au point de
blesser l'Autriche, ne pas les décourager jusqu'au point de blesser la Prusse et de lui ôter
les illusions qu'elle aime à se faire sur ce qu'elle
pourrait attendre de nous, voilà ce qui est un
peu délicat. Du reste, dans la conviction que
j'ai des intentions de M. de Manteuffel et dans
la connaissance que j'acquiers de son caractère,
je crois qu'il y a intérêt à lui témoigner de la
confiance, à ne le presser qu'autant que cela est
nécessaire, à ne pas trop le tourmenter sur les
choses d'une importance secondaire, qui peuvent

lui créer des difficultés, en un mot, ménager sa
position auprès du roi. »

Certes, il fallut à la diplomatie française une
dextérité peu commune pour se mouvoir, sans
se briser, au milieu des mille complications que
soulevait le groupement d'alliances motivé par
le différend turco-russe.

L'incertitude régnait partout en maîtresse, et
comment pouvait-il en être autrement, alors que
le mot de l'énigme diplomatique proposée aux
anxiétés de l'Europe pouvait, favorable ou né-
faste, être prononcé par l'empereur Nicolas,
c'est-à-dire par un prince chez lequel les plus
nobles qualités se trouvaient aux prises avec des
bizarreries qui confinaient à l'excentricité. La
lettre de M. Thouvenel, du 11 janvier 1854, que
nous allons citer et qui est adressée au duc
de Guiche, depuis duc de Gramont, alors ministre de Napoléon III auprès du roi de Sar-
daigne Victor-Emmanuel II, nous donne la note
juste sur les dispositions de l'Europe au moment
solennel où nous sommes arrivés. Cette lettre renferme, en outre, un trait bien caractéristique du
czar Nicolas, qui poussait, on le verra, le sans-gène
de sa toute-puissance, jusqu'à se permettre de temps

à autre, devant des personnages qui se gardaient
bien de l'oublier, un mot d'esprit irrévérencieux
sur l'un ou l'autre de ses frères couronnés.

« Mon cher duc, on était mal informé à Turin
en croyant au refus de la Porte. Son adhésion,
dont nous ne connaissons pas encore les termes,
mais qui est certaine, aux propositions des
quatre représentants, est, en ce moment, sur la
route de Toulon à Paris. Je ne doute pas que
cette sage résolution de la Turquie ne nous serve
encore quelque temps à maintenir l'entente entre
les puissances allemandes, ou, pour mieux préciser ma pensée, je crois être certain que la
conférence de Vienne se mettra, une fois au moins,
en communication avec le cabinet de Saint-
Pétersbourg. La Russie, il est vrai, très peu disposée à céder, avant notre circulaire, se montrera
moins accommodante après, et la question est de
savoir si la Prusse et l'Autriche se joindront
activement à nous pour triompher de ses résistances. Bien des doutes sont permis ; cependant,
le langage est toujours bon.

» La neutralité de la Prusse est possible.
Celle de l'Autriche ne l'est pas. C'est donc de ce
côté que nous viendra, ou la paix, même con-

quise par des moyens énergiques, ou la guerre.
Si les choses devaient se gâter complètement, je
prendrais mon parti de l'hostilité d'une des
grandes puissances allemandes, attendu que j'aimerais mieux, pour notre activité guerrière, un
autre champ que la mer Noire. Espérons encore
cependant que la poudre ne parlera pas.

» Si, à Vienne, on s'arrache les cheveux, c'est
pour les jeter à la face de l'empereur Nicolas,
dont *on* accuse hautement l'ambition et l'impru-
dence. *On* va jusqu'à oser dire que si le Danube
était franchi, *on ne le repasserait pas*. Mais à côté
de la politique des cabinets, il y a celle des
cours, et le czar Nicolas a bien des moyens d'influence à sa disposition. En attendant, il traite
de Turc à More ses deux frères de Berlin et
de Vienne : « De la part du roi de Prusse,
» aurait dit Sa Majesté russe , rien ne sau-
» rait m'étonner; mais l'ingratitude [1] de l'em-

1. On se rappelle que les cent mille soldats russes envoyés en
1849 par l'empereur Nicolas au secours du jeune empereur François-Joseph, dont le trône chancelait sous les coups de la grande
insurrection de Hongrie, rétablirent les affaires de la monarchie
autrichienne. On s'explique donc aisément la mauvaise humeur
du czar Il y aurait sans doute lieu de rappeler ici la célèbre
phrase attribuée au premier ministre autrichien, prince de
Schwarzenberg, sur la nature des rapports qui devaient s'établir
entre l'Autriche et la Russie, malgré les services rendus par le

» pereur d'Autriche m'afflige profondément.
» J'aurais dû me rappeler que, quand on met
» un enfant coucher dans son lit, on s'expose à
» être mouillé. » — Comment trouvez-vous cette
aménité moscovite? »

La question d'Orient faisait perdre patience
aux grands comme aux petits. Souverains, ministres, ambassadeurs, publicistes de tout genre,
pestaient, chacun dans leur sphère, et cela, on
a pu s'en assurer, dans les termes les plus étrangers au langage conventionnellement incolore des
chancelleries. Mais, quand bien même, ce qu'à
Dieu ne plaise! nous devrions passer auprès des
austères, pour un impressionniste en matière
d'histoire, nous n'hésitons pas à avouer que
cette originalité dans l'expression, relevée çà et
là dans les épanchements confidentiels, est loin
de nous déplaire. En diplomatie comme en art,
c'est la nature même de l'individu qui est intéressante à observer. Le prestige d'emprunt peut y

czar Nicolas à l'empereur François-Joseph en 1849. Le prince
de Schwarzenberg aurait dit, à cette occasion : « *L'Autriche eton-
nera le monde par son ingratitude* » Mais ce mot, comme beaucoup
de mots historiques, n'a aucun caractère d'authenticité Il résulte,
en tout cas, de l'enquête à laquelle nous nous sommes livre, que
le mot n'a jamais été prononcé par le prince de Schwarzenberg

perdre. La psychologie politique n'a qu'à y gagner.

Retournons maintenant sur les rives du Bosphore, désormais le véritable théâtre des événements Sous la pression continue de l'Europe, la
Sublime Porte avait fait connaître les conditions
auxquelles il lui paraissait possible de traiter
avec les représentants des quatre grandes puissances signataires, à Vienne, le 5 décembre 1853,
de l'acte dont nous avons précédemment parlé.
Ces conditions se résumaient ainsi : confirmation
des anciens traités passés avec la Russie, par un
arrangement nouveau, évacuation des principautés par les Russes ; choix d'une ville neutre pour
siège des conférences ; ratification des privilèges
accordés aux chrétiens et amélioration de leur
sort par des réformes nouvelles ; enfin, renouvellement du traité de 1841. C'était là, il faut
bien le reconnaître, une base de négociations
assez large. Le général Baraguey d'Hilliers avait
apporté, dans sa manière d'agir vis-à-vis des Turcs,
pour arriver à ce résultat, une énergie qui était
dans sa nature et dont on ne saurait que le louer ;
mais la lettre par laquelle il annonce à M. Thouvenel le succès de ses efforts, est conçue dans
des termes d'une crudité grivoise telle, que nous
aurions renoncé à l'insérer dans notre étude, si

ce document n'éclairait d'un jour tout particulier l'incursion de l'illustre maréchal sur le
terrain diplomatique, ainsi que le caractère sol-
datesque d'allures qui finirent, on le verra bientôt, par rendre son séjour impossible à Constantinople. Le 13 janvier 1854, le général Baraguey
d'Hilliers écrit à M. Thouvenel :

« Monsieur, nous avons eu le grand tort, j'en
conviens, de faire l'enfant à Constantinople, quand
vous parliez encore mariage à Paris et à Londres.
Mais n'est-ce pas votre faute? Toutes vos dépêches me disaient de faire la cour à la belle ! J'ai
poussé ma pointe, et, quand j'ai trouvé l'occasion favorable de prouver que je n'étais pas un
eunuque, vous auriez voulu que je tinsse le rôle
de ces pauvres étalons que, sous le nom d'*essayeurs*,
on présente aux juments pour les disposer, et
qu'on retire après ! Ma foi, cela ne me va pas!
Nous avons fait l'enfant. Il est venu au monde
bien conditionné et parfaitement viable, et vous
hésitez à le reconnaître parce qu'il ne porte pas le
nom de Meyendorff ou de Nicolas ! Qu'arrive-t-il?
C'est que, pendant que vous hésitez, l'Autriche
l'adopte. Vous finirez par être obligé de suivre
son exemple. Seulement, vous ressemblerez à ces

pères de comédie, ou à Arlequin, à qui Colombine persuade que tous les petits magots blancs issus de ses criminelles conversations étaient bien réellement de lui.

» Pardonnez-moi ces plaisanteries, mais, en vérité, je ne vous connais plus, surtout après la manière dont nous agissons dans la mer Noire. Nous enjoignons aux Russes de rentrer à Sébastopol, et, s'ils résistent, nous les y forcerons. Ces procédés ne sont pas d'accord avec des actes de déférence ou de courtoisie. Au reste, la Russie se joue de l'Europe et surtout de nous. Il convient de lui prouver que nous ne sommes plus dupes de ses fourberies. Prenez-le haut avec Vienne, et l'Autriche sera avec nous. Mais tenez-vous prêts à faire succéder les faits aux paroles, et ne vous endormez pas sur une neutralité qui se changerait promptement en hostilité contre nous, au premier succès des Russes. »

Nous voilà bien loin, non seulement du style diplomatique, mais même des formes généralement usitées du style épistolaire. Le général Baraguey d'Hilliers avait de l'esprit, au demeurant, et même de l'esprit gaulois le plus pur; mais on conçoit sans peine, au ton de ces lettres

adressées au directeur des affaires politiques au
Département des affaires étrangères, quelle devait
être la stupéfaction des ministres turcs et des
diplomates étrangers accrédités à Constantinople,
en présence du langage de l'ambassadeur de
France, si, comme tout nous porte à le croire, ce
langage ressemblait à ses écrits.

Les bases de négociation adoptées par Rechid
Pacha furent jugées, par la conférence de Vienne,
parfaitement acceptables. Aussi, le 13 janvier 1854,
le comte de Buol pour l'Autriche, le baron de
Bourqueney pour la France, lord Westmoreland
pour l'Angleterre, et le comte d'Arnim pour la
Prusse, signèrent-ils le protocole dit du 13 janvier, en vertu duquel l'Autriche était chargée de
faire connaître à la Russie que les quatre grandes
puissances considéraient les propositions turques
comme de nature à permettre, avec des chances
de succès, la reprise des négociations.

M. Thouvenel, au lendemain de ce résultat
considérable, puisqu'il réunissait en un faisceau
compact les quatre grandes puissances, en face de
la Russie isolée, écrit au général de Castelbajac :

« Général, les circonstances parlent d'elles-
mêmes : je n'ai donc rien à vous dire de particu-

lier. Nous faisons des vœux ardents pour que la
Russie accepte les ouvertures de l'Europe, et nous
délivre de ce cauchemar de révolutions et de
guerre qui pèse sur tout le monde. L'empereur
Nicolas peut, d'un seul coup, se faire bénir par
toutes les voix qui l'accusent! N'a-t-il pas ce qu'il
voulait? La garantie d'une amélioration dans le
sort des chrétiens sujets de la Porte. Et, qui
l'empêche de se glorifier d'avoir été le principal
artisan de ce grand résultat? Usez donc, général,
de la bienveillance que Sa Majesté vous témoigne
pour tâcher de la convaincre! Vous rendrez à
l'empereur Nicolas, et à nous avec lui, un immense service.

» Je n'ai pas besoin de vous dire l'impatience
avec laquelle votre première dépêche est attendue.
Les Anglais sont lancés au delà de toute expression, et un plan formidable de campagne, embras-
sant la mer Noire et la Baltique, est prêt pour le
printemps. La Russie nous forcera-t-elle à lui
faire du mal, pour la plus grande gloire de son
ennemie naturelle? »

Ce n'est pas la première fois que nous ren-
controns sous la plume de M. Thouvenel, le sentiment voilé du regret qu'il éprouve à voir la

France forcée de se déclarer contre la Russie en faveur de l'Angleterre. Toute cette étude nous montre l'enchaînement progressif des circonstances qui, de 1851 à 1854 amenèrent l'état aigu auquel nous sommes arrivés. C'est, selon nous, ce qui en constitue l'intérêt.

Nous avons déjà parlé des dispositions incertaines de la Prusse et de la scission qui s'était produite entre les dispositions personnelles du roi Frédéric-Guillaume IV et celles de son premier ministre Le marquis de Moustier, à la perspicacité de qui rien n'échappait, s'appliquait à recueillir tous les indices pouvant fixer son gouvernement sur l'attitude du roi. Il écrit à M. Thouvenel, le 16 janvier 1854 :

« Vous avez dû remarquer l'échange de bons procédés et de graciensetés qui, depuis quelque temps, semble redoubler entre le roi et la cour de Russie. J'ai dû m'en préoccuper J'ai eu l'occasion de causer très intimement sur ce sujet avec une personne bien renseignée et qui attache le plus grand prix à ce que la Prusse penche de notre côté. Voici ce qui m'a été dit : « M. de » Manteuffel est content, au fond, de sa posi-» tion. Le roi l'écoute et abonde dans son sens

» Sans doute, Sa Majesté se livre à des manifes-
» tations sentimentales qui peuvent étonner un
» étranger ; cela est dans son caractère, et d'ail-
» leurs, soyez sûr que dans ces cajoleries aux
» Russes, il entre un peu du remords de les aban-
» donner. Il y a là, de sa part, de l'hypocrisie
» involontaire. Le roi a beau écrire familière-
» ment et affectueusement à son beau-frère, il
» ne lui a pas pardonné ses dédains, et il ne lui
» sacrifiera pas la politique de la Prusse. Frédéric-
» Guillaume IV a deux travers : il aime à faire
» du légitimisme comme on en fait dans les
» salons de Paris, il est plein de bienveillance et
» d'estime pour l'empereur Napoléon; mais, quand
» on lui parle de *fusion*, cela le fait déraisonner
» pendant une demi-journée. Il en est de même
» quand on lui parle du sort des chrétiens
» d'Orient. Il rêve aussi, pendant quelques heures,
» que le croissant disparaît de Constantinople
» pour faire place à la croix. Mais tout cela reste
» toujours, dans sa tête, à l'état de roman, et
» M. de Manteuffel, en lui passant ses petites
» inventions sentimentales, le ramène toujours au
» côté pratique. Dans ce moment, l'Autriche est
» inquiète de l'union de la France et de l'Angle-
» terre et voudrait y opposer une union alle-

» mande qui tienne ces deux puissances en échec.
» Elle voit à cela un autre profit, celui de forcer
» la Prusse à rentrer dans sa dépendance. Elle
» voudrait l'amener à Francfort, où elle la tien-
» drait au moyen des petits États auxquels elle
» a persuadé que si la Russie voulait rester
» à part, c'était pour se partager, de concert
» avec la France, une partie des États allemands.
» Aussi, vous voyez comme s'agitent dans ce
» sens les ministres des petites cours, qui sont
» appuyés en sous-main par la Russie. Eh bien,
» nous résistons tant que nous pouvons et nous
» tiendrons bon jusqu'au bout. Nous voulons
» garder notre indépendance, et, en cela, le roi
» de Prusse, malgré les sollicitations de l'Au-
» triche, et quoiqu'il s'y sente poussé par la
» Russie, est plus énergique encore que M. de
» Manteuffel. En un mot, M. de Manteuffel est
» sûr de sa position, et, tant qu'il sera là, vous
» pouvez être certain que la Prusse ne penchera
» pas vers la Russie. »

» Demain le prince de Prusse arrive. Il n'est
pas Russe. Il serait plutôt Anglais, et, comme
l'Angleterre est unie à la France, il sera pour
nous en ce moment, à cause d'elle ; mais, plus
tard, j'espère qu'il sera avec nous pour nous

seuls. Il n'est pas douteux qu'il y ait dans ce pays-ci un parti nombreux qui veut un rapprochement sérieux avec la France ; mais notre alliance avec l'Angleterre, qui ferme la bouche aux gens qui se souviennent trop de 1813, nous est très utile comme transition.

» La princesse de Prusse (depuis feue l'impéra·trice Augusta) a de l'esprit, de l'ambition. Elle est mal vue à la cour. La reine et elle ne peuvent se souffrir ; elle affiche la haine de la Russie et de l'Autriche ; elle se moque du légitimisme qu'on fait à la cour, mais elle est l'amie de la duchesse d'Orléans et cela la gâte un peu pour nous. Elle est, du reste, remplie d'amour-propre, et, si jamais une occasion se présentait de quelque prévenance de l'empereur Napoléon à son égard, elle serait gagnée. La visite du général de Saint-Arnaud au prince de Prusse, cet été, avait déjà fait merveille. »

Les lettres particulières du marquis de Moustier donnent une idée très exacte des dispositions de la Prusse en 1854. Elles complètent ainsi le tableau que nous essayons de tracer.

Cependant les propositions turques avaient été, on l'a vu, transmises à Saint-Pétersbourg. L'empereur Nicolas y répondit en en formulant d'autres, qui ne parurent pas acceptables aux plénipotentiaires de Vienne. La Russie exigeait qu'un négociateur turc se présentât au quartier général russe, refusait de traiter avec le personnage ainsi désigné par l'intermédiaire des ministres étrangers, imposait au sultan un protocole *séparé* confirmant les privilèges de l'Église grecque d'Orient, et protestait contre le droit d'asile accordé par la Turquie aux réfugiés des divers pays. Quant à l'évacuation des principautés, elle aurait lieu « *aussitôt que possible* ». En même temps que ces nouvelles conditions étaient formulées, l'empereur Nicolas faisait partir pour Vienne son confident et son favori, l'aide de camp général comte Orloff.

Le général de Castelbajac, qui, malgré son séjour dans les camps, n'avait pas la tournure d'esprit du général Baraguey d'Hilliers, aimait cependant à sortir quelquefois du terre à terre de la correspondance politique, et la mission du comte Orloff à Vienne lui inspire une réminiscence poétique que nous préférons, d'ailleurs, aux comparaisons rabelaisiennes du général Baraguey d'Hilliers. Il écrit à M. Thouvenel, le 24 janvier 1854 :

« Mon cher collègue,

Tel que le vieux pasteur des troupeaux de Neptune,
Protée, à qui le ciel, père de la fortune,

        Ne cache aucun secret,
    Sous diverses figures, arbre, flamme, fontaine,
    S'efforce d'échapper à la vue incertaine
            Des mortels indiscrets,

tels sont et l'empereur Nicolas et la question
d'Orient, qui, malheureusement, est aussi la
nôtre ! On croit les saisir à Saint-Pétersbourg et
les acculer à une réponse définitive, et voilà,
non pas l'empereur Nicolas en chair et en os,
mais son esprit oriental et sa réponse, voyageant
sur la route de Vienne, sous les traits de son
favori, le comte Orloff.

» J'espère du moins qu'il y aura enfin d'une
façon ou d'une autre, une solution, et que, vu
le rapprochement du lieu de la scène, vous en
aurez connaissance directement et même plus tôt
que nous. Je crois que le comte Orloff a de pleins
pouvoirs, et qu'il est en position et de caractère à en user, à moins que, de la part de l'Autriche et de la conférence de Vienne, il ne survienne de nouveaux incidents Dieu veuille que
que tout cela finisse, par la paix surtout ! Mais
enfin, que cela finisse de façon ou d'autre ! Il y
aurait quelque chose d'humiliant pour la nature
humaine, pour le caractère moral de l'homme,
fait à l'image de Dieu, si tous les souverains, les

hommes d'État, les grands et les petits diplomates, étaient fatalement conduits, au rebours
du chemin qu'ils veulent prendre, dans une voie
contraire à leurs désirs comme aux intérêts des
nations et de l'humanité entière. Ce serait pour
le coup qu'il faudrait se faire Turc et dire,
comme eux, avec résignation et patience : « Dieu
le veut! » Mais je suis chrétien et non fataliste,
et, jusqu'au dernier moment, je travaillerai, je
conseillerai, en répétant : « Fais ce que dois, advienne que pourra. »

On peut suivre pas à pas, dans les lettres du
général de Castelbajac, les progrès de sa mauvaise humeur d'abord, puis de son décourage-
ment, en face des perpétuelles complications de
l'affaire d'Orient. Nous le voyons réduit aujour-
d'hui à chercher un renfort de philosophie dans
les vers de La Fontaine et dans les inspirations
du christianisme. Ce sont là des sources intaris-
sables, il est vrai, pour étancher toutes les dé-
ceptions; mais elles n'ont malheureusement pas
encore de vertu curative en diplomatie. Au demeurant, notre honorable représentant à Saint-
Pétersbourg avait bien raison de chercher, en
dehors de la politique, des consolations à sa mé-

lancolie patriotique, car les événements se préci-
pitaient et allaient, par un injuste contre-coup, le
plonger dans une demi-disgrâce. A Berlin, la
mission confiée subitement au comte Orloff était,
on le conçoit sans peine, l'objet de mille com-
mentaires. Le marquis de Moustier, avec sa perspicacité habituelle, ne manqua pas d'en déterminer immédiatement le véritable but. Il écrit à
M. Thouvenel, le 24 janvier 1854 :

« M. de Rochow écrit que le comte Orloff est
parti, le 19, pour Vienne à ce qu'il croit. Il y
sera probablement le 26. On pense que, à son retour, il pourra passer par Berlin. M. de Manteuffel envisage cette mission comme pacifique ; il
l'espère, du moins. C'est de cette façon que,
ce soir, les confidents de la légation de
Russie la présentaient. Tout est donc à la
joie, à Berlin ! Toutefois, certains ministres
des petites cours, partisans des arrangements
à tout prix, semblent voir avec une certaine
inquiétude cette course du confident de l'empereur Nicolas. Il m'a paru que, dans leur
pensée intime, tout en portant à Vienne des
paroles conciliantes, le comte Orloff pourrait
bien *travailler à désorganiser la conférence de Vienne,*

NICOLAS I ET NAPOLÉON III

qu'ils regardent comme la dernière planche de
salut

» M. de Rochow écrit aussi que l'empereur
Nicolas, tout en se montrant disposé à la modération, ne trouve pas les propositions de la conférence acceptables, et les déclare inconciliables
avec des principes dont le czar ne se départira pas,
comme de traiter seul à seul avec la Turquie. »

Sur ces entrefaites, M. de Kisseleff, ministre
de Russie à Paris, reçut, de M de Nesselrode,
l'ordre de demander au gouvernement français
des éclaircissements sur les communications verbales que le général de Castelbajac avait été
chargé de faire au chancelier de l'empire russe,
relativement aux mesures prises par les flottes
alliées, pour éviter, dans la mer Noire, de nouvelles collisions entre les marines russe et ottomane. M. Drouyn de Lhuys, dans sa réponse à
M. de Kisseleff, spécifiait que l'amiral Hamelin
avait reçu l'ordre « de mettre le territoire et le
pavillon ottomans à l'abri des attaques dont ils
pourraient être l'objet ». M. Thouvenel écrit, à
ce sujet, le 1ᵉʳ février 1854 :

« Général, le peu que nous savons de la mis-

sion du comte Orloff ne nous permet guère de
douter que le but de la Russie ne soit de gagner
du temps. Ses amis eux-mêmes le disent. Notre
réponse à M. de Kisseleff va vraisemblablement
déjouer cette tactique.

» M. le colonel du génie Ardent est parti hier
pour Constantinople avec sir John Burgoyne. Ces
deux officiers vont explorer un terrain où on
établira un camp retranché inexpugnable, en
communication avec la mer, et où nous nous
proposons d'envoyer un corps d'armée. Du jour
où nous passerons à l'action, nous sommes décidés à marcher vite et ferme. La France et l'Angleterre réunies ne doivent porter que des coups
terribles. Je déplore avec vous l'extrémité où
nous réduit l'obstination de l'empereur Nicolas,
mais nous pouvons nous rendre cette justice,
d'avoir tout fait pour la conjurer. Nous saurons
bientôt à quoi nous en tenir sur l'Autriche et la
Prusse, et je veux encore espérer que leur union
avec nous empêchera la guerre générale. Pour
que M. de Kisseleff ne prît sa décision qu'en
pleine connaissance de cause, le ministre, avant
de lui remettre sa réponse, lui a lu la lettre de
l'empereur et notre dépêche. Le ministre de
Russie a reçu cette communication assez froide-

ment, et fait entendre qu'il demanderait demain ses passeports. Son départ agitera la Bourse, mais le pays le verra s'éloigner sans trop d'émotion. On aime la paix ; mais, le sentiment de l'honneur national aidant, je ne doute pas que nous ne fassions bonne contenance. Je ne présume pas que nous ayons à vous écrire longtemps à Saint-Pétersbourg, et c'est peut-être notre chant du cygne que nous vous envoyons aujourd'hui ! Il est moins rude que celui que sir Hamilton Seymour est chargé de faire entendre aux oreilles du comte de Nesselrode. Je doute qu'on le lui laisse achever. Ce n'est pas un mal, pour l'avenir, que la différence des deux caractères se soit maintenue jusqu'au bout.

» Adieu, général, et sans doute à bientôt. »

C'était la rupture. Toutefois, la dernière phrase de la lettre de M. Thouvenel nous autorise à le dire ici, la rupture ne devait pas être éternelle, et, au lendemain de la lutte, la France trouva plus de sympathies chez ses adversaires de la veille, les Russes, que chez ses alliés d'hier, les Anglais.

La diplomatie française était dans l'émoi. Ambassadeurs et ministres ne se contentaient pas

des dépêches, généralement vagues et guindées
par le fait même qu'elles sont officielles; ils de-
mandaient tous au directeur des affaires politiques le commentaire familier, si précieux pour
l'agent à l'extérieur. M. Thouvenel ne pouvait
satisfaire tout le monde. Pourtant il écrit à notre
ministre à Turin, le duc de Guiche, qui réclamait instamment des nouvelles:

« Mon cher duc. En deux mots, voici où nous
en sommes: la Russie nous demande des explications que nous ne pouvons lui donner. Il ne
serait ni loyal ni digne de déguiser le sens de
notre démonstration. Nous nous attendons donc
à la rupture des relations diplomatiques. Nous
manœuvrons, toutefois, de façon que cette rupture ait lieu à Saint-Pétersbourg, et, vraisemblablement, on ne prendra aucune initiative vis-
à-vis de MM. de Kisseleff et de Brunnow. Ce que
nous écrivons directement à nos agents à Saint-
Pétersbourg et à Londres ferait fuir, dans les
vingt-quatre heures, les deux ministres russes!
Nous sommes toujours contents de la Prusse et
de l'Autriche. On n'a eu, ni à Berlin ni à Vienne,
le courage de *prévenir*. On paraît devoir y avoir
le courage *d'arrêter*. Si les apparences ont une

valeur et la sincérité un langage, nous devons
croire à la continuation de l'entente jusqu'au
bout. Je ne puis rien vous dire de plus.

» J'envie votre belle écriture et le repos d'esprit
qui vous permet d'écrire des lettres particulières. »

Avant de connaître les graves nouvelles de
Paris, le général de Castelbajac écrivait à
M. Thouvenel, le 2 février :

« L'empereur Nicolas a eu, il y a quelques
jours, des maux de tête et des vomissements de
bile qui ont fini par un premier accès de goutte
au pied, que Sa Majesté n'avoue pas, mais qui
l'a retenu trois jours dans son lit, et le retient
encore dans son appartement. M. de Nesselrode
avait payé, avant son souverain, son tribut
bilieux à la question d'Orient, qui est bien faite,
il faut en convenir, pour exciter la bile de tout
le monde. La mienne tient encore bon, et j'espère
qu'elle ira jusqu'au bout. Elle a passé par tant
d'épreuves depuis quarante-neuf ans, que l'agitation est devenue son état normal, et certes, en
ce moment, je n'en manque ni dans l'esprit ni
dans le cœur. Enfin, il faut patienter encore et
attendre le résultat de la visite du comte Orloff

à la conférence de Vienne, ou de la détermination de l'empereur Nicolas après vos réponses à
la note de M. de Kisseleff. Il faut toujours continuer sa tâche. Nous ne sommes pas dans ce
monde pour notre plaisir.

» Je crains, ceci entre nous, que sir Hamilton
Seymour, qui a beaucoup moins de tête que je
ne l'avais cru tout d'abord, ne monte un peu
celle de lord Clarendon, qui me paraît aussi très
vive. Sir Hamilton, par ses propos quelquefois
inconsidérés, a rendu ici sa position difficile. Il
en éprouve de l'irritation, et je crois que cela
nuit à la justesse de ses appréciations. De plus,
je crois découvrir dans ses confidences une
crainte *exagérée* du cabinet anglais de l'avenir de
la marine russe et d'une agression sur l'Inde.
Nous continuons du reste à être très bien ensemble, et je lui dis en riant qu'il est le chauf-
feur qui fait avancer la machine, et moi le mé-
canicien qui serre quelquefois le frein, pour
l'empêcher de dérailler. »

Notre représentant à Saint-Pétersbourg ne
gardait plus beaucoup d'illusions sur la gravité des
événements prochains. Nous touchons en effet au
terme de sa mission, mais nous ne voulons pas

fermer le portefeuille où se trouvent ses lettres
particulières, déjà jaunies par le temps, sans
citer ses trois dernières communications à
M. Thouvenel. Nous avons encore à y puiser
d'utiles renseignements sur les heures suprêmes
des relations de la France avec la Russie avant
la rupture de 1854, et nous y retrouvons, dans
toute sa saveur originale, ce style à la fois plein
d'abandon, de bonhomie et de charme, qui donne
à sa correspondance ce cachet intime d'intérêt
soutenu, que ne comporte pas habituellement le
document diplomatique.

Le général de Castelbajac écrit à M. Thouvenel, le 11 février 1854 :

« Mon cher collègue, vos lettres particulières,
quoique plus courtes que les miennes, m'ont été
d'un bien grand secours, et elles justifient le
proverbe des petites boîtes. Votre dernière lettre,
notamment, m'a servi à me tirer d'une grande
incertitude et d'un grand embarras, par sa dernière et courte phrase : « Ce n'est pas un mal
» pour l'avenir, que la différence des deux carac-
» tères se soit maintenue jusqu'au bout. »

» C'est après avoir lu et relu cette phrase sage
et prudente, que je me suis décidé à ne pas

refuser le grand-cordon de l'ordre de Saint-
Alexandre Newski. J'avais auprès de moi des gens
qui auraient voulu me voir casser les vitres et
mettre tout de suite le sabre à la main, et qui,
pleins d'une ardeur guerrière, trop expansive
pour les ménagements dus à la délicatesse de la
situation, au lieu de m'aider dans ma réserve,
se sont jetés dans les bras mécontents de sir Hamilton Seymour.

» Il est incroyable comme sir Hamilton, qui
a cependant de nobles et d'aimables qualités, de
l'esprit, de l'élévation de caractère, descend à de
petits moyens d'information qui ne peuvent lui
apprendre que des détails insignifiants, et, combien, malgré sa bonté, il est ardent et passionné!
Il manque, par conséquent, de réserve dans les
paroles, et c'est ce qui fait ici sa mauvaise situation, bien plus encore que l'extrême irritation de
l'empereur Nicolas contre l'Angleterre, qui, pour
lui, est maintenant tout entière en lord Stratford
de Redcliffe et en lord Palmerston. Ils lui
apparaissent, le premier comme son ennemi
personnel, et le second comme la propagande
révolutionnaire incarnée. Comme le bon sens
pratique et la modération sont des qualités
rares dans toutes les classes, chez les grands

comme chez les petits ! Ce sont des qualités
trop modestes pour la vanité humaine. Mais
la nature est ainsi faite. Il faut savoir vivre
et marcher avec elle, en cherchant à éviter les
excès et à se corriger de ses propres défauts
pour mieux tirer parti de ceux des autres, dans
l'intérêt de l'État.

» Parlons maintenant de ce qui se passe sur
la scène de Pétersbourg : dans sa pénible indécision, ses scrupules religieux d'un côté, et ses
scrupules d'humanité de l'autre, dans sa fierté
blessée, en présence du sentiment national et des
dangers que court son empire, dans le combat
violent de ces sentiments divers, l'empereur
Nicolas a vieilli de dix ans. Il est réellement
malade, physiquement et moralement. Son changement m'a fait peine, et je n'ai pu m'empêcher
de déplorer la lutte morale de cette noble intelligence contre l'habitude enracinée de la domi-
nation, et ce qu'elle considère comme des devoirs
religieux et des nécessités politiques.

» Ce souverain, né avec les plus belles qualités, a été gâté par l'adulation, les succès, et les
préjugés religieux et politiques de la nation moscovite, dont l'exaltation, en ce moment, est portée à l'extrême. Il faut reculer, par la pensée,

334 NICOLAS I ET NAPOLÉON III.

de plusieurs siècles, pour en avoir une idée exacte. En voici un exemple : le bruit est répandu ici, dans le peuple et dans la société, qu'un être surnaturel, habillé en moine, est apparu tout à coup devant l'empereur Nicolas, assis seul devant sa table à écrire, dans son cabinet, et lui a dit :

— Nicolas, fils de Paul, est-ce un but d'ambition humaine ou un but religieux qui te décide à attaquer la Turquie ? — Un but purement religieux, répond l'empereur ! — Alors, tu peux poursuivre, et Dieu couronnera tes armes saintes du plus brillant succès.

» L'empereur a beau dire que rien de pareil n'est arrivé, tout le monde croit à sa vision. Voilà bien le fanatisme des anciens croisés. »

Quand le surnaturel se mêle à la politique, tous les arguments humains deviennent sans valeur. De même que le prince de Polignac avait, dit-on, obéi à « des voix d'en haut » en conseillant au roi Charles X les fatales ordonnances de 1830, de même l'empereur Nicolas, tout en combattant le bruit populaire d'une apparition, agissait sous une influence impérieusement mystique, qui devait le mener à la défaite et à la mort, car les tristesses de la guerre de 1854 contribuèrent pour

une large part à hâter sa fin, qui arriva l'année
suivante. D'ailleurs, l'un des côtés caractéristiques de
l'esprit du peuple russe est l'amour du merveilleux. La légende tient en Russie autant de place
que l'histoire dans le cœur des masses sombres
et muettes composant la population de cet immense empire.

Une anecdote, à ce propos, trouve ici sa place,
bien qu'elle soit antérieure, par sa date, à l'époque
qui nous occupe : la tradition rapporte que, lors
de la prise de Constantinople par Mahomet II
sur l'héroïque empereur Constantin Dracosès, tué
sur les remparts de sa capitale, un prêtre, qui
disait la messe dans Sainte-Sophie, vit, par miracle, le mur de la basilique s'ouvrir, alors qu'il
tenait à la main l'hostie sainte, et se refermer
sur lui, le dérobant ainsi aux profanations du
vainqueur. La suite de la légende répandue en
Russie veut que, le jour où les Russes entreront
dans Sainte-Sophie, le mur qui a donné asile au
prêtre byzantin s'ouvre de nouveau, mais, cette
fois, pour le laisser sortir et lui permettre d'achever le saint sacrifice interrompu par l'irruption
des Turcs.

Lors de l'expédition dirigée en 1828 par le

czar Nicolas contre le sultan, et qui prit fin au
traité d'Andrinople, si onéreux pour la Sublime
Porte, un diplomate français, accrédité à Saint-
Pétersbourg, avait remarqué, dans la cour de
l'hôtel habité par le ministre des affaires étrangères, une voiture de voyage qui semblait prête
à partir. Ayant demandé au ministre russe la
cause de ces préparatifs, le diplomate français
reçut la réponse suivante : « Cette voiture renferme une image miraculeuse de la Vierge, sauvée
de Sainte-Sophie lors de la prise de Constantinople par les Turcs. Cette image, suivant la
tradition, doit rentrer dans Sainte-Sophie avec
les Russes. Et tenez, conseillez donc au cabinet
des Tuileries de faire en sorte que la paix
se fasse au plus tôt entre les Turcs et nous,
car, si nous faisons partir l'image sainte, il
faudra qu'elle rentre dans Sainte-Sophie, et
toute notre armée la suivra, *sans que nous
puissions l'arrêter.* »

En 1854, comme en 1828, sous le règne du
même empereur Nicolas, c'était le sentiment reli
gieux de la Russie qui était en cause. De là l'inanité des efforts tentés pour régler. d'abord la question des Lieux Saints, puis la question d'Orient,
sur des bases équitables.

Le général de Castelbajac, dans la seconde partie
de sa lettre du 11 février, entretient M. Thouvenel des dispositions qu'il va prendre en prévi-
sion d'une rupture. Mais on sent qu'il ne se
résigne qu'à regret, et qu'il conserve au fond du
cœur l'espoir qu'un incident de la dernière heure
viendra dissiper ce mauvais rêve qui dure depuis
trop longtemps :

« Le ministre me dit, dans sa dépêche, que je
ne dois pas demander mes passeports, mais
attendre qu'on me les donne, ou qu'on les donne
à mon collègue d'Angleterre. D'un autre côté, je
sais aujourd'hui que M. de Brunnow et M. de
Kisseleff sont partis de Londres et de Paris, laissant les consuls pour le courant des affaires com-
merciales, et qu'ils se sont retirés, mais en restant *près* des frontières. A moins de nouveaux
ordres, je ferai de même et j'attendrai de nouvelles instructions à Kœnigsberg. Les courriers
pourront continuer sur Saint-Pétersbourg, s'ils
ne me trouvent pas dans la ville prussienne, en
ayant soin d'ouvrir bien les yeux sur la route,
pour voir s'ils ne rencontrent pas une grande
berline bleue, suivie d'un ou deux traîneaux.
Quant au reste, à la grâce de Dieu et à la pro-

22

tection du comte de Bray, ministre de Bavière, à
qui je confierai les intérêts de nos nationaux. »

Enfin, le 15 février 1854, le général de Castelbajac adresse à M. Thouvenel, sa dernière lettre
datée de Saint-Pétersbourg, lettre triste, dans
laquelle notre ministre auprès du czar Nicolas,
sans abandonner cependant le ton de philosophie
aimable et résignée qu'il aimait à prendre, ne
dissimule pas les sentiments qui l'agitent :

« Mon cher collègue, la fatalité orientale l'emporte sur la raison et même sur les intérêts : Vous
jugiez bien en me disant que votre dernière
lettre était « le chant du cygne »! Ma réponse
est encore plus triste, et pourra bien être comme
un chant de mort pour beaucoup de monde, en
faisant connaître le dernier refus du *grand enfant
gâté*, de se soumettre à la raison, à la justice
des autres. Cependant l'empereur Nicolas désire
la paix et craint les conséquences de la guerre,
pour son pays et pour l'Europe entière. Les
hommes sont inexplicables, et je viens d'avoir
affaire ici à deux caractères difficiles à manier,
chacun dans son genre et dans sa sphère,
l'empereur Nicolas et sir Hamilton Seymour. Ce

sont, au fond, deux nobles, deux bonnes, deux séduisantes natures. Ils me prouvent tous deux, une fois de plus, ce que je savais depuis longtemps, que les cœurs ardents et les têtes vives peuvent être très aimables en amour, mais, qu'à coup sûr ils sont très incommodes en affaires. Pour moi, qui ai malheureusement passé l'âge des amours, j'aurais mieux aimé, tout simplement, deux hommes calmes et de bon sens pratique. Enfin, il faut prendre les événements et les hommes tels qu'il plaît à Dieu de nous les envoyer.

» Je pars bien avec tout le monde, espérant qu'une circonstance imprévue, une bonne inspiration de l'empereur Nicolas, ou une ingénieuse formule de quelque sphinx diplomate, viendront, tout à coup, calmer les cœurs et arrêter les bras prêts à frapper. Je ne puis douter du bonheur de la France! Le génie, l'énergie, comme la prudence de l'empereur Napoléon, l'ont sauvée de plus grands périls que d'une guerre qui sera faite avec gloire et qui peut avoir, sous le rapport politique, son côté avantageux. Seulement, ce n'est pas le plus sûr ni le plus économique. Enfin, pour les gouvernements presque autant que pour les individus, l'essentiel est d'avoir pour soi le droit et la raison.

» Maintenant je vais m'occuper de mes affaires
personnelles. et tout est difficile dans ces régions
lointaines et glacées, même de les quitter. Bon
gré mal gré, faute de temps, je serai forcé de
laisser ici, un peu à l'abandon, pour près de cent
mille francs de mobilier, voitures, vins et pro-
visions, car tout est cher et difficile à vendre. De
plus, j'ai mon hôtel encore pour vingt mois et
il faut y laisser des gens pour le garder, le
soigner, le chauffer, et l'empêcher de moisir dans
ce charmant climat Mais, Dieu est grand, et plaie
d'argent n'est pas mortelle, même pour un gentilhomme gascon! J'espère qu'avec de bonnes
voitures, notre voyage se passera bien, et que je
vous arriverai avec peu de jours de retard L'air
de la patrie me réjouira le cœur, et rétablira nos
santés altérées par cet horrible climat de Saint-
Pétersbourg, le plus mauvais de la Russie! Au
revoir donc et à bientôt, mon cher collègue. »

Avant que la figure si caractéristique du
général de Castelbajac rentre définitivement
dans l'ombre de la vie privée, n'omettons pas
de l'entendre parler, j'allais dire se justifier,
d'un incident que ses adversaires politiques ne
manquèrent pas d'exploiter avec véhémence contre

lui, à Paris. Le grand-cordon de Saint-Alexandre
Newski, que l'empereur Nicolas avait conféré
au ministre de France, à la veille de la rupture,
fut représenté, par des esprits étroits, comme
un gage des sentiments trop russophiles professés
par le général de Castelbajac pendant la crise
orientale. L'incident, déplacé du terrain de la
courtoisie et de la sympathie personnelle, pour être
transporté sur celui de la politique pure, prit des
proportions qui forcèrent le général à reprendre,
pour la dernière fois, cette plume familière et
originale dont nous l'avons vu se servir avec tant
d'aisance dans ses lettres au directeur des affaires
politiques.

Peu de temps après son retour en France, le
général de Castelbajac écrit à M. Thouvenel :

« Mon cher collègue, j'aurais voulu avoir avec
vous, depuis mon retour de Russie, une conversation franche et à fond, mais vos occupations,
si graves et si nombreuses, ne m'en fournissent
pas l'occasion. Je viens donc encore avoir recours
à cette bonne correspondance particulière où la
pensée s'exprime plus librement et souvent plus
utilement que dans les dépêches officielles. Ne
vous effrayez pas cependant; mon rôle diploma-

tique est fini. Je viens comme les gladiateurs romains, à leur dernière heure, vous exprimer mes sentiments non suspects de dévouement, et vous dire, comme eux : *te morituri salutant.*

» Malheureusement, je ne suis pas ne d'hier, et pendant les cinquante ans d'une carrière politique pleine de vicissitudes, j'ai appris à connaître les hommes, dans la bonne et dans la mauvaise fortune. Je savais donc très bien qu'ils écoutent plus volontiers ceux qui flattent leurs passions, que ceux qui leur disent franchement la vérité. Malgré cela, j'ai toujours pensé qu'un chef de mission, sans se préoccuper des opinions toutes faites, sans avoir la sotte prétention de diriger la politique générale de son point isolé, doit toujours donner au ministre secrétaire d'État des affaires étrangères, les informations les plus exactes, telles qu'il les voit et les comprend, sur les hommes et les choses du pays où il réside. Ma conscience me dit que j'ai fait loyalement mon devoir, en bon Français et en sujet fidèle. C'est là, en tout temps, et surtout à mon âge, une récompense qui vaut mieux que toutes celles que les hommes peuvent donner.

» Du reste le temps, ce grand destructeur de toutes choses, répare quelquefois les injustices.

D'un incident personnel on a fait le principal,
comme il arrive trop souvent. Quand on veut se
défaire de son chien, on dit qu'il est enragé, et
tous les badauds et les peureux cherchent à l'a-
battre. C'est ce qui est arrivé pour moi, lorsqu'il
a pris la fantaisie à l'empereur Nicolas de m'offrir le grand-cordon de Saint-Alexandre Newski.
Je savais très bien qu'une acceptation était devenue illusoire, et qu'elle ne placerait pas sur ma
poitrine les insignes de cet ordre que je n'avais,
d'ailleurs, nullement ambitionné. Je savais très
bien que le temps était à la tempête, et qu'un
refus brutal aurait seul pu m'absoudre d'une si
malencontreuse faveur. Mais, d'un côté, j'étais
reconnaissant, je l'avoue, de cette preuve d'estime et de bienveillance d'un grand souverain
et d'un adversaire politique; de l'autre, tout
espoir pacifique n'étant pas alors perdu, il m'a-
vait paru important, pour mon pays, de ne pas
rompre entièrement, par un refus formel, de
bonnes relations qui pouvaient redevenir utiles,
tandis que le blâme et la disgrâce que je pouvais
encourir seraient de bien peu d'importance pour
les intérêts politiques de la France. Je me suis
donc décidé à un terme moyen, c'est-à-dire que,
sans prononcer le mot d'acceptation, j'ai prié le

chancelier de Nesselrode de remercier le czar
Nicolas de sa bienveillance pour moi, tout en
faisant observer à Sa Majesté que l'approbation
de mon souverain, toujours nécessaire, devenait
doublement indispensable dans les graves circonstances où nous nous trouvions. Mon seul
tort, comme toujours, a donc été d'être trop
sincère et d'envoyer niaisement, comme disent
les habiles, copie exacte du rescrit impérial. Mais,
malgré ma disgrâce, j'agirais encore de même
si j'avais à recommencer.

» En définitive, mon cher collègue, voici le
résultat personnel de ma mission diplomatique,
de quatre ans de travaux et d'ennuis dans ces
froides et énervantes régions du Nord une grave
altération de la santé de ma femme et de celle
de mon fils, c'est-à-dire de tout ce que j'ai de
plus cher au monde avec l'intérêt de mon pays ;
une perte de soixante mille francs de fortune par
suite de mon éloignement forcé de mes affaires
agricoles ; l'abandon de mon mobilier à Saint-
Pétersbourg, et la vente à vingt mille francs au-
dessous du prix d'estimation de tous les objets
qui le composent, sans compter la perte d'un
tiers sur le produit net de cette vente, par suite
de l'énorme baisse de change de Pétersbourg sur

Paris. A ces quatre-vingt-quinze mille francs de perte, ajoutez l'obligation d'un loyer à payer à Saint-Pétersbourg pendant dix-huit mois, ce qui s'élèvera à quarante-trois mille francs ; ôtez enfin du traitement qu'il plaira à la direction des fonds de m'allouer, pour un temps limité, les neuf mille francs de ma pension militaire par suite de la loi sur le cumul, et vous verrez ce qu'un vieux soldat et un gentilhomme gascon aura gagné à être tiré de sa retraite et de sa charrue ! Vous avouerez qu'il n'y a pas là de quoi exciter l'envie des diplomates pur sang contre les militaires diplomates, et que cela prouve une fois de plus, ce dont, du reste, j'étais persuadé, que tout ce qui reluit n'est pas or.

» Je désire, mon cher collègue, que ce portrait en déshabillé de mon éphémère grandeur diplomatique puisse vous être de quelque utilité pour l'avenir de votre carrière, vous qui avez un avenir, et un avenir qui, j'en suis sûr, sera brillant et utile à notre patrie. Puisse cet avenir être, pour vous, aussi heureux que vous le méritez et que je vous le souhaite ! »

C'est par ce mélancolique tableau, que prend fin la correspondance du général de Castelbajac avec M. Thouvenel. Nous espérons que nos contemporains y puiseront d'utiles enseignements pour l'avenir, à côté d'indications nouvelles sur un passé glorieux Certes, les circonstances qui ont précédé la guerre de Crimée sont connues Mais nous ne croyons pas que, jusqu'à nos jours, aucune étude ait fait pénétrer dans le détail des événements plus intimement que celle que nous présentons ici aux curieux. Les acteurs eux-mêmes ont parlé. C'est au public à dire ce que vaut la pièce. Nous avons, en tout cas, trouvé un grand charme à la mettre en scène !

IV

LES TROIS DERNIERS MOIS DE LA MISSION DU
GÉNÉRAL BARAGUEY D'HILLIERS A CONSTAN-
TINOPLE.

Février — Mai 1854.

Nous ne rappellerons que pour mémoire la
célèbre lettre de l'empereur Napoléon à l'empereur Nicolas, et la réponse du czar, ainsi que le
manifeste de l'empereur de Russie à ses sujets se
terminant par cette invocation : « Dieu ! notre
Sauveur ! qui avons-nous à craindre ? Que le Christ
ressuscite et que ses ennemis se dispersent ! » Ces
pièces ont trouvé leur place dans les recueils
officiels, et nous ne nous occupons ici que des
documents privés.

D'autre part, le comte Orloff à Vienne, et le
baron de Budberg à Berlin, avaient complètement
échoué dans leurs missions respectives. On sait
que ces deux personnages avaient été chargés par
l'empereur Nicolas d'obtenir de MM. de Buol et
de Manteuffel une déclaration de *neutralité armée*,
qui aurait été l'équivalent d'une alliance conclue
entre la Russie et les deux grandes puissances
allemandes. Malgré tout son prestige sur les cours
de Vienne et de Berlin, l'empereur Nicolas vit ses
manœuvres hautaines se briser devant la résistance du comte de Buol et du baron de Manteuffel,
et, le 2 février 1854, les représentants des quatre
grandes puissances réunies en conférence à
Vienne, constatèrent, dans un protocole, leur unanimité à repousser les propositions de la Russie.

Toute l'Europe officielle se déclarait donc contre
le czar, et, sur quatre grands pays, deux pre-
naient les armes pour sauvegarder la Turquie,
et deux autres, sans recourir il est vrai à la force,
donnaient un blâme solennel à l'attitude de la
Russie à laquelle tant de liens les rattachaient.
C'est au point où nous sommes arrivés, c'est-
à-dire à l'époque où la guerre est inévitable désormais, que nous devrions logiquement terminer
notre travail. On sait que la guerre fut officiel-

lement déclarée le 27 mars 1854. Toutefois, il
nous paraît intéressant de mettre encore à con-
tribution les documents inédits qui sont entre
nos mains, pour jeter un dernier coup d'œil sur
la Turquie, théâtre des premiers faits de guerre,
et sur la Prusse, dont l'attitude ne laissait pas
que de préoccuper l'alliance franco-anglaise, malgré ses promesses rassurantes.

Le général Baraguey d'Hilliers et le marquis
de Moustier vont prendre la parole et nous apprendre ce qui se passe à Constantinople et à
Berlin

A Constantinople, la situation était extrêmement tendue. Le général Baraguey d'Hilliers, parti
de Paris avec les préventions les plus vives et
d'ailleurs les plus justifiées contre lord Stratford
de Redcliffe, ne perdait pas une occasion de
lutter contre l'ambassadeur britannique. De plus,
enveloppant l'Angleterre elle-même dans l'aversion
qu'il portait à la personne de son représentant,
notre ambassadeur était obsédé par la crainte de
voir les Anglais s'établir à Constantinople pour
n'en plus sortir Ces dispositions, il faut le
reconnaître, ne cadraient pas avec les principes
de l'alliance franco anglaise, et ne contribuaient
guère à maintenir l'harmonie diplomatique sur

les rives du Bosphore! C'est ainsi que le général
Baraguey d'Hilliers écrit à M. Thouvenel, le 15 février 1854 :

« J'ai le pressentiment que l'occupation de la
presqu'île de Gallipoli nous sera funeste. C'est
la plus mauvaise combinaison possible. J'en
écris aujourd'hui à l'empereur et au ministre.
Je ne veux pas qu'on puisse jamais soupçonner,
qu'un instant, j'aie pensé à remettre aux Anglais
les clefs de l'Orient! J'aurais préféré la guerre
à une semblable occupation, dût-elle être faite
en commun! Par là, vous le verrez, nous amé-
nerons les Russes à Constantinople, et j'aime mieux
les y voir que de laisser Gallipoli aux Anglais. »

Voilà, certes, une étrange théorie, et il est piquant d'entendre un ambassadeur de France à
Constantinople, souhaiter, en pleine alliance franco-
anglaise, de voir la capitale de la Turquie
plutôt entre les mains des Russes, à qui nous
allons faire la guerre, qu'entre celles des Anglais,
avec lesquels nous nous préparions à combattre
ces mêmes Russes. L'antipathie que professait
le général Baraguey d'Hilliers contre lord Straf-
ford de Redcliffe l'aveuglait sur le compte de

toute l'Angleterre. Dans cette même lettre, le
général ajoute :

« La communication de Rechid Pacha aux
cours de Vienne, Paris, Londres et Berlin, a été
suggérée par lord Stratford. Il serait *désolé* que
l'affaire s'arrangeât sans guerre avec la Russie,
et si l'empereur Nicolas accédait aux propositions des quatre puissances, vous verriez lord
Stratford faire tous ses efforts pour déterminer
la Porte à rejeter tout arrangement. Nous ne
sommes pas au bout de nos peines. Vous ne
pouvez vous rendre compte de toutes les chicanes que me fait lord Stratford pour le projet
de traité d'alliance. Je fais tout mon possible
cependant pour aller d'accord avec lui, mais il
est entier au dernier point et me fera cabrer. »

Puisque le général nous prévient de sa révolte
prochaine, nous n'avons aucune raison pour dissimuler que l'éclat prévu se produisit, et que les
relations entre les ambassadeurs de France et
d'Angleterre, déjà très tendues, devinrent into-
lérables, puis se rompirent. M. Thouvenel, dans
une de ses lettres au général de Castelbajac,
avait, on se le rappelle, prévu les difficultés que

ferait naître, entre les alliés, la présence du
général Baraguey d'Hilliers à Constantinople;
mais l'événement dépassait toutes les prévisions.

Une anecdote donnera la mesure de l'irritation
du général Baraguey d'Hilliers Depuis longtemps
Rechid Pacha demandait qu'une convention fût
passée entre l'Angleterre, la France et la Turquie.
Le ministre turc en avait plusieurs fois entretenu
l'ambassadeur de France, qui ne lui avait donné
que des réponses pleines de dédain pour le gouvernement ottoman. Cependant, pressé de conclure,
Rechid Pacha, muni des pleins pouvoirs du sultan,
fixa au mercredi, 8 mars, la date de la première
conférence entre les représentants des trois puissances alliées. L'ambassadeur d'Angleterre se
rendit chez le ministre turc, accompagné de M Pi-
sani, son premier drogman, et de son secrétaire,
M. Brady. Rechid Pacha avait à côté de lui le
référendaire du Divan, le premier drogman de la
Porte, et Riza Bey, ancien premier secrétaire de
l'ambassade de Turquie à Paris. A la stupéfaction
de tous, le général Baraguey d'Hilliers arriva, suivi
de son seul aide de camp, M. Mehn. Le projet de
traité fut lu ; quelques corrections furent propo-
sées Tout ce que lord Stratford avançait était, de

suite, contredit par le général avec la plus grande aigreur. Rechid Pacha perdait contenance. Quand on en arriva aux fournitures de vivres, le général demanda que la Porte fournît les munitions de bouche du corps expéditionnaire. Lord Stratford de Redcliffe, questionné, répondit qu'il n'avait d'instructions que pour demander des *facilités* en vue de la fourniture. Le général Baraguey d'Hilliers s'écria alors : « Mylord, la France n'est pas aussi riche que l'Angleterre ! Nous autres, nous devons demander qu'on nous fournisse ce dont nous aurons besoin. » Puis il se refusa obstinément à signer la convention, alléguant qu'il n'avait pas encore ses pleins pouvoirs.

Des personnes, fort en situation de tout connaître, ont été jusqu'à dire que le général Baraguey d'Hilliers nourrissait l'espoir secret de faire rompre l'alliance franco-anglaise, dont il était un adversaire déclaré. En tout cas, son attitude donnait créance à ce bruit. D'ailleurs, notre ambassadeur ne ménageait pas davantage les ministres turcs, auxquels il faisait sentir durement le service, immense il est vrai, que la France rendait à la Turquie. Il croyait détruire l'influence, exagérée du reste, de l'ambassadeur

23

d'Angleterre, en prêtant la main à des menées
ayant pour but de ramener aux affaires tel ou
tel pacha dont les sympathies passaient pour être
françaises. A ce jeu, que l'on a tant et si justement reproché à lord Stratford de Redcliffe, le
général Baraguey d'Hilliers, nouveau venu sur le
terrain mouvant de Constantinople, ne gagnait
pas d'influence, et perdait de son prestige. Compromis par des intermédiaires maladroits ou déshon-
nêtes, dans des intrigues ministérielles qui avaient
pour théâtre les coulisses du sérail et même du
harem, plutôt que des chancelleries d'ambassade,
le général Baraguey d'Hilliers s'exposa à ce que
Rechid Pacha put s'écrier un jour en causant
avec un membre de l'ambassade de France :
« Quel honnête homme que M. de Lacour ! » Cet
hommage rendu par le Ministre ottoman, au prédécesseur du général, nous donne la vraie note de
la situation. On voit qu'elle était aussi anormale
que grave, à la veille d'une action commune
entre l'Angleterre, la France et la Turquie. Fort
heureusement pour le général Baraguey d'Hilliers, le bâton de maréchal, glorieusement con-
quis quelques mois après par lui à Bomarsund,
rejeta dans l'ombre son court passage à Constantinople. Ce ne fut qu'un épisode dans sa magni-

fique carrière de soldat, et lui-même n'en garda
pas trop bon souvenir. Il avait du reste trop
d'esprit pour ne pas sentir toutes les difficultés
d'une tâche que l'absolu de son caractère et le
sentiment impérieux jusqu'à l'excès, de la dignité
de la France, qui le possédait, devaient rendre
particulièrement épineuse. Habitué dans l'armée
à être obéi passivement, les subtiles nuances
de la diplomatie l'exaspéraient.

Le général Baraguey d'Hilliers soupçonnait,
d'ailleurs, ce qui allait devenir une réalité huit
mois plus tard, que M. Thouvenel lui succéde-
rait à l'ambassade de France à Constantinople;
aussi écrit-il au directeur des affaires politiques,
le 15 avril 1854 :

« Vous avez l'âme trop élevée pour être
envieux, et si l'on vous nommait à l'ambassade
de Constantinople, je vous accueillerais comme
un ami plus capable que moi de soutenir ici les
intérêts et l'honneur de mon pays. On m'écrit
de Paris que ma position est fort enviée et atta-
quée. Je ne ferai rien pour la défendre. Ma conscience m'a toujours servi de guide, et j'attendrai
sans crainte et sans reproche le jugement porté
sur mes actes. Cette position si enviée est diffi-

cile à tenir, en face d'une influence prépondérante, et qui ne veut pas même souffrir l'apparence d'une rivalité. Peu disposé par caractère à reconnaître, en tout point, une supériorité très contestable d'ailleurs, je me redresse encore davantage quand je représente mon pays, et, s'il faut succomber, je veux être porté dessus et non dessous mon bouclier.

» L'Angleterre exerce ici une influence prépondérante par son ambassadeur. Pour la combattre, il faudrait renverser Rechid Pacha, qui est l'âme damnée de lord Stratford, et encore, son ascendant est tel, depuis si longtemps, que j'ignore si l'on trouverait des hommes assez indépendants pour s'y soustraire. Le renversement de Rechid, auquel on pourrait parvenir, nous mettrait tout de suite en hostilité complète avec *nos amis d'aujourd'hui*, et, d'autre part, Rechid est peut-être, de tous les hommes d'État de Constantinople, celui qui est le plus porté à faire accorder aux chrétiens la part de liberté qui, seule, peut combler l'antagonisme existant entre les deux races. »

Quand la mauvaise humeur ne l'aveuglait pas, on voit que le général Baraguey d'Hilliers raisonnaît juste. Il n'avait aucune confiance dans les dispositions de l'Autriche.

« Je n'ai jamais cru (écrit-il toujours le 15 avril) à la bonne foi du cabinet de Vienne. J'ai toujours prévenu le ministre des faits ou des paroles qui dénotaient le peu de sympathie de l'Autriche à notre égard. Je ne demande pas mieux que d'avoir tort, et je conçois bien l'embarras où l'on se trouve après une si longue et si publique conférence. Je crois qu'il y a toujours intérêt à douter et à se préparer aux mauvaises chances. Quand on joue, il faut se caver au plus bas!

« Puisque vous avez de l'amitié pour moi, donnez-m'en la preuve en me disant franchement ce qu'on me reproche? Si j'ai des torts, je suis prêt à les reconnaître. Vous devez savoir ce qu'il en est. Je vous garderai le secret. J'ai besoin encore de vous dire que je ne chercherai pas à me disculper pour conserver une position dans laquelle je n'ai encore trouvé que beaucoup d'ennuis. Mais il en est presque toujours ainsi des emplois publics. »

Dans les graves circonstances où se trouvait

lancée la France, on se demande ce qui devait
se passer dans l'esprit de M. Drouyn de Lhuys,
ministre des affaires étrangères, et dans celui de
M. Thouvenel, directeur des affaires politiques,
lorsque, seuls, assis à leur table de travail, dans
les vastes et silencieux cabinets du quai d'Orsay.
qui ont reçu tant de confidences, ils lisaient les
lettres intimes du général de Castelbajac et celles
du général Baraguey d'Hilliers. Notre représentant à Saint-Pétersbourg, on l'a vu, ne cessait
d'intervenir en faveur de la Russie. Notre représentant à Constantinople ne perdait pas une
occasion de battre en brèche l'alliance anglaise.
Il fallait assurément avoir une opinion bien
arrêtée, pour ne pas se laisser influencer par les
rapports de deux hommes considérables, chargés,
aux deux points les plus sensibles de la diplomatie européenne, de renseigner leur gouvernement, et dont les appréciations différaient aussi
gravement des idées alors en cours. En tout cas,
il y a là un contraste piquant, surtout quand
l'on constate que ces opinions émanaient de deux
officiers généraux, ayant tous deux pris part,
avec gloire, aux campagnes du premier Empire.

Sur ces entrefaites, le 20 avril 1854, l'Autriche
et la Prusse, soit qu'elles voulussent contre-

balancer l'effet de leur demi-alliance avec la
France et l'Angleterre, soit qu'elles voulussent
se maintenir ensemble sur le terrain exclusivement allemand, signèrent, à Berlin cette fois, un
traité d'alliance offensive et défensive dont le
baron de Manteuffel pour la Prusse, et le général
baron de Hess pour l'Autriche, furent les principaux négociateurs. Le marquis de Moustier,
observateur toujours sagace et pénétrant, écrit
à M. Thouvenel, au lendemain de cet acte
important, le 22 avril 1854 :

« Mon cher collègue, la convention avec l'Autriche est signée, et ce n'est pas sans peine. Déjà
les Russes et le prince de Mecklembourg cherchent
à en affaiblir la portée, et disent qu'il n'y faut
voir qu'un acte d'indépendance de l'Allemagne,
qui ne peut avoir contre eux les résultats que
leurs ennemis en espèrent. Il faut s'attendre a
beaucoup de mollesse et de faiblesse de toute
sorte, mais cependant l'on marchera. Un des
aides de camp du prince de Prusse me disait, ce
soir, que le prince était, au fond, fort content,
bien qu'il eût préféré, en thèse générale, ne pas
se mettre à la remorque de l'Autriche ; mais il
trouve que cela vaut mieux que de rester à la

remorque de la Russie. Il se loue beaucoup du
général Hess, qui n'a pas insisté sur le renouvellement du traité d'Olmütz, et qui a consenti,
sur-le-champ, à une simple garantie mutuelle
pour la durée des événements actuels. L'Autriche est fort décidée, m'a-t-il dit encore, bien
que les Russes ne veulent pas le croire. « Mais,
» ai-je repris, quant à vous, la convention ne
» vous entraîne pas à une guerre immédiate?
» — Cela dépend de l'Autriche, qui a le droit
» de requérir notre concours et le requerra.
» En effet, dès que l'Autriche sera entrée dans
» les principautés, il faudra que nous couvrions
» ses opérations, sans quoi l'armée de Pologne
» la tiendrait en échec, et il est probable qu'on
» reconnaîtra qu'un mouvement offensif de notre
» part sur Varsovie est indispensable. Je pense
» que nous pourrions, dans une campagne,
» prendre Modlin et Varsovie; mais je ne crois
» pas que, par là, la guerre soit finie, et, dans
» mon opinion, elle ne peut l'être que par une
» marche de toute l'armée prussienne sur Saint-
» Pétersbourg, appuyée de vos flottes et de l'ar-
» mée suédoise. »

» Je répète ce propos, pour vous faire voir dans
quel ordre d'idées, se place le prince de Prusse,

ou, tout au moins, son entourage. Le roi de
Prusse est encore fort loin de là, mais il est sur
une pente qu'il lui serait bien difficile de remon-
ter. Il faut prévoir seulement, que chaque pas en
avant coûtera autant d'efforts qu'on en a déjà
employé à chaque phase des négociations. Le roi,
cependant envisage la possibilité d'une guerre.
Il y a, pour lui, quatre cas de guerre : le passage
des Balkans; une déclaration de guerre de la
Russie à l'Autriche ; une attaque quelconque de
la Russie contre l'Autriche, une attaque de la
Russie contre la Prusse. Le roi se flatte encore,
ou que l'armée russe sera tenue en échec par la
présence de l'armée autrichienne sur les frontières
et n'avancera pas, la campagne se passerait
alors en combats avec l'armée anglo-française, l'hiver arriverait, et ce n'est qu'au printemps que les puissances allemandes entreraient
sérieusement en campagne, si la paix ne se faisait pas d'ici là; ou bien encore, l'armée autrichienne, appuyée, seulement pour la forme,
par l'armée prussienne, entrerait dans les principautés, territoire turc, sans déclaration de
guerre à la Russie, qui retirerait ses troupes sans
combat, et sans déclarer la guerre à l'Autriche.
Alors l'évacuation des principautés danubiennes,

but principal et presque unique que doit, selon le
roi de Prusse, se proposer l'Allemagne, étant
atteint, la paix pourrait s'ensuivre.

» Quant à marcher sur Varsovie, il ne faut
pas en parler encore à Sa Majesté. Il y a quelques
jours. Elle disait aux officiers du premier régi-
ment de la garde : « Soyez tranquilles, vous ne
» serez pas obligés de tirer l'épée contre vos cama-
» rades. » On va demander à la Confédération
germanique la moitié de son contingent, soit cent
cinquante mille hommes. Le général Hess a déclaré, dès l'origine des négociations, qu'aucun
corps d'armée, pas même du contingent, ne devait être placé vers l'*Ouest*, que tout devait être
mis en ligne à l'*Est*.

A Berlin donc, malgré des apparences favorables à l'accord anglo-français contre la Russie,
c'était de l'hésitation du roi Frédéric-Guillaume IV
que l'on pouvait tout craindre. A Constantinople,
le général Baraguey d'Hilliers persistait dans sa
méfiance contre l'Autriche et dans son hostilité
contre l'Angleterre. Il écrit à M. Thouvenel, le
24 avril 1854 :

« Les dépêches de M. de Bourquency ne me

rassurent pas complètement. L'Autriche, avant de se prononcer, veut savoir de quel côté penchera la balance, et, ce qui pourrait faire pencher le plateau de notre côté, c'est la levée de cent quarante mille hommes. En tout cas, je ne crois pas à une participation bien sincère de sa part, et l'avenir, même avec cette alliance de la Prusse et de l'Autriche, me donne des craintes

» On n'a pas compris à Paris tout ce qu'il faudrait d'hommes et d'argent pour l'expédition de Turquie, et Dieu veuille qu'elle réussisse ! Je sais bien que, à la place de la Russie, je vous épuiserais tellement, que vous seriez obligés de demander la paix : car enfin, en admettant même des batailles gagnées, jusqu'où pousserez-vous les Russes, après leur avoir fait passer le Pruth ?

» Je verrai arriver le maréchal de Saint-Arnaud avec grand plaisir, parce que j'espère qu'il hâtera mon retour en France. Même en admettant l'hypothèse de quelques concessions des Turcs en faveur des Grecs, qui pourraient encore amener la Russie à traiter, on ne voudrait pas traiter ici Ce que lord Stratford a toujours *voulu*, c'est la guerre, et son gouvernement s'est tellement identifié à sa politique, qu'il y pousse lui-même. Or, Mylord est ici le souverain maître !

Rien ne se fait que d'après son bon plaisir, et,
même en renversant les ministres turcs actuels,
vous n'en auriez pas de plus indépendants, ou,
alors, ce seraient de vieux Turcs avec lesquels il
serait tout aussi difficile de s'entendre. Croyez à
ce que je vous dis. Vous n'aurez jamais la paix,
tant que cet ambassadeur sera ici. »

On voit que les difficultés ne manquaient pas à
la France. Engagée dans une lutte terrible avec
la Russie, à peine assurée des bonnes dispositions
de la Prusse et de l'Autriche, qui pouvaient se
modifier d'une heure à l'autre, elle était en
lutte ouverte, à Constantinople, avec son seul
allié effectif, l'Angleterre! Nous admettons qu'à
Londres, les dispositions fussent franchement en
faveur de l'alliance intime avec la France. Mais
à Constantinople, sur cette terre ottomane qu'allaient fouler ensemble les troupes alliées, que
penser de l'attitude de lord Stratford, qui expli-
quait, sans la justifier cependant, celle du général
Baraguey d'Hilliers? L'ambassadeur d'Angleterre
auprès du sultan était, dans son propre pays, un
homme beaucoup trop considérable et beaucoup
trop considéré, pour que l'on pût n'avoir cure
de ses faits et gestes. On disait bien, à Londres,

que lord Stratford de Redcliffe avait un mauvais caractère, et qu'il ne fallait pas attacher à ses boutades une importance exagérée. Mais, son gouvernement ne le désavouait pas. Loin de là, il l'encourageait en sous main. Ce contraste pouvait donc faire naître des soupçons, il faut l'avouer, d'autant plus légitimes, que, dans cette grande guerre qui commençait, l'intérêt de l'Angleterre à ruiner la Russie et à défendre la Turquie, était plus tangible que celui de la France. Par les confidences du général Baraguey d'Hilliers, M. Thouvenel avait ainsi un avant-goût des péripéties de la lutte qu'il eut à soutenir lui-même, pendant trois années, contre lord Stratford de Redcliffe, sur ces mêmes rives du Bosphore. Plus heureux toutefois que ses prédécesseurs, M. Thouvenel eut la satisfaction de rester maître du terrain, car lord Stratford de Redcliffe fut rappelé par son gouvernement en 1858, alors que son antagoniste ne quitta Constantinople qu'en 1860, pour prendre, en France, le portefeuille des affaires étrangères.

Cependant, la situation en présence de laquelle on se trouvait à Constantinople, en avril 1854, ne pouvait durer. La lutte entre les ambassadeurs de France et d'Angleterre prenait des proportions de personnalité effrayantes. Tout pouvait arriver entre eux. Le général Baraguey d'Hilliers écrivait :

« Le sultan, malgré sa faiblesse, est fatigué des exigences de lord Stratford et cherche à s'y soustraire. Vous pensez que je l'y encourage de tous mes efforts ! J'ignore si je l'emporterai, mais je lutte, et je lutte avec d'autant plus d'énergie que c'est une défense que je fais. Lord Stratford doit amèrement se plaindre de moi dans sa correspondance. Il m'a menacé de toute la colère de l'empereur. Mais, fort de mon bon droit, je lui ai répondu que je ne craignais rien, et que, s'il faisait parvenir ses plaintes à Paris, j'y enverrais aussi les miennes. »

Le maréchal de Saint-Arnaud, débarqué à Constantinople, demanda au sultan Abd ul Medjid la permission de conférer avec ses ministres afin d'arriver ainsi sûrement et rapidement à un résultat pratique dans le règlement des mille questions que soulevaient l'arrivée, le ravitaillement, l'installation, la mise en mouvement des troupes françaises. A peine le maréchal sortait-il de chez le sultan, que l'ambassadeur de France y entrait, déclarant à Sa Majesté qu'il ne pouvait plus entretenir de relations avec Rechid Pacha. La rupture était donc complète, non seulement entre le général Baraguey d'Hilliers et lord Stratford de Redcliffe, mais encore entre le général Baraguey d'Hilliers et le ministère ottoman Voici quelle était la véritable cause de cet éclat :

Des bandes hellènes ayant pénétré sur le territoire ottoman, et le gouvernement du roi Othon se prononçant ouvertement en faveur de la Russie, le sultan répondit à ces manifestations d'hostilité, en décrétant le bannissement de tous les sujets de nationalité hellénique. Cette mesure était d'une application difficile, en raison de l'incertitude qui plane sur les questions de nationalité en Orient, où elles se confondent si volontiers avec la religion. En tout cas, le général Baraguey d'Hilliers, sans doute dans un but plus patriotique que politique, crut devoir prendre très chaudement en main la cause des Grecs unis, c'est-à-dire de ce petit groupe composé des Grecs professant la religion catholique romaine. L'ambassadeur de France avait affiché très nettement la prétention de voir les Hellènes de cette catégorie exceptés des mesures de représailles inaugurées par la Sublime Porte. L'ambassadeur d'Angleterre, d'autre part, pesait de toutes ses

forces sur le Divan, pour que nulle exception
ne fût faite aux décisions prises contre les sujets
hellènes.

Dans l'état d'esprit où se trouvaient récipro-
quement le général Baraguey d'Hilliers et lord
Stratford de Redcliffe, cet incident, passion-
nément exploité des deux côtés, fit déborder
le vase. Le grand vizir, dévoué à lord Stratford,
au moins autant par crainte que par intérêt,
s'opposait aux prétentions du général Baraguey
d'Hilliers. L'ambassadeur de France se décida à
rompre ses relations avec le ministère ottoman.
Malgré les judicieuses observations que s'étaient
permis d'émettre, en présence d'une aussi grave
éventualité, les membres de l'ambassade française, le général resta inébranlable. Non content
de rompre, l'irascible ambassadeur voulait surtout humilier les Turcs. L'usage veut, lorsqu'un
chef de mission quitte son poste, qu'il accrédite
auprès du ministre des affaires étrangères, le plus
élevé en grade de ses collaborateurs. M. Benedetti
était alors le premier secrétaire de l'ambassade
française. Les fonctions de chargé d'affaires, en
l'absence de son chef, lui revenaient de droit, et
personne, au demeurant, n'était mieux que lui
en situation de les remplir, il le prouva bientôt,

avec tact et mesure. Le général trouva M. Benedetti revêtu d'un grade *trop élevé* pour représenter
la France en Turquie, et il songea à confier
l'intérim au second secrétaire, M. Berthemy. Puis
se ravisant de nouveau, il trouva que ce diplomate était encore un personnage trop important,
et il se décida à investir du soin de le remplacer,
le simple chancelier de l'ambassade. Secrétaires
et attachés contemplaient avec tristesse, presque
avec angoisse, les extrémités où le sentiment
exagéré de sa haute position, entraînait l'ambassadeur de France contre ces mêmes Turcs en
faveur desquels nous avions déjà pris les armes.
Sur les instances répétées de M. Benedetti, qui
sentait combien cet esclandre malencontreux
allait soulever de tempêtes à Paris, le général
consentit à ce que son premier secrétaire tentât
une suprême démarche auprès de Rechid Pacha.

Le grand vizir reçut M. Benedetti, qu'il appré-
ciait, avec courtoisie et bienveillance, et ne manqua pas de lui dire qu'il était enchanté de causer
de l'affaire des Grecs unis avec une personne
« raisonnable ». M. Benedetti fut habile et per-
suasif. Bref, le grand vizir et lui convinrent qu'il
serait procédé à la rédaction d'une liste nomina-
tive, sur laquelle seraient *individuellement* dési-

24

gnés les sujets hellènes catholiques exceptés des
mesures d'expulsion. Comme le faisait remarquer
finement, quelques instants après, M. Benedetti
au général Baraguey d'Hilliers, rien ne s'opposait
à ce que l'on fît figurer sur la liste, *tous* les Hellènes catholiques, très peu nombreux d'ailleurs, à
la condition qu'ils fussent simplement inscrits
sous leurs noms. La difficulté était tournée avec
bonheur, et le général sembla se radoucir. Le
lendemain, M. Benedetti, tout joyeux du succès de
sa négociation, retourna chez le grand vizir pour
tomber d'accord avec lui sur les détails. Comme
on le faisait attendre plus longtemps que de coutume, il prit sur lui d'écarter la simple portière
d'étoffe orientale qui séparait le salon où il se trouvait du cabinet de Rechid Pacha, et il aperçut
le ministre ottoman en conférence avec le premier
secrétaire de l'ambassade d'Angleterre, M. Alisson.
En voyant M. Benedetti, Rechid Pacha l'invita à
entrer, et, en même temps, il glissa un papier
dans la main du diplomate anglais, qui se retira
aussitôt. Resté seul avec M. Benedetti, Rechid
Pacha, après de nombreuses circonlocutions, lui
déclara qu'il s'était beaucoup trop avancé la veille,
que la mesure dont devaient bénéficier les Hellènes catholiques était trop grave, tout bien pesé,

pour être prise sans un iradé du sultan, qu'il
faudrait amener peu à peu Sa Majesté à cette
idée ; en un mot, le grand vizir revenait sur
toutes ses concessions. Que s'était-il donc passé ?
Nous allons le dire en deux mots. A Paris, la
rupture, dont le général Baraguey d'Hilliers avait
assumé la responsabilité, exaspéra le ministre des
affaires étrangères, M. Drouyn de Lhuys, diplomate correct et pondéré s'il en fût. Séance tenante,
il obtint de l'empereur Napoléon III le désaveu
du général Baraguey d'Hilliers, désaveu qui ne
devait être que le prélude de son rappel, dès à
présent décidé. Lord Cowley, ambassadeur d'Angleterre à Paris, grâce aux merveilleux moyens
d'information dont il disposait de tous côtés, apprit la décision impériale avant même qu'elle fût
connue du public, et il s'empressa d'en aviser son
collègue en Turquie. L'arrivée du paquebot-poste
à Constantinople coïncidait précisément avec le
jour de la seconde visite de M. Benedetti au grand
vizir. Lord Stratford de Redcliffe, qui avait reçu
et dépouillé son courrier avec une rapidité extrême, s'empressa de faire tenir immédiatement
au grand vizir la lettre ou lord Cowley lui annonçait la disgrâce du général Baraguey d'Hilliers,
et c'était là ce *papier* que M. Benedetti avait vu

repasser des mains de Rechid Pacha dans celles de
M. Alisson. C'était aussi, est-il besoin de l'ajouter,
l'unique cause du revirement complet survenu
dans les dispositions du premier ministre du
sultan. A quoi bon faire des concessions à un
ambassadeur désavoué aujourd'hui, demain rappelé par son gouvernement? La personne du
général Baraguey d'Hilliers était trop peu sympathique aux ministres ottomans, pour que le plus
considérable d'entre eux se résignât, de gaieté de
cœur, à une concession politique qui n'aurait plus
été qu'une amabilité personnelle ! Nous avons vu
le général de Castelbajac, à Saint-Pétersbourg, se
plaindre des négligences et des lenteurs des courriers de cabinet français, qui le mettaient souvent en état d'infériorité d'information vis-à-vis
de ses collègues. Sur le terrain de Constantinople,
la poste française ne traitait pas mieux le général Baraguey d'Hilliers, et les *Queen's messengers*
(courriers diplomatiques anglais) étaient décidément mieux stylés que les divers agents auxquels le Département des affaires étrangères con-
fiait ses plis confidentiels !

Le gouvernement turc, pris entre les exigences
de lord Stratford et les violences du général
Baraguey d'Hilliers, obligé de faire face aux

nécessités de la lutte contre la Russie, sur le
Danube et en Asie, forcé, d'autre part, à des sacrifices légitimes, mais énormes, en faveur des troupes
alliées qui arrivaient en masse, ne savait plus
comment agir, et avait perdu la tête. On en arrivait
à admettre l'hypothèse d'une commission mixte
qui aurait été chargée de gouverner l'empire
ottoman. Par surcroît, rien n'arrêtait les dilapidations du sultan Abd ul Medjid, qui avait inau-
guré, en finances, l'ère de la folie.

Voici, au milieu de cette détresse générale, le
relevé des dépenses du sultan, en cadeaux, pendant quinze jours. Ces renseignements intimes
ont été retrouvés par nous, au milieu des nombreuses lettres que M. Thouvenel, attentif à être
exactement renseigné, et de plusieurs côtés différents, recevait de Constantinople :

Pour la quatrième Cadine, sa maison de campagne... deux mille cinq cents bourses[1];

Pour Chehry Hafiz effendi, une maison à
Bechiktasch... mille cinq cents bourses;

Pour Viddinly Khadja, une maison... mille
bourses.

---

1. La bourse turque vaut environ 500 piastres; la piastre vaut
22 centimes et demi de notre monnaie

De plus, Abd ul Medjid avait donné l'ordre à la Monnaie de préparer quatre sabres destinés au prince Napoléon, au duc de Cambridge, au maréchal de Saint-Arnaud et à lord Raglan, coûtant chacun deux cent mille piastres.

Riza Pacha, ministre de la guerre, l'un des personnages les plus considérables de l'empire, et l'un des plus sincèrement dévoués à l'alliance française, consulté par le sultan sur le choix du mobilier entièrement remis à neuf des salons de Sa Majesté, et sur l'ordonnance intérieure des appartements intimes de son souverain, plus fréquemment que sur des plans de campagne, disait tristement à un de ses amis : « Si Dieu prête quelques années de vie au sultan, il enterrera l'empire ottoman ! » Sous bien des rapports, Abd ul Medjid peut être comparé au roi Louis XV. Comme l'arrière-petit-fils de Louis XIV, le fils du grand Mahmoud avait reçu en partage la grâce des manières, l'exquise politesse, la finesse de l'esprit, le charme mélancolique qui donne tant de poésie aux visages royaux. Comme lui aussi, il poussait jusqu'aux extrêmes limites cet amour de l'élégance, du raffinement sensuel, du luxe sans frein; comme lui, ses mœurs furent légères jusqu'à détruire sa santé; comme lui

enfin, avec des intentions louables et de la bonté
naturelle, la nonchalance et la faiblesse l'amenèrent peu à peu à laisser à son successeur
un pouvoir précaire et des finances ruinées.

Ce rapide aperçu de l'état du gouvernement
ottoman dans des circonstances aussi graves,
nous explique un peu la mauvaise humeur du
général Baraguey d'Hilliers. Il se sentait embarqué
sur une mauvaise galère, et ne demandait pas
mieux que de la quitter, pour reprendre son
véritable métier Aussi le voyons-nous écrire à
M Thouvenel :

« On m'annonce de Paris qu'on forme un nouveau corps d'armée, et que l'intention de l'empereur est de m'en donner le commandement. Dieu
le veuille! La guerre effective me plaît bien plus
que les chicanes de la diplomatie, et je serais
certain d'y obtenir plus de succès. »

Voyons maintenant comment le général explique
à son gouvernement l'incident que nous avons
relaté plus haut, de sa rupture avec Rechid Pacha
et lord Stratford, incident dans lequel, et c'est
là son excuse, il voit une revanche de la France
sur l'Angleterre à Constantinople. Notre ambas-

sadeur écrit à M. Thouvenel, le 30 avril 1854 :

« La dépêche par laquelle je vous annonçais
la cessation de mes rapports diplomatiques avec
la Sublime Porte, a dû faire jeter les hauts cris à
Paris, et, au ministère des affaires étrangères
surtout, on a dû dire : « Voilà bien le général!
» Il prend toujours des moyens violents! On a
» eu grand tort de l'envoyer à Constantinople.
» C'est un homme insociable, avec lequel il est
» impossible de s'entendre! » Puis, quoique les
rapports aient été rétablis, et que la crise par
laquelle nous venons de passer doive, en définitive, nous donner ici une meilleure position, on
en gardera rancune, et l'on partira de là pour
m'attaquer davantage dans l'esprit de l'empereur
et dans celui du ministre. Mais, peu m'importe !
Je crois avoir été très sage, très modéré, et, en
résumé, je crois avoir accru notre influence et
notre considération à Constantinople. Seulement,
j'en conviens, la position était difficile, et, à
Paris, on n'aurait pas eu assez de pavés pour
me couvrir, pas assez d'encre pour me salir, si
je ne m'en étais pas tiré convenablement.

» Je vous l'ai déjà dit, je ne tiens à mon poste
qu'en tant que ma conduite est approuvée par

mon gouvernement. Je ne lui demande que de
me juger sans passion et en connaissance de
cause. Ce qu'il y a de certain, c'est qu'ici l'effet
moral a été excellent, et que tout le monde,
moins l'ambassadeur d'Angleterre, est venu me
féliciter. Seulement, Mylord va jeter des cris de
paon. Nous verrons s'il trouvera de l'écho à Paris.
Il ne faut pas s'y tromper, c'est *lui seul* que j'ai
pour adversaire, car Rechid Pacha n'est que son
docile instrument. »

Malgré ces explications et ce plaidoyer *pro
domo sua*, l'on sentit, à Paris, qu'il y avait danger à maintenir les choses, sur le terrain de
Constantinople, à un pareil diapason de violence,
et, l'Angleterre ne songeant pas, bien entendu,
à rappeler lord Stratford de Redcliffe, la France
donna à son alliée un nouveau gage de sa
modération, en rappelant le général Baraguey
d'Hilliers.

L'ambassadeur de France ne fut pas trop surpris de la décision de son gouvernement. On a
vu le peu de goût qu'il professait pour le métier
de diplomate. Pourtant, dans sa dernière lettre à
M. Thouvenel, perce comme un sentiment de dépit
et d'orgueil froissé, assez naturel du reste chez un

personnage aussi considérable qui se sent désavoué :

« Le courrier arrive et m'apporte ma lettre
de rappel. J'ignore qui me remplacera. Je n'ose
souhaiter pour vous cette mission, fort belle en
apparence sans doute, mais dans laquelle on est
sans cesse placé entre perdre sa position, ou
laisser tomber l'honneur de son pays. Il faudrait
plus de calme diplomatique que je n'en possède,
pour nager entre ces écueils, et j'ai préféré le
sacrifice de ma position. Je crains fort que mon
rappel ne soit considéré comme une concession
qui placerait le gouvernement français bien bas
aux yeux de tout ce qui habite l'Orient! Mais
l'empereur a probablement calculé les avantages,
et je me soumets d'autant plus volontiers, que
ce rappel était l'objet de mes désirs plusieurs
fois exprimés!

» Adieu, monsieur, et, si c'est vous qui me
remplacez, je désire vous rencontrer, soit à Paris,
soit à Marseille, afin de pouvoir vous dire bien des
choses que vous n'apprendriez qu'à vos dépens.
Quant aux autres, cela m'est égal, ils s'en tire-
ront comme ils le voudront ou le pourront. »

Revenu sur le terrain militaire, le général

Baraguey d'Hilliers reprit toute sa valeur, et le bâton de maréchal de France, qu'il conquit peu de temps après dans la mer Baltique, fut le couronnement de sa longue et patriotique carrière. En quittant Constantinople, le général Baraguey d'Hilliers laissait l'ambassade de France sous la direction de M. Benedetti, qui devait remplir, avec une rare habileté, les fonctions de chargé d'affaires, dans les circonstances les plus délicates, jusqu'à la nomination de M. Thouvenel au poste d'ambassadeur de France auprès du sultan, c'est-à-dire pendant plus d'un an. Après les orages soulevés par la mission du général Baraguey d'Hilliers, un régime plus doux s'imposait, et M. Benedetti eut le talent de louvoyer, sans se briser, entre les exigences de lord Stratford de Redcliffe, les prétentions du quartier général français, les intrigues de la Porte, et les difficultés sans nombre d'un état politique européen plein d'obscurités. Aussi M. Thouvenel écrivait-il à M. Benedetti, sous la date du 30 mai 1854 :

« Je me félicite de la nouvelle occasion qui vous est donnée de montrer votre valeur, mais je ne me dissimule pas le mal que vous aurez à retenir à vous un peu de la couverture que

chacun va essayer de tirer à soi, et je me demande
si tout cela ne finira pas par la concentration des
pouvoirs militaires et diplomatiques entre les
mêmes mains. Rechid Pacha avait écrit, au sujet
de ses querelles avec le général Baraguey d'Hilliers, une lettre qui n'est arrivée au ministère
que lorsque tout était décidé. M. Drouyn de
Lhuys, dans sa réponse, évite donc d'examiner
les causes de ce regrettable conflit, et se borne à
faire des vœux pour que la meilleure harmonie
règne, à l'avenir, entre la Porte et l'ambassade.
Il termine en disant que, s'il est d'un intérêt
commun à la France et à la Turquie de ne pas
faire dégénérer une question religieuse en question politique, nous n'abandonnerons pas nos
traditions, et qu'il est des circonstances où l'on
peut déférer à nos vœux sans qu'il en résulte de
préjudice pour personne. Tâchez de vaincre les
méfiances du Divan à l'endroit de l'Autriche On
marche bien à Vienne, mais on s'arrêterait court,
si l'on avait à nous alléguer une aussi bonne
raison que le veto des Turcs

    » Tunis envoie dix mille pauvres soldats au
sultan ! J'aimerais mieux trois mille Français de
plus ! Adieu, cher monsieur, on m'annonce le
général Baraguey d'Hilliers. »

A Berlin, pendant ce temps, un nouveau coup
de théâtre se produisait, qui ne laissa pas d'inquiéter quelque peu la diplomatie française. Le
roi Frédéric-Guillaume IV, par un de ces revi-
rements soudains dont il était coutumier, venait
de se rapprocher tout à coup de la Russie, en
éloignant de ses conseils les personnages notoi-
rement hostiles à la politique de l'empereur
Nicolas. Le roi de Prusse voulait sans doute, en
agissant ainsi, contre-balancer l'effet produit par
le traité d'alliance qu'il venait de signer avec
l'Autriche, et prouver à l'Allemagne que la Prusse
agissait par elle-même. Le marquis de Moustier,
surpris comme tout le monde de ce changement de
front subit, écrit à M. Thouvenel, le 11 mai 1854 :

« Mes dépêches, écrites au jour le jour, portent
un peu l'empreinte des impressions du moment,
et elles ont été vives dans ces instants de crise
que nous venons de traverser. En examinant
froidement les choses aujourd'hui, il est évident
que le parti russe à Berlin, après avoir satisfait
ses animosités personnelles, n'a pas osé ou n'a
pas pu prendre le pouvoir. M. de Manteuffel, un
peu meurtri et un peu amoindri, revient, avec
sa patience persévérante et son bon vouloir pour

nous, que je crois peu contestable. Le roi,
effrayé de ce qu'il a fait, recule. L'affaire du
prince de Prusse, qui pouvait prendre de si
grandes proportions, se terminera dans l'encre
et dans les larmes. Nos plaintes réitérées, ap-
puyées du bruit de nos formidables préparatifs
de guerre, paraissent faire impression, et je crois
que, pendant quelques jours, les choses marcheront bien. Mais, lorsqu'il s'agira d'exécuter
sérieusement le traité signé à Berlin, entre
l'Autriche et la Prusse, la crise recommencera.
Heureusement, le parti de la cour s'endort un
peu, grâce à ses illusions sur les intentions de
l'Autriche

» Cette puissance semble, il est vrai, en ce
moment, se faire plus pacifique, mais c'est peut-
être pour rassurer la Prusse et les petits États,
pendant la durée des négociations que l'on pour-
suit avec eux. Ce qu'il y a d'irréparable dans
ce qui s'est passé, c'est la perte du général de
Bonin [1] Son grand crime est d'avoir préparé,
avec le général Hess, un plan de campagne sérieux, et fait une liste des officiers généraux auxquels il destinait les commandements, et qu'il
avait choisis parmi les moins favorables aux
Russes. Le général Hess sera, dit-on, très fâché

d'un événement qui dérange ses combinaisons.
On avait parlé de son retour ultérieur à Berlin,
qui ne pourrait qu'être très utile. Dans tout ce
qui s'est passé, il y a cependant un bon côté :
c'est que l'impopularité de la Russie s'accroît, et
que la nôtre, non seulement diminue, mais tend
à se changer en une véritable sympathie. Mais
tout se fait lentement ici. »

Pendant qu'à Berlin la politique des hésitations régnait en maîtresse, la France et l'Angleterre passaient des plans à l'action, et nos
troupes étaient déjà installées, vers le 15 avril,
au camp de Gallipoli. A Constantinople, la confusion se maintenait toujours, et un événement
politique nouveau ne pouvait que contribuer à
l'augmenter. Rechid Pacha, en effet, le plus important sinon le plus capable des hommes d'État
ottomans, renonçait momentanément à diriger
la politique extérieure de la Turquie, et rentrait
dans la vie privée. Ce grand personnage donnait
pour prétexte de sa retraite, dans des circonstances aussi graves, le mauvais état de sa santé,
et le deuil profond où le plongeait la mort de
son petit-fils, enfant qu'il adorait, et sur la tête
duquel il avait fondé les espérances les plus

brillantes Dans l'excès de sa douleur, et pour
fuir aussi bien les importuns que les ministres
et les diplomates, Rechid Pacha passait des journées entières dans son caïque, sur le Bosphore ;
les communications les plus graves qui lui
étaient faites à tout moment restaient sans réponse.

Mais chez un homme tel que Rechid Pacha,
affamé de pouvoir et de richesses, les douleurs
les plus profondes ne sont jamais éternelles.
D'ailleurs, le mariage décidé de l'un de ses fils,
Ali Ghalib Pacha, avec une des propres filles du
sultan, Fatma Sultane, devait donner un nouvel
aliment à son ambition.

Pour célébrer dignement de telles fiançailles,
Rechid Pacha ne reculait devant aucune dépense.
Les frais du mariage ne pouvaient être inférieurs, pour sa seule part, à six mille bourses,
et la pénurie de l'empire tarissait la source ordinaire de ses richesses. Avant de quitter le
pouvoir, il eut donc soin d'envoyer à Paris deux
négociants de Constantinople, MM. Black et Du-
rand, avec mission de conclure un emprunt dont
les ressources servirent à combattre la détresse
du gouvernement turc Par la même occasion,
les sommes nécessaires à Rechid Pacha, pour

organiser la grande alliance réservée à son fils,
étaient trouvées.

En face de ces dilapidations qui s'ajoutaient à
celles du sultan, la situation de l'armée ottomane
était lamentable. Les troupes régulières étaient
privées de viande; les irréguliers mouraient litté-
ralement de faim, eux et leurs chevaux. Les
hôpitaux n'étaient pas installés, et, dans la seule
petite ville de Choumla, deux mille malades
manquaient de tout. La mortalité était effrayante,
et la guerre était à peine commencée. Jusqu'à la
date du 1ᵉʳ mars, cent quatre-vingt mille bourses
avaient été dépensées pour la solde des troupes.
Le trimestre nouveau venait d'être envoyé à l'armée, et on y avait ajouté trente-cinq mille bourses
pour les dépenses imprévues. Tous les travaux
extraordinaires, tels que fortifications et renouvellement du matériel, avaient été directement
soldés par le Trésor, et, malgré ces envois
successifs d'argent, les troupes n'étaient pas
payées.

Le généralissime, Omer Pacha, se répandait en
vaines récriminations. Aucun document n'était
fourni au contrôleur des dépenses et aux employés du Trésor. Jamais le pillage n'avait atteint
de semblables proportions. Voilà le moment que

Rechid Pacha choisissait pour rentrer dans
l'ombre !

Ce grand ministre sentait que l'avenir n'était
pas encore fermé pour lui, et il préférait laisser
à d'autres les responsabilités d'un présent plein
de périls. De plus, il redoutait le juste mécontentement de la France. En six mois, deux
ambassadeurs français, M. de Lacour et le général Baraguey d'Hilliers, avaient quitté Constantinople, en se plaignant amèrement de la docilité
du grand vizir aux moindres injonctions de lord
Stratford de Redcliffe. Il importait de rétablir la
balance égale entre les deux puissances qui
venaient au secours de la Turquie. Enfin Rechid
Pacha, malgré sa retraite apparente, conservait
en dessous, la haute main dans les affaires de
l'État, en désignant et en faisant accepter
pour son successeur provisoire, Chekib Pacha,
personnage secondaire, qui était à sa complète
dévotion.

Lord Stratford de Redcliffe, d'autre part, s'était
engagé, vis-à-vis de son gouvernement à obtenir
de la Turquie les réformes les plus larges en faveur des chrétiens d'Orient. Lord Clarendon avait
lu, au mois de février, en plein parlement, une
dépêche de l'ambassadeur d'Angleterre à Cons-

tantinople, promettant des merveilles, et qui avait soulevé sur tous les bancs un enthousiasme général. La Turquie était donc tenue à faire quelque chose, et Rechid Pacha, prêt à reparaître au premier plan, si les concessions désirées produisaient un bon effet sur l'esprit des populations de l'empire, et à s'en attribuer, dans ce cas, tout le mérite, était également décidé, en présence d'un insuccès, à prolonger sa maladie et à décliner ainsi toute responsabilité dans l'œuvre des réformes.

Le prince de Talleyrand disait un jour, en apprenant que M. de Semonville souffrait d'une indisposition : « Quel intérêt peut avoir Semonville à être malade? » Rechid Pacha avait un grand intérêt à être malade dans les circonstances actuelles, et l'illustre homme d'État donnait à l'Europe un nouveau gage de ses sentiments réformateurs, en inaugurant chez les ministres ottomans le système des maladies politiques, dont on a tant abusé depuis en Turquie... et ailleurs!

Telle était la situation à la fin de mai 1854. A partir de cette date jusqu'au 8 septembre 1855, jour de la prise de Sébastopol, c'est-à-dire pen-

dant seize mois, la grande voix du canon couvre,
sans l'éteindre cependant tout à fait, la voix de
la diplomatie, et, de la chute de Sébastopol
jusqu'à l'évacuation complète de la Crimée, qui
ne fut terminée que le 6 juillet 1856, les négociations internationales reprennent le premier
plan. Si les recherches que nous poursuivons sont
couronnées de succès, et s'il nous est possible
de combler certaines lacunes que nous consta-
tons avec regret dans les documents privés
se trouvant entre nos mains, nous espérons
compléter ce travail, et retracer la période
diplomatique, si belle pour l'influence française
en Orient, qui suivit la guerre de Crimée
et le traité de Paris.

Près de quarante années nous séparent des
événements d'alors! La carte de l'Europe s'est,
hélas! complètement modifiée depuis cette époque.
Il n'y a plus aucune raison pour se taire aujour-
d'hui, après tant de révélations contemporaines,
même sur l'incroyable attitude que nous verrons
lord Stratford de Redcliffe garder, à Constantinople, à l'égard de l'ambassade de France, et cela
malgré l'alliance franco-anglaise, malgré le sang
répandu en commun sur les champs de bataille

de la Crimée, malgré le traité de Paris, malgré
enfin le sentiment officiel de son propre gouvernement ! D'ailleurs, les cinq années de
l'ambassade de M. Thouvenel à Constantinople, pouvant compter parmi les plus fruc-
tueuses pour le maintien et le développement
des grands et séculaires intérêts de la France
dans le Levant, nous ne voyons que des
avantages à en étudier le détail et à en retracer
le souvenir.

FIN